データでみる

スпорーツと
ジェンダー

Understanding sport and gender with data

日本スポーツとジェンダー学会 [編]

八千代出版

はじめに

　このデータブックを、日本スポーツとジェンダー学会第 15 回記念大会に合わせて発行できたことを喜びたい。本学会は、2002 年 6 月 22 日に、「スポーツにおける男女平等・公平の達成」「ジェンダー・フリーなスポーツ文化の構築」を目標に、日本スポーツとジェンダー研究会」として設立された。その後、2005 年 7 月 3 日の第 4 回大会総会（中京大学）において「日本スポーツとジェンダー学会」に名称を変更し、翌年 6 月 26 日に日本学術会議協力学術研究団体に指定され、今日に至る。

　1994 年の第 1 回世界女性スポーツ会議（イギリス、ブライトン）で「ブライトン宣言」が採択された。この宣言では Women Sport and the Challenge of Change（女性スポーツと変化への挑戦）が謳われ、スポーツにおけるリーダーシップや意思決定の場に参画する女性比率を高めることなどが目標として掲げられた。以後 4 年に 1 回開催され、20 周年となる 2014（平成 26）年 6 月の第 6 回大会（フィンランド、ヘルシンキ）では、1994 年から 2014 年に至る変化が報告されたが、女性のスポーツ参加はまだ進んでおらず、解決しなければならない多くの問題が残されている。

　2004 年アテネオリンピックの日本選手団の女性選手数は 54.8 ％と、初めて男性選手数を上回り、以後は 2008 年 49.9 ％、2012 年 53.2 ％となっている。一方で、2012 年ロンドンオリンピックの女子参加 26 競技中、半数の競技には監督、コーチ、医師などの女性役員は皆無であった。2016 年 4 月に、女子サッカー 11 代目日本代表監督に女性が初めて就任したことが話題となる現状である。本学会会員は世界女性スポーツ会議に出席するなど、世界の動向をとらえながら研究してきた。意思決定の場へ参画する女性比率を高めた例として、（一社）日本体育学会理事数の増加が挙げられる。本学会会員の多くが併せて所属している日本体育学会では、以前は女性理事がいたりいなかったりの状況であったが、現在では女性理事 9 名（全体の 39.1 ％）となった。この中には、副会長（2013 年から、女性初）、常務理事（2015 年から、女性初）をはじめ本学会会員 5 名が含まれている。これは女性枠がもうけられたことによるものであり、意思決定の場に女性が参画できることになった。

　本学会は 2010 年 3 月に、全 8 章から成る『スポーツ・ジェンダーデータブック 2010』を発行した。その原型は、学会を設立した中心メンバーが、学会設立直前に出版した『目でみる　女性スポーツ白書』であった。『スポーツ・ジェンダーデータブック 2010』の「はじめに」には、「10 年という節目を目前に、新たに加入した若手会員も執筆・編集に加わり、学会としてデータブックをまとめることができた」と記されている。この本は編集、製作ともに学会員により手作りされたものであった。その後、記載事項の追加や修正については正誤表を付して対応してきたが、追加や修正を反映させた第 2 版を 2013 年 4 月に発行した。今回のデータブックでは、前回のデータブックをもとに、1 章増やして全 9 章とし、コラムを加えた。水野会員、松宮会員、高峰会員を中心に、若手会員が加わった編集となり、執筆者には、ご自身の研究に多忙な中、短期間に詳細なデータを収集し、分析していただいた。会員の熱意により完成することができたことに対して感謝申し上げる。

　この度の出版は、スポーツに造詣が深く、自らもスポーツを実践されている八千代出版森口恵美子代表取締役のお力添えによるものである。八千代出版に編集していただいたことにより、以前よりも格段と読みやすいものになった。森口恵美子代表取締役、編集担当井上貴文様をはじめ、八千代出版のみなさまに深く感謝申し上げる。

　　2016 年 5 月

　　　　　　　　　　　　　　　　　　　　　　日本スポーツとジェンダー学会会長　　掛水通子

目　　次

はじめに　i

略　記　表　iv

1　年表でみるスポーツ・女性・ジェンダー（1900〜2015 年） ——————— 1
1）年表作成の方法と読み方　1

2）116 年間の概観　1

2　競技スポーツとジェンダー ——————————— 18
1）近代オリンピック大会にみる男女差　18

2）ジェンダーからみたオリンピック日本選手団の特徴—アテネ・北京・ロンドン大会　27

3）日本国内の競技記録にみる男女差　29

4）プロスポーツ　32

3　生涯スポーツとジェンダー ——————————— 42
1）「する」スポーツと女性　42

2）スポーツ実施への意識　52

3）「みる」スポーツと女性　55

4）「ささえる」スポーツと女性　56

4　リーダーシップとジェンダー ——————————— 67
1）スポーツ統括・関連団体における意思決定機関　67

2）中央競技団体・障がい者スポーツ競技団体の役員　67

3）オリンピック・パラリンピック大会の日本代表選手団役員　72

5　教育とジェンダー ——————————————— 84
1）教員の男女比　84

2）子どもの体力、運動能力、運動習慣　85

3）体育授業で経験したスポーツ種目　88

4）運動部登録者数の経年変化　92

5）体育・スポーツを専攻する大学生　94

6）学校における性的マイノリティにかかる対応（体育・スポーツの視点から）　95

6　研究とジェンダー ——————————————— 99
1）大学・大学院におけるジェンダー・バランス　99

2）女性研究者の育成と男女共同参画　102

3）体育・スポーツ系若手女性研究者を取り巻く環境　105

7 スポーツメディアとジェンダー ——————————————————— 115

　1）メディアの中のアスリート　　115

　2）ニュースメディアが提示する「スポーツとジェンダー」　　117

　3）スポーツメディアのまなざし　　120

　4）スポーツメディアの送り手　　126

8 暴力とセクシュアル・ハラスメント ————————————— 130

　1）スポーツにおける暴力の問題　　130

　2）スポーツにおけるセクシュアル・ハラスメントの問題　　136

　3）スポーツ統括組織における倫理的問題に対する取り組みの現状　　142

　4）海外における取り組みの現状　　144

9 スポーツとセクシュアリティ ———————————————— 150

　1）スポーツにおける性別確認検査　　152

　2）LGBT インクルージョンのガイドラインと規定　　154

　3）LGBT のスポーツ経験　　163

　資　　料　　177

略 記 表

団体

略記	正式名称	国内名称
ABC	The Association of Boxing Commissions	ボクシングコミッション協会（アメリカ）
AIBA	Association Internationale de Boxe	国際アマチュアボクシング協会
ASC	Australian Sports Commission	豪州スポーツ・コミッション
BBWAA	The Baseball Writers' Association of America	全米野球記者協会
BWF	Badminton World Federation	世界バドミントン連盟
CAS	Court of Arbitration for Sport	スポーツ仲裁裁判所
CCAA	Canadian Collegiate Athletic Association	カナダ大学競技協会
DFB	Deutscher Fußball Bund	ドイツ・サッカー連盟
FA	The Football Association	イングランド・サッカー協会
FGG	Federation of Gay Games	ゲイ・ゲームズ連盟
FIBA	Fédération Internationale de Basketball	国際バスケットボール連盟
FIFA	Fédération Internationale de Football Association	国際サッカー連盟
FIG	Fédération Internationale de Gymnastique	国際体操連盟
FILA	Fédération Internationale des Luttes Associées	国際レスリング連盟
FIS	Fédération Internationale de Ski	国際スキー連盟
FIVB	Fédération Internationale de Volleyball	国際バレーボール連盟
FSFI	Federation Sportive Feminine Internationale	国際女子スポーツ連盟
GLISA	Gay and Lesbian International Sport Association	ゲイ・レズビアン国際スポーツ協会
GMMP	Global Media Monitoring Project	グローバル・メディア・モニタリング・プロジェクト
IAAF	International Association of Athletics Federations	国際陸上競技連盟
IGLFA	The International Gay & Lesbian Football Association	国際ゲイレズビアン・フットボール協会
IHF	International Handball Federation	国際ハンドボール連盟
IJF	International Judo Federation	国際柔道連盟
ILO	International Labour Organization	国際労働機関
IOC	International Olympic Committee	国際オリンピック委員会
ITF	International Tennis Federation	国際テニス連盟
JBC	Japan Boxing Commission	日本ボクシングコミッション
JBL	Japan Basketball League	日本バスケットボールリーグ
JISS	Japan Institute of Sports Sciences	国立スポーツ科学センター
JOC	Japanese Olympic Committee	日本オリンピック委員会
JPBA	Japan Pro Boxing Association	日本プロボクシング協会
JPC	Japanese Paralympic Committee	日本パラリンピック委員会
JPSA	Japanese Para-Sports Association	日本障がい者スポーツ協会
JWS	Japanese Association for Women in Sport	NPO法人ジュース
JWSF	Japanese Women's Sports Federation	日本女子スポーツ連盟
LET	Ladies European Tour	欧州女子ツアー（ゴルフ）
LPGA	The Ladies Professional Golfers' Association of Japan	日本女子プロゴルフ協会
MLB	Major League Baseball	メジャーリーグベースボール（アメリカ）
NBA	National Basketball Association	全米バスケットボール協会
NCAA	National Collegiate Athletic Association	全米大学体育協会
NFL	National Football League	ナショナル・フットボール・リーグ（アメリカ）
NOC	National Olympic Committee	国内オリンピック委員会

NPB	Nippon Professional Baseball Organization	日本野球機構
OCA	Olympic Council of Asia	アジア・オリンピック評議会
RFU	Rugby Football Union	ラグビーフットボール・ユニオン
R & A	Royal and Ancient Golf Club of St Andrews	ロイヤル・アンド・エンシェント・クラブ
SSF	SASAKAWA SPORTS FOUNDATION	笹川スポーツ財団
TOL	Total Olympic Ladies	トータル・オリンピック・レディース
USTA	United States Tennis Association	全米テニス協会
UWW	United World Wrestling	世界レスリング連盟
WADA	World Anti-Doping Agency	世界アンチドーピング機構
WFTDA	Women's Flat Track Derby Association	女子フラットトラックダービー協会
WPFL	Women's Professional Football League	女子プロフットボールリーグ（アメリカ）
WSF	Women's Sports Foundation	女性スポーツ財団（アメリカ）
WSI	Women Sport International	ウィメン・スポーツ・インターナショナル

法人

略記	正式名称
一財	一般財団法人
一社	一般社団法人
公財	公益財団法人
財	財団法人
独	独立行政法人
特非	特定非営利活動法人

1 年表でみるスポーツ・女性・ジェンダー（1900〜2015年）

1）年表作成の方法と読み方

年表作成の方法

　この年表は、体育・スポーツ史研究の成果として出版された年表や出版物から「女性とスポーツに関わるできごと」を抽出し、ジェンダーの観点から必要だと考えられるできごとを加筆したものである。ここでいう「女性とスポーツに関わるできごと」には、①体育やスポーツの歴史に女性が新たな一歩を記した事例、②各時代の女性たちにとって課題や障がいであった事柄を示す事例、③近年のジェンダー視点からの体育・スポーツ科学研究に資すると考えられる事例、さらに④セクシュアリティ・性的マイノリティ・性暴力に関連する事例なども含めるよう心がけた。また、国際婦人年（1975年）や男女雇用機会均等法の公布（1985年6月1日）など、時代背景を理解するうえで重要であると考えられる事項もいくつか記載した（グレーで表示）。以上の基準で選定したできごとをページごとに「日本」（上段）と「世界」（下段）に分けて作成した。

年表の読み方

　年表に示したできごとは、過去のほんの一部分にすぎない。いまだ認識されていない「スポーツとジェンダーの問題」もたくさんあるに違いない。また、年表には時間の流れを俯瞰することができるという利点はあるが、できごとの奥行きや広がりは最小限にカットされるという限界もある。さらに、年表作成者による抽出作業によって、すでに一定のフィルターがかかっていることも避けがたく、スポーツとジェンダーという同一テーマで年表を作成しても、研究者によっては、異なるできごとを抽出する場合もあるだろう。こうした限界を理解したうえで、この年表が、1つひとつのできごとに関する歴史的探求の契機となるだけでなく、社会との関わりの中で体育やスポーツにおける性別あるいはジェンダーの概念の変化に対する関心を喚起することを意図している。それぞれのできごとの末尾に付したアラビア数字が典拠文献番号と対応しているので、知見を深める手がかりとされたい。なお、2000年以降のできごとで文献番号が記されていないものは、朝日・毎日・読売・産経・日経等の全国紙やスポーツ紙、さらに地方紙に掲載された記事をもとに作成した。

2）116年間の概観

　年表からこの116年の流れを概観し、以下のように4つの時期に区分してまとめておく。ただし、第1期〜第3期でそれぞれの時期の特徴として示した「流れ」は、その後の時代にも引き継がれている。

第1期　スポーツへの女性の参加拡大の時期（1900年代〜1940年代中ごろ）

　第1の流れは、年表の冒頭から第2次世界大戦が終わる1940年代中ごろまでの時期にみることができる。この時期には、主として男性がつくりあげてきたスポーツの世界に、女性たちが参入しようとすることそれ自体に抵抗があった。そうした中で、女性がさまざまなスポーツ場面に参加するためのムーブメントが展開された。代表的なものは、1921年にフランスのフェミニストであるアリス・ミリアが組織した国際女子スポーツ連盟（FSFI）の活動である。日本では高等女学校の運動部を中心にさまざまなスポーツへの女性の参入が進み、1920年代後半からは国際大会で活躍する選手も登場した。その際、「女性らしい」スポーツとは何かが模索され、戦時に向かう中で、次第にその概念は拡大されていった。

一方で、オリンピックの陸上女子800m走に批判が集まって種目から除外されることになった（1932～1956年）ように、「男性のためだけのスポーツ」が存在する状況も残された。

第2期　「女性スポーツ」の拡大の時期（1940年代中ごろ～1970年代）

　第2の流れは、1980年前後までの時期で、戦前同様、スポーツへの女性の参加拡大を意図したムーブメントが継続された。しかし、戦前と異なっていたのは、根拠もなく女性には無理だといわれてきたスポーツに、女性自身が挑戦を始めたことであった。例えば、1970年代に女子マラソンの大会が開催されるようになった背景には、男子限定のレースに参加して多くの男性より速く完走できることを証明した女性たちの姿があった。日本でも、1975年には日本女子登山隊が女性初のエベレスト登頂に成功している。第1の流れの成果は、こうした新たな挑戦が可能になったことにもみることができる。アメリカで、スポーツにおける性差別を禁止したタイトルIXが公布されたのも1975年であり、法制度のレベルでもスポーツにおける機会均等が保障されるようになっていった。また、メディアを通じて女性のスポーツが「流行現象」や「流行語」を生みだし、社会に影響を与えるまでに普及が拡大してきたことも年表から読み取れる。

第3期　スポーツへの女性の参画を目指す時期（1980年代～1990年代）

　第3の流れは、1980年代以降のものである。この時期は、フェミニズム、ジェンダーといった用語にささえられる社会一般での女性運動と相まって、スポーツでも女性の「参加」から「参画」へとムーブメントが方向づけられた時期である。競技を主体とした、いわゆる女性スポーツ組織だけでなく、競技を超えた広い視野で、女性とスポーツに関わるネットワークをつくり、「参画」に向けた課題の解決策を見出そうとする組織がみられ始めるのが、20世紀最後の20年間の大きな動きである。この動きを象徴するのが、1994年にイギリスで開催された第1回世界女性スポーツ会議と、そこで採択された「ブライトン宣言」である。同宣言には意思決定機関への女性の参入や、女性特有のニーズを反映した施設の整備などの項目が盛り込まれ、政府組織や公的機関に対してこれらの原則に沿って政策や組織構造を改良するよう求めた。

第4期　スポーツへの女性の参画が実践される時期（2000年以降）

　第4の流れは21世紀以降のものである。この時期には、第3の流れにおいて課題となっていた女性の参画が実践され始めた。オリンピックの実施種目がほぼ男女同数となるなど、参加の拡大はさらに進み、これまで宗教上の理由から制限されていたイスラム諸国の女性のスポーツ参加も進み始め、「男性のためだけのスポーツ」は消滅しつつある。意思決定機関への女性の参画や、財的支援においてジェンダー主流化（ジェンダー平等を達成するための手段）が意識された事例、出産や育児など女性に特化した支援によって女性の参画が促進された事例などが散見される。日本でも、スポーツ組織のトップや理事に初めて女性が就任した事例が相次ぎ、特に2010年代に入って顕著な伸びを示している。ただし、柔道女子代表選手たちの告発文をきっかけに全柔連の組織改革が進んだ例にみられるように、スポーツ界におけるセクシュアル・ハラスメント、パワー・ハラスメントの問題もまた顕在化した。一方で、スポーツに設けられてきた性別という境界線が次第に「線」としての体裁や意味を持たない場面があることもうかがえるようになった。年表では、この流れは「世界」の方で顕著にみられる。例えば、女／男という「性別」を鋭く線引きしてきた競技性の高いスポーツであっても、性別変更選手の活躍によって、性別は越境可能なものとして認識されつつある。また、陸上世界選手権（2009年）の女子800m優勝者の性別判定をめぐる問題では、男／女の境界を明確にして競技するスポーツのあり方そのものの限界が露呈したといえる。女性の参画の実践が進み、性的マイノリティを含む多様な人々とスポーツとの関わりが深まることよって、スポーツにおける性の二項対立図式は緩むであろうことを予感させる。

1　年表でみるスポーツ・女性・ジェンダー（1900～2015 年）

【1900-1935】

年　　月日	できごと（日本）
1900. 3.26	文部省が女子の師範学校・高等女学校での月経時における体操科の取扱いに関して注意を行う。(1)
1901. 3.22	「高等女学校令施行規則」制定。体操科の内容が普通体操および遊戯になる。(1)
1904. 6.25	久保田文相が女子の体育振興を強調。(1)
1905. 2.16	女子のスポーツが発達すると女性らしさが失われ品位を下げるのではないか、とする批判記事が掲載される（東京朝日新聞）。(1)
9.9	日本初の婦人ゴルフ競技会が神戸六甲山上コースで開催される。(1)
1906. 7.-	このころ、女学生の富士登山がよくみられるようになる。(1)
12.1	日本製社会パック活動写真「女学生の武芸体操」が封切られる。(2)
1908. -	男女の場所を区分して、須磨海水浴場が開設される。(2)
1910. 5.2	師範学校長会議で女子生徒に奨励すべきスポーツとして、なぎなた・水泳・弓・スケート・テニス・羽根つきが挙げられる。(1)
1911. 6.1	平塚らいてうなどが青鞜会を発起、雑誌「青鞜」創刊される。
7.8	公娼廃止運動団体「廓清会」設立される。
1912. 7.6-14	第5回オリンピック大会（ストックホルム）、日本が男子選手（2名）のみで初参加。(1)
1913. -	大阪毎日新聞社、浜寺海水浴場に婦人水浴場を設置。(2)
1914. 7.8	第1次世界大戦、勃発。
1915. -	女学生が袴の裾をくくったブルマーが普及する。(2)
5.1-2	大阪毎日新聞主催、第2回日本オリンピック大会に女子の陸上競技がオープン種目として採用される。(3)
1917. 11.-	愛媛県今治高等女学校で野球部が創設される。(4)
1922. 5.27	女性のための初の総合的競技会とされる第1回府下女子連合競技会開催（YWCA 主催、東京女子高等師範学校グラウンド）。(3)
1923. -	東京朝日新聞に「女子の運動を発達させるには何うしたら好いか」の連載。(2)
5.21-26	第6回極東選手権競技大会（大阪市立運動場）に、女子の水泳・テニス・バレーボールが初めてオープン種目として採用される（日本女子選手の国際大会初参加）。(3)
8.14	第1回全国競泳大会（新愛知新聞主催）で女子4種目が行われる。(2)
1924. 6.15-16	女性のための日本初の全国規模の総合的競技会である第1回日本女子オリンピック大会開催（健母会・中央運動社主催、大阪市立運動場）。(3)
1925. 9.-	アメリカ女子野球団が来日する。(5)
1926. 4.1	日本初の女性スポーツ組織、日本女子スポーツ連盟（JWSF）設立、会長木下東作。(3)
8.27-29	第2回国際女子競技大会（世界女子オリンピック大会から改称）に日本女子スポーツ連盟が人見絹枝を派遣。(3)
11.9	講道館開運坂道場で、女子部の授業開始。本田存と柴愛子が道場取締りに。(1)
1928. 7.28-8.12	第9回アムステルダム五輪で、人見絹枝が 800m 走で銀メダルを獲得。(1)
1929. 8.7-10	日本の女子水泳選手4名がハワイの全米女子水泳選手権大会に遠征。(1)
1930. 9.6-8	第3回国際女子競技大会（プラハ）に、日本から6名の陸上競技選手が出場。(3)
1931. 8.2	人見絹枝没、24 歳。(1)
9.18	満州事変。
1932. 7.30	警視庁が女性ボクサー（石田正子）対男性ボクサーの試合を禁止する。(2)
1933. 1.-	小崎甲子が最初の講道館女子初段になる。(1)
1934. 8.9-11	第4回国際女子競技大会（ロンドン）に日本から9名の陸上競技選手が出場。(3)
1935. 1.6	講道館女子部、初めて寒稽古を行う。(1)

年　　月日	できごと（世界）
1900. 7.14-22	第2回パリ五輪に、ゴルフ・馬術・テニス・ヨットなどの種目で初めて 22 名の女性が参加する。正式参加はゴルフとテニスの2競技のみ。(3)
1921. 10.31	国際女子スポーツ連盟（FSFI）設立、会長アリス・ミリア。(3)
1922. 8.20	第1回世界女子オリンピック大会（パリ）開催。(3)
-	英国のデイリープレス紙上で、女性のスポーツ競技を批判する投稿が増える。(2)
1926. 8.27-29	第2回国際女子競技大会（スウェーデン、ヨーテボリ）開催、8カ国から延べ 176 名が参加。(3)
1928. 7.28-8.12	第9回アムステルダム五輪に女子陸上競技が初登場。女子 800m 走に国際的な批判が集まる。(3)
1930. 9.6-8	第3回国際女子競技大会（プラハ）開催、19 カ国から約 300 名が参加。(3)
1934. 8.9-11	第4回国際女子競技大会（ホワイトシティー）開催、19 カ国から 400 余名が参加。同大会はこれを最後に消滅。(3)

【1936-1963】

年 月日	できごと（日本）
1936. 2.6–16	第4回冬季オリンピック大会（ドイツガルミッシュ・パルテンキルヘン）フィギュアスケートに稲田悦子が出場。冬季大会への日本人女性の出場は初めてで、男女を通じて最年少の12歳。(6)
8.1–16	第11回オリンピック大会（ベルリン）で日本の前畑秀子が200m平泳ぎで日本人の女性で初の金メダル獲得。「前畑、ガンバレ」の放送に日本が沸く。(3)
–1937	このころ、JWSF消滅。(3)
1938. 7.16	東京五輪開催を返上。(8)
1940. 10.30	二階堂トクヨ、教育功労者として表彰される。(1)
1941. 9.8	大阪市の厚生協会、全国初の女子体力章検定を生駒山上で試演。(1)
11.–	厚生省、女子体力章検定を制定。(1)
1942. 6.8	大阪市体力課、全国初の女子体力総合検定を実施。(1)
1943. 9.11	女子陸上運動訓練要綱決まる。(1)
1944. 8.22	女子挺身隊勤労令公布。(1)
1945. 8.15	日本、無条件降伏。ポツダム宣言受諾を発表（第2次世界大戦終結）。
12.17	衆議院議員選挙法改正公布、婦人参政権が実現する。
1946. 7.14	大峰山女子開放を目的に近畿登山協会女子登山隊が登山を決行、信徒らに阻止され下山。(1)
1947. 3.31	教育基本法公布（教育の機会均等、男女共学、女子への高等教育機関の開放など）。
4.3	第10回読売旗争奪野球大会開催、後楽園に女子アナウンサー登場。(1)
5.3	日本国憲法施行（男女平等、表現の自由など）。
1948. 3.22	旧制高校最後の入試を女性が初めて受験。三高に合格した八木貴代子は、体操の時間は見学を続けさせられる。(2)
1950. 3.2	女子プロとして日本女子野球連盟発足（52年にプロから社会人野球に移行、71年に自然消滅）。(4)
5.9	東京ミス競輪のおひろめ競技会開催（京王閣競輪場）、選手・審判等すべてが女性。(1)
11.19	女性ボクサー石倉節子 vs 菅間和子の公開試合が広島で開催される。(1)
1952. 10.–	婦人航空連盟、設立。(1)
1954. 5.24	テニスのウィンブルドン大会に加茂幸子が日本初の女子選手として出場。(1)
8.5	日本女子体育連盟結成。(1)
1959. 7.12	田中聡子、200m背泳で世界新。(1)
1960. 10.7	日本女子ヒマラヤ隊、ディオ・チバ峰（6000m）に登頂。(1)
1961. 5.–	文部省婦人教育課設置。
10.15	欧州遠征の日紡貝塚バレーチーム24戦無敗、東洋の魔女と呼ばれる。(1)
1962. 4.1	中学校で新学習指導要領実施（技術・家庭科新設、男女で区分け）。
10.13–30	世界バレーボール選手権（モスクワ）で日本女子チーム完全優勝。(1)
1963. 10.12	依田郁子、80mハードルで11秒の壁を破る。(1)

年 月日	できごと（世界）
1936. 8.10–11	国際陸上競技連盟（IAAF）第13次総会で、IAAFが女子の陸上競技の統括を決議。FSFIが実質的に消滅する。(3)
1940. –	アメリカで全国アマチュア競技連盟女子部がアメリカ健康・体育・レクリエーション協会に合併される。(1)
1941. 4.–	アメリカで女子大学生のための対抗競技が体育指導者協会やアメリカ健康・体育・レクリエーション協会によって認められる。(1)
1946. –	イギリスの大学において女子体育教師の養成が始まる。(1)
1949. 7.18–23	第1回国際女子体育連盟会議（コペンハーゲン）開催。(1)
1952. –	初の障がい者スポーツ世界大会がイギリス、ストーク・マンデビルで開催される（現在はパラリンピック第1回大会として認定）。(11)
1953. 7.19–26	第2回国際女子体育連盟会議（パリ）開催。(1)
1954. 11.19	世界女子プロレス、日本で初めて開催。(1)
1956. 5.30–6.3	第11回国際スポーツ医学者会議のテーマの1つに「女子とスポーツ」が含まれる。(1)
1957. 6.24–7.6	ウィンブルドン大会でアメリカ女性黒人選手（ギブソン）初優勝。(1)
7.15–20	第3回国際女子体育連盟会議（ロンドン）開催。(1)
1960. 8.–	国際女子バスケットボール・ネットボール協会設立会議（セイロン）開催。(1)
1961. 8.6–12	第4回国際女子体育連盟会議（ワシントン）開催。(1)

1 年表でみるスポーツ・女性・ジェンダー（1900〜2015 年）

【1964-1977】

年	月 日	できごと（日本）
1964.	7.2	警察庁が流行に先手を打ち「トップレス水着禁止」の全国取締り通達。(2)
	10.10-24	第 18 回オリンピック大会（東京）開催、日本女子バレーボールチームが金メダルを獲得し、大松監督の「おれについてこい」が流行語になる。(1)
1966.	2.5-13	ユニバーシアード冬季大会（イタリア）で女子フィギュアスケートの福原美和（早大）が 2 連覇。(1)
	10.31	中教審「後期中等教育の拡充整備について」答申、女子に対する教育的配慮の項目で女子の特性強調。(14)
1967.	1.2	日本女性 4 人、ニュージーランドのクック山（3763m）に登頂。(1)
	7.19	日本女性 2 人（今井通子、若山美子）がマッターホルン北壁に初登頂。(2)
	11.12-21	第 42 回全日本庭球選手権、16 歳の高校生沢松和子が優勝。(1)
1968.	1.10	日本女子庭球連盟（現日本女子テニス連盟）発足。
	10.13	陸上自衛隊、初の女性自衛官募集試験。(14)
1969.	5.1	文部省学校基本調査結果で小学校女性教員数 50 ％超。(14)
	10.5	女子バレーボールチームを題材にしたドラマ「サインは V」がスタート、高視聴率獲得。(1)
1970.	3.22	第 1 回全日本女子プロボウリング選手権開催、中山律子優勝。(1)
	4.2-4	第 1 回全国家庭婦人バレーボール大会開催、48 チームが参加。(2)
	5.17	日本山岳会エベレスト登山隊の渡辺節子、エベレストのサウスコル（7985m）まで到達、女性の登高世界一を記録。(1)
	8.-	第 2 回世界女子ソフトボール選手権大会が大阪で開催される。(1)
1971.	6.27	松村鈴子、13 歳で 200m 背泳で日本新。(1)
	7.17	女性アルピニスト今井通子、女性として世界初の「欧州アルプス三大北壁」の三冠王になる。(1)
1972.	7.21	日本水泳選手権大会で青木まゆみが 100m バタフライで世界新。(1)
	11.28	13 歳の渡辺絵美が全日本フィギュア選手権で初出場優勝。(1)
1973.	4.1	高校教育課程改定「家庭一般」女子のみ必修、保健体育単位に男女差。(1)
1975.	2.2	第 1 回女子ミニサッカー関東大会開催。(1)
	5.16	日本女性隊、女性で最初のエベレスト登頂に成功。(1)
	7.5	沢松和子、第 87 回ウィンブルドン大会でアン・キヨムラと組んで、日本女性初の優勝。(1)
	11.18	沖縄海洋博記念太平洋単独横断ヨットレースで小林則子が最短時間・最長航海の女性世界記録。(1)
1977.	5.8	第 1 回バドミントン世界選（スウェーデン）で女子ダブルス日本チーム優勝。(1)
	6.12	樋口久子、全米女子プロゴルフ選手権で日本人初の優勝。(1)

年	月 日	できごと（世界）
1964.	11.26-27	スイスのマクリンゲンで「女子の体育・スポーツ」に関するシンポジウムが開催される。(1)
1965.	2.14-21	第 1 回世界女子ソフトボール選手権大会（メルボルン）開催。(1)
	4.11-14	大学女子学生競技・レクリエーション連盟の全国会議（リンカーン）。(1)
	8.2-7	第 5 回国際女子体育連盟会議（ケルン）開催。(1)
1966.	4.19	ロベルタ・ギブ、女性の参加が認められていなかったボストンマラソン（第 70 回）にノーゼッケンで出場し、3 時間 21 分 40 秒で完走。(1)
	8.30-9.4	陸上競技欧州選手権大会（ブダペスト）で初の「女性確認検査」。
1967.	7.8	ビリー・ジーン・キングがウィンブルドン大会で混合ダブルス含む 3 種目を制覇。(2)
	-	前年度の女子世界ダウンヒル選手権タイトル保持者、この年に外科的治療をし、男性であったことを公表。その後結婚し、一児を設けるとともに男子部門で競技継続。
1968.	1.6-13	第 1 回アジア女子ホッケー選手権大会（ニューデリー）開催。(1)
	-	IOC、女性のみを対象に性別確認検査を開始。
1969.	6.25-7.1	スイス体育・スポーツ博物館「スポーツにみる女性」展を開催。(1)
	8.18-23	第 6 回国際女子体育連盟会議、東京で開催される。(1)
1972.	8.26-9.11	第 20 回オリンピック大会（ミュンヘン）で初めて女性選手が選手宣誓を行う。(1)
1973.	-	第 1 回国際フェミニスト会議開催（アメリカ）。
1974.	-	ビリー・ジーン・キング、アメリカ女性スポーツ財団（WSF）設立。
1975.	-	国際婦人年。
	6.-	中国にバスケットボールの女性レフリー登場。(1)
	7.21	アメリカで男女の体育・スポーツにおける機会均等など性的差別を禁止する法律（タイトルIX）公布。(1)
1976.	5.30	世界 3 大自動車レースの 1 つ、インディアナポリス 500 マイルに史上初の女性ドライバー（アメリカ、ジャネット・ガスリー）。(1)
1977.	8.17-28	ユニバーシアード大会でバスケットボールの国際試合に初の女性レフリー登場、アメリカ女性。(1)

【1978-1989】

年　月日	できごと（日本）
1978. 4.16	日本初の女性だけのフルマラソン大会（多摩湖）に 49 人が参加。(1)
7.28	第 1 回全日本女子柔道選手権大会（講道館）開催、4 階級に 37 名が参加。(1)
1980. 3.22-23	第 1 回全日本女子サッカー選手権大会開催。(1)
1981. 8.23-25	第 1 回全国家庭婦人ソフトボール大会開催。(2)
9.6-9	日本で初めて女子サッカーの国際試合、神戸・東京で開催。(1)
10.1	兵藤（前畑）秀子、日本人女性初のオリンピック功労賞（IOC）銀賞受賞。(1)
1982. 2.28	岡本綾子、ゴルフアメリカ公式ツアーで日本人として初の 2 勝を挙げる。(1)
3.24	小野清子、日本初の女性 JOC 委員となる。(1)
7.31	大貫映子、日本人で初めてドーバー海峡を泳いで横断することに成功。(1)
8.-	第 1 回家庭婦人バスケットボール交歓大会開催（愛知県豊田市）、27 チームが参加。(2)
1983. 1.23	初の国際女子駅伝、横浜市で開催。(1) また、これに先駆け、第 1 回全国都道府県対抗女子駅伝競走大会が京都で開催。(1)
1984. 6.22	服部道子、日本女子アマゴルフで史上最年少優勝（15 歳）。母娘 2 代のチャンピオンは初めて。(1)
8.-	第 1 回全国女子水球大会開催（大宮）。(2)
8.21	第 1 回全国家庭婦人剣道大会開催（日本武道館）。(1)
1985. 3.16	日本陸連、「ロード種目に限り男女混合レースを認める」と競技規則を改正。(1)
6.1	男女雇用機会均等法公布、86 年 4 月 1 日施行。
6.25	日本において女子差別撤廃条約批准（7 月 25 日発効）。
10.1	オリンピック出場女子選手の会、トータル・オリンピック・レディース（TOL）発足。初代会長小野清子。
1986. 4.25	女優和泉雅子、北磁極踏破に成功、女性では世界初。(1)
1986. 8.1	全国大学女子軟式野球連盟、発足。(1)
11.17	女子プロゴルファーを養成する全国初の各種学校設立。(1)
1988. 4.1	日本女子ラグビーフットボール連盟発足。全国に女子チーム 30。(1)
6.12	橋本聖子が全日本自転車競技選手権女子スプリントで優勝し、日本初の夏冬オリンピック代表に決定する。(2)
1989. 3.15	新学習指導要領告示、高校の家庭科男女とも必修。保健体育の単位数や種目選択の男女差撤廃。
3.18	伊藤みどり、フィギュアスケート世界選手権で男女を通じて史上初の金メダル。(1)

年　月日	できごと（世界）
1978. 3.19	第 1 回国際女子マラソン（アトランタ）開催、参加者 187 人。(1)
6.15	アメリカで「男子にまじってサッカー試合に出場できないのは男女差別撤廃法に反する」とする 12 歳女性の訴えを認める判決。(1)
8.18-28	世界水泳選手権（ベルリン）で初めて女子水球のエキジビション。(1)
1979. 11.18	国際陸連初公認女子フルマラソン、第 1 回東京国際女子マラソン開催。(1)
-	アメリカの高校でフットボール公式戦初の女性プレーヤー登場。(1)
1980. 10.9	第 1 回国際女性スポーツ会議、日本プレスセンターで開催。(1)
5.3-4	第 1 回女子世界パワーリフティング選手権大会（アメリカ）開催。(1)
11.29-30	第 1 回世界柔道女子選手権大会（ニューヨーク）開催。(1)
-	WSF により国際女子スポーツ殿堂（International Women's Sports Hall of Fame）設立。(15)
1981. 9.3	国連「女性に対するあらゆる形態の差別の撤廃に関する条約」発効。
10.1-2	IOC 第 84 次総会で初の女性 IOC 委員が選出される（2 名）。(7)
-	イギリス、オックスフォード対ケンブリッジのボートレースで史上初の女性コックス登場。(1)
1982. 8.28	第 1 回ゲイゲームズ、サンフランシスコで開催。
1983. 7.2	第 1 回アジア女子ボディビル選手権（シンガポール）開催。(1)
1984. 7.28-8.12	第 23 回オリンピック大会（ロサンゼルス）に女子マラソン、新体操、シンクロナイズドスイミング等の競技が加わる。
1985. -	前年の国際レスリング連盟による女子レスリング公認を受け初の女子レスリング国際大会開催。日本からは柔道 3 段の大島和子が出場。
3.21	アイディタロット国際犬ぞりレースで大会史上初の女性チャンピオン。(1)
1986. 3.23	史上初の女子ウェイトリフティング国際大会（ブダペスト）開催、23 名が参加。(1)
1988. 7.16	陸上 100m でフローレンス・ジョイナーが 10 秒 49 の世界新。(1)
1989. 11.29	女子体操のスター選手、ナディア・コマネチがルーマニアからハンガリーに亡命。(1)

1　年表でみるスポーツ・女性・ジェンダー（1900〜2015年）

【1990-1997】

年	月日	できごと（日本）
1990.	1.–	日本相撲協会が女性初の森山真弓官房長官による総理大臣杯授与を拒否したことが話題になる。(7)
	8.12	初の全日本女子野球選手権大会開催。(1)
1991.	2.1	女子小学生を対象とした初のサッカー全国大会開催、12チームが参加。(1)
	5.15	育児休業法公布（男女共取得可能に、1992年4月1日施行）。
	7.18-26	第8回スペシャルオリンピックス（ミネソタ）で10歳の吉本友子が最重度障がい部門の体操床運動で銀メダル。(10)
	10.–	プロ野球オリックスの入団テストに2名の女性が参加。(4)
1992.	6.28	田部井淳子、女性初の7大陸最高峰征服。(1)
	6.28	第1回男女混合タッチフットボール大会開催。(1)
	7.25-8.9	第25回オリンピック大会（バルセロナ）のマラソンで有森裕子が銀メダル獲得。(1)
1993.	4.1	中学校での家庭科の男女必修実施。(14)
	8.6	日本体育協会第12代会長に女性初、高原須美子就任。(1)
	9.19	真木和が陸上競技20000mで世界新。(1)
	12.11	千葉マリンスタジアムで女子アメフト初の公式戦クイーンボウル開催。(1)
1994.	4.7	東京六大学野球連盟、春季リーグから女子選手の登録を認める。(1)
	7.12	総理府が男女共同参画室、男女共同参画審議会を設置。
	11.27	知的障がい者のスポーツを支援する全国組織「スペシャルオリンピックス日本」設立。(1)
1995.	5.25	日本サッカー協会が日本女子リーグなど全国レベルの試合の主審を務めることができる女子1級審判員の新設を決定。(1)
	6.9	ILO『家庭的責任を有する男女労働者の機会及び待遇の均等に関する条約』批准。(14)
	8.7-21	第77回全国高等学校野球選手権大会で大会史上初めて女性が野球部長としてベンチ入り（柳川高校）。
	8.8	東京六大学野球史上初の女性選手、明大のジョディ・ハーラー投手が初登板。(1)
1996.	2.28	日本相撲連盟、女性のアマチュア相撲団体、日本新相撲連盟を発足。(1)
	7.20-8.4	第26回オリンピック大会（アトランタ）で有森裕子がマラソンで銅メダル。(1)
	8.8-21	高校野球連盟、第78回全国高等学校野球選手権大会で女性マネージャーのベンチ入りを認める。
	12.14	第1回全日本女子ボクシングスパーリング大会開催（大阪）、20名が参加。(1)
1997.	1.19	女性用に考案された「新相撲」の第1回全日本選手権大会（大阪）開催。(1)
	3.2	静岡県中学選抜野球大会に初の女子選手が出場。(1)

年	月日	できごと（世界）
1990.	7.8	女子空手道第1回世界選手権大会が福岡で開催される。(1)
1991.	1.1	緒方貞子、日本人初の国連難民高等弁務官に就任。(14)
	2.26	モニカ・セレシュ、全豪テニスで最年少17歳、初出場で優勝。(1)
	11.16-30	女子サッカー、第1回W杯開催（中国）、12カ国が参加。(1)
1992.	12.27	バルセロナ五輪女子飛び板飛込みメダリストの高敏（中国）が前年の世界水泳選手権の金メダルを競売にかけ、約1600万円で落札。(1)
1993.	3.30	中国女子水泳選手が薬物使用で2年間の出場停止処分。(1)
	4.25	イギリスに女性ボクシング協会誕生、12名の選手が登録される。(1)
	6.5	アメリカ大リーグの新人選択会議で史上初めて女性が指名される。(1)
	–	Women Sport International（WSI）設立。
1994.	5.5-8	第1回世界女性スポーツ会議がイギリスで開催、「ブライトン宣言」が採択される。(1)(12)
	10.16	IAAF、98年のヨーロッパ選手権から女子3000mを5000mに変更し、棒高跳びとハンマー投げを加えると発表。(1)
1995.	1.6	女子ウェイトリフティング世界選手権で優勝した中国の2選手が薬物使用で永久追放処分。(1)
	9.4-15	第4回世界女性会議「北京宣言」発表。(1)
1996.	3.7-10	第1回ICHPER.SDアジア女性スポーツ会議開催（マニラ）。(13)
	7.20-8.4	第26回オリンピックアトランタ大会で女子選手数が3分の1を超える。(1)
	9.28	第1回世界女子100kmトラックレース（ナント）で開催。
	10.14-16	第1回IOC世界女性スポーツ会議開催（ローザンヌ）。(1)
	–	IOC女性スポーツワーキンググループ設立。
1997.	12.13-21	イスラム圏の女性のための国際スポーツ競技会（テヘラン）開催、13種目に23カ国の選手が参加、男性には非公開。

【1998-2002.3】

年　月日	できごと（日本）
1998. 3.7	プロ野球セントラルリーグ会長に高原須美子が就任。女性で初めて。(7)
5.12	埼玉医科大学倫理委員会、性同一性障害患者の性別適合手術を国内初承認。
8.20	公益財団法人日本障がい者スポーツ協会の内部組織として日本パラリンピック委員会発足。(11)
12.19	女性スポーツ組織ジュース（JWS）設立（1999年2月26日にNPO法人認可）。
12.28	改正労働基準法成立（女子保護規定撤廃）。
1999. 6.23	男女共同参画社会基本法成立。
2000. 1.28	女子アメフトで鈴木弘子（35歳）が初の日本人としてアメリカプロリーグ（WPFL）入団テストに合格。(9)
2.6	太田房江が全国で女性初の知事（大阪府）になる。
2.-	日本相撲協会が土俵の女人禁制を理由に太田房江知事による知事杯授与を拒否する。(9)
4.-	山形大学女子サッカー部が女子サッカーの底辺拡大をめざし地域スポーツクラブ発足を発表。(9)
8.3	千葉すずがシドニー五輪代表選考の結果を不服としてスポーツ仲裁裁判所（CAS）に提訴した問題の判決が下る。(7)
9.15-10.1	シドニーオリンピック大会で日本の女子選手が過去最高の13個のメダルを獲得、5個の男子を圧倒する。高橋尚子選手がマラソンで日本女子陸上競技初のオリンピック金メダルを獲得。
2001. 6.9-10	第1回アジア女性スポーツ会議（大阪）開催。
8.31	7月に開催された第19回世界ろう者競技大会（ローマ）テニス女子シングルス銅メダリストの松永八千代選手に松山市が「かがやき松山大賞」贈呈。
9.3	ベルリンマラソンで高橋尚子が女子初の2時間20分の壁を破り優勝。
9.19	IOC、2004年アテネ五輪で女子レスリング4種目の初採用決定。
9.21	国際バレーボール連盟（FIVB）「20世紀の最優秀賞」（女子部門）の授賞式で東京五輪優勝の日本女子代表に最優秀チーム賞、監督の故大松博文に女子最優秀監督特別賞を授与。
10.19	ジレット社100周年記念事業として実施されたスポーツ記者が投票で選ぶ「20世紀のスポーツ」に、高橋尚子選手のシドニー五輪女子マラソン金メダルが選出される。
11.3	選手寮での女子中学生への猥せつ行為でサッカーJリーグ選手ら逮捕。
11.4	女子レスリングの国別対抗戦、第1回W杯で日本女子が初代王者に。
11.16	「日本エイジングメイル（加齢男性）研究会」設立、男性更年期について検討。
12.8	女性の相撲普及をめざし「京都府新相撲連盟」発足。新相撲は2001年に初の世界選手権開催。
12.18	卓球全日本選手権女子シングルスで、66歳の伊藤和子選手が5年ぶり優勝。
12.22	日本初の女性国会議員の1人で女性と人権、家族計画運動への取り組みで日本人初の国連人口賞を受けた加藤シヅエが104歳で死去。
12.-	公立の小学校、中学校、高校の教員の猥せつ行為と体罰に対する処分過去最多を記録。
2002. 1.1	近畿学生3部リーグの大阪歯科大主将、飯田真智子選手が日本学生野球協会から功績を評価され、同協会女性初の表彰選手に。
3.18	日本レスリング協会、次年度の強化策でメダル有望とみられる女子を重視し男子の予算規模圧縮。
3.22	男女共同参画社会をめざし審議会等の構成員の女性比率を高める運動を積極的に展開する栃木県小山市で体協初女性理事5名が誕生。
3.28	サッカーJ2のサガン鳥栖でJリーグ初の女性社長就任。
-	競艇の安藤大将（千夏）選手が性同一性障害により男性選手として競技継続することを公表。

年　月日	できごと（世界）
1998. 5.19-22	第2回世界女性スポーツ会議開催（ナミビア）。
2000. 3.6-8	第2回IOC世界女性スポーツ会議（パリ）。
9.15-10.1	シドニー五輪大会開催、「女性のオリンピック100年」をテーマに聖火の最終ランナー全員が女性に。オリンピック史上では、この大会から性別確認検査廃止。
2001. 9.19	IOC、2004年アテネ五輪から女子レスリング4種目の初採用を決定。
11.15	イラン・サッカー協会、サッカーW杯プレーオフのアイルランドvsイラン戦で、アイルランド人女性の入場を認める。イラン国内で男女がともにサッカーの公式戦を観戦したのは1979年の革命以来初めて。イラン人女性の入場は不承認。
2002. 1.11	ナショナル・フットボール・リーグ（NFL）イーグルスのチアガール、NFL31球団中29球団を相手にロッカールームののぞき穴が1983年から「公然の秘密」として放置されていたことに対し訴訟。
2.8-24	ソルトレークシティー冬季五輪でボブスレー女子2人乗りで優勝したボネッタ・フランソワーズ（アメリカ）金メダル獲得、冬季五輪初の黒人金メダリストに。

【2002.4-2004.7】

年　月日	できごと（日本）
2002. 4.3	九州の社会人野球初の女性選手として山元保美投手登録へ。
4.13	福岡六大学野球リーグ初の女性選手、月脚真弓外野手が出場。
4.17	JOC内に「女性スポーツプロジェクト」設置。
4.26	第3回国際女子競技大会に人見絹枝らと出場した本城ハツが死去。
5.6	京都韓国高許愛希（ホ・エヒ）、テニス女子シングルスで全競技を通じて初の韓国人学校からのインターハイ本大会出場。
8.7	栃木県立高校男性教諭が、顧問を務める運動部員の生徒にセクハラや体罰をしたとして処分。教諭は調査に対し「スキンシップ」と強弁。
8.11	日本アマチュアボクシング連盟、第1回アジア女子選手権（バンコク）に2名の派遣を決定。
8.16	シドニー五輪競泳女子銀メダリスト田島寧子選手、女優デビュー決定。
8.30	日本馬術連盟理事、6月の馬術大会で書記の女性への強制猥せつ容疑で逮捕。
9.3	日本陸上競技連盟、セクシュアル・ハラスメントや暴力行為防止のための「倫理に関するガイドライン」を発表。
−	出生率1.32、戦後最低を記録する。
2003. 7.16	性同一性障害者特例法公布（2004年7月16日施行）。
9.11-14	世界柔道選手権大会で田村亮子が前人未到の6連覇を達成。
9.22	東海地区大学野球連盟に初の女性選手誕生、岐阜聖徳学園大1年の長野茜内野手。
−	JOC、女性スポーツ専門部会を設置。
2004. 1.−	関西学生陸上競技連盟で学生役員トップの幹事長に初の女子学生就任。立命大の西田朋代。
5.2	アテネ五輪バスケットボール審判員に須黒祥子派遣決定。
6.6	日本バレーボール協会、女子若年層から有望選手を発掘し英才教育を行う方針決定。
6.15	日本馬術連盟、障害飛越に同種目日本史上初の女性代表、渡辺祐香選手派遣を発表。発表会場で選考から漏れた別の女性選手の両親が会場に乱入し異議を唱えるトラブル発生。
6.20	日本サッカー協会、役員改選で新特任理事に元日本代表FWの手塚貴子を選出。同協会女性役員は2人目、代表経験者は初。
7.7	サッカー女子日本代表の愛称「なでしこジャパン」に。
7.15	国連開発計画2004年度版「人間開発報告書」発表。日本の女性社会進出度44位から38位に。
7.16-17	ゴルフの男子トッププロが出場する北陸オープンに女子アマ新本亜耶乃選手出場。

年　月日	できごと（世界）
2002. 4.4	9月のアジア競技大会（韓国・釜山）の正式種目に女子レスリング4階級追加採用決定。
4.14	第22回ロンドンマラソンに90歳女性が参加、42.195kmを11時間34分かけて完走。90歳での完走は同大会史上、最高齢記録。
5.16-19	第3回世界女性スポーツ会議（モントリオール）開催。
6.24	国際サッカー連盟（FIFA）、W杯取材記者、カメラ4200人のうち女性232人と発表。国別では日本が66人で最多。
7.21	「女子ソフトボール界のベーブ・ルース」と呼ばれ、映画「プリティ・リーグ」のモデルにもなったミルドレッド・ディーガン死去。
8.6	アメリカ、USAトゥデー紙、NFL史上初の女性トレーナー磯有里子を大きく報道。
9.12	サッカーのミレーネ・ドミンゲス、イタリアからスペインのチームへの移籍金女子記録を更新。20万ポンド。
9.14	サッカーのイタリアセリエBで女性審判員。同国上級レベルリーグでは初。
10.9	アメリカリトルリーグ機構が監督、コーチ等指導者の性犯罪歴チェックを決定。
2003. 5.22	アニカ・ソレンスタム、女子選手として58年ぶりに男子ゴルフツアーに出場。
2004. 4.28	イラクで初の野球協会設立、男子104人7チーム、女子27人3チーム、計10チームで活動開始。
5.17	IOC理事会、一定条件下での性別適合手術を受けた選手のオリンピック参加承認。
5.17	アメリカ男子プロバスケットボールの独立リーグ、アメリカン協会ナッシュビル・リズム、女性新監督の発表。アメリカ男子プロバスケ初。
6.26	アメリカテニス協会、アテネ五輪のダブルス初代表に47歳のマルチナ・ナブラチロワ選出。
7.4	陸上女子やり投げの元世界記録保持者のギリシャ人、ソフィア・サコラファが「オリンピック休戦」を訴えるチャンスとしてパレスチナ代表としての出場を決意、17年ぶり現役復帰。

【2004.8-2006.8】

年	月日	できごと（日本）
2004.	8.-	アトランタ五輪5000m4位の志水見千子ら元リクルート女子陸上部OGがジュニア層や指導者の育成などに取り組む団体設立。
	9.16	警視庁女子レスリング部、翌年創設することを発表。
	11.7	宮里藍選手、男女を通じて日本のプロゴルフ史上初10代での1億円プレーヤーに。
	11.13	第25回全日本マスターズ陸上競技選手権鹿児島大会で女性最高齢の南部久子（92）が砲丸投げに出場し、2m93cmを記録。夫は1932年のロサンゼルス五輪三段跳び金メダリスト南部忠平。
	12.18	日本サッカー協会、女子国際審判員の大岩真由美の1級審判員認定。Jリーグ公式戦で主審を務める国内最上位の審判資格。
	12.-	国士舘大サッカー部員、亜細亜大野球部員、日体大スキー部員らが、集団強制猥せつや同未遂で逮捕される事件続発。
2005.	1.17	F1登竜門の自動車レース、イギリスF3選手権に井原慶子ドライバー、カーリン・モータースポーツからフル参戦決定。
	1.30	プロ野球楽天の公式チアリーダーオーディションで、44歳の小野寺真沙子を選出。
	2.6	女子ゴルフの横峯さくら選手、男子ハワイ・パール・オープンに出場、17位の健闘。
	3.-	在イラン日本大使館、W杯アジア最終予選のイラン代表戦（テヘラン）を観戦する日本女性サポーターに対し、肌の露出に注意するよう呼びかけ。
	5.11	サッカーJ1の新潟など7クラブによる観客向け託児所開設が話題に。浦和レッズは1996年から。
	5.18	岡本綾子がゴルフ世界殿堂入り。樋口久子、青木功に次ぎ国内3人目。
	6.27	谷（田村）亮子、出産のため9月の柔道世界選手権出場を辞退。
	10.27	野口みずきがニューヨーク・ロードランナーズのアベベ・ビキラ賞、日本人初。
	11.-	Jリーグから初の女性国際主審誕生（J1職員の深野悦子）。
2006.	1.26	京大アメリカンフットボール部の元部員3人が集団強姦容疑で逮捕。
	2.10-26	トリノ五輪で荒川静香優勝。女子フィギュアスケートではオリンピック史上最年長（24）での金メダル。
	4.8	女子チームとして全国初の全日本大学野球連盟入りした中京女子大が愛知淑徳大と初試合。
	4.10	モントリオール五輪で金メダルを獲得したバレーボール女子代表選手が中心となったNPO法人「バレーボール・モントリオール会」発足。子どもや主婦対象の教室を通じ、社会貢献をめざす。
	6.30	文科省「学校における男女の扱いに関する調査」結果公表。
	8.25	日本相撲協会、相撲健康体操の指導員を女性含む一般から公募。

年	月日	できごと（世界）
2004.	10.12	アメリカ女子プロゴルフツアーの新人イザベル・ベイシーゲル（アメリカ）が女子選手初のアメリカ男子ツアー来季出場権を争う1次予選会に挑戦することが決定。
	10.18	女性スポーツ財団年間最優秀女性選手個人部門にゴルフのアニカ・ソレンスタム（スウェーデン）選出。
	10.31-11.3	性別適合手術を受けたプロゴルファー、ミアン・バガー（デンマーク）が来季の欧州女子ツアー（LET）参戦資格を争うトーナメントに出場。LETの出場承認はIOCの方針にのっとったもの。
	11.1	スピードスケート・ショートトラック韓国女子代表の主力選手がコーチ陣から恒常的に暴力を受け、選手育成施設から集団離脱する事件発生。
	12.19	FIFA、メキシコ2部リーグのセラヤがアテネ五輪同国女子代表のマリベル・ドミンゲスと結んだ契約を認めない方針を表明。会長は「サッカーは男女別々の種目だ。女子選手が男子チームでプレーすれば、FIFAの規定に抵触することになる」と述べる。
2005.	1.-	オーストリア男子アイスホッケーリーグ3部KSV（ウィーン）の新GKにバーバラ・ツェーマン選手採用。男性チームに女性が選手登録されるのは同リーグ初。
	2.7	ヨットで単独世界一周に挑戦していたエレン・マッカーサー（イギリス）が71日14時間18分33秒の世界最短記録を樹立。
	2.9	全英女子オープンゴルフ主催者、性別適合手術を受けた選手の出場承認を発表。
	5.24	アメリカ女子プロバスケットボール協会のワシントン・ミスティックスに初の黒人女性オーナー誕生。
	8.23	四肢麻痺の障がいを持つヒラリー・リスター（イギリス）がヨットでのドーバー海峡単独横断に成功。
	10.13	ゴルフ全英オープン、次年大会から女性の参加を承認。
2006.	2.10-26	「リュージュおばあちゃん」アン・アバナシーが競技前日の骨折により欠場。オリンピック不出場扱いをスポーツ仲裁裁判所（CAS）に提訴、DNS（棄権）で和解。これにより6大会連続出場と女子最年長出場を更新。
	3.8	トリノ五輪スウェーデン女子アイスホッケー代表2名、同国の男子2部リーグの試合に出場。
	8.-	韓国女性の力を合わせ日本の独島侵奪阻止をうたう4泊5日のリレー水泳横断210km「抗議の水泳」プロジェクト。

1　年表でみるスポーツ・女性・ジェンダー（1900〜2015 年）

【2006.9-2007】

年　　月日	できごと（日本）
2006. 11.13	日本サッカー協会が日本女子代表の宮本ともみ選手のためにベビーシッター用意を公表。
2007. 3.20	JOC 評議員会で役員改選。会長を含む理事 23 人、監事 3 人のうち女性 2 名。
4.28	関西六大学野球リーグで出産後復帰して活躍する岩崎仁子審判が話題に。岩崎審判は、1996 年大学野球界全国初の女性審判としてデビュー。
5.14	同志社大ラグビー部員 3 人が猥せつ目的略取未遂容疑で逮捕。
6.15	日本サッカー協会、在学しながらプロリーグ（なでしこリーグ）に出場できる特別指定選手制度設置。男子は既設。
6.19	女子ホッケー日本代表の千葉香織選手がオランダ・リーグにフルシーズン参戦決定。日本人初。
7.21-22	NPO 法人スクール・セクハラ防止関東ネットワーク、部活動やスポーツクラブでのセクシュアル・ハラスメント電話相談を 2 日間開設。
7.25	日本陸上競技連盟、11 月に開催される国際千葉駅伝を男女各 3 名および男女補欠各 1 名を 1 チームとする男女混合レースにすることを公表。男女混合駅伝は世界初。
8.22	IAAF 総会で、8 名の女性委員会委員のうち有森裕子が最多得票で再選。
8.29	関西六大学野球連盟でリーグ運営に携わる学生委員長と副委員長に龍谷大の女子マネージャーが就任。連盟運営の最高責任者を女性が務めるのは全国の大学野球リーグ初。
9.14	日本サッカー協会が女性初の S 級コーチとして本田美登里を認定。S 級は J リーグトップチーム監督就任に必要な資格。
10.1	日本女子プロゴルフ協会（LPGA）公式ファンクラブ「LPGA CLUB」創設。
10.7	フェンシング世界選手権で女子フルーレ団体が銅メダル獲得。日本フェンシング史上、オリンピック・世界選手権男女を通じて初の快挙。
10.18	国際柔道連盟（IJF）、北京五輪柔道審判員「女性特別枠」に天野安喜子を選出。日本人女性初。
10.18	東京五輪出場、日水連理事、TOL 会長の木原光知子死去。後任会長は橋本聖子（10.27 決定）。
10.26	女性騎手の日本最多勝記録を名古屋競馬の宮下瞳騎手が更新、通算 500 勝達成。
11.12	福岡県が「子育て金メダル栄誉賞」を新設して谷亮子選手に贈呈。
11.20	日本ボクシングコミッション（JBC）と日本プロボクシング協会（JPBA）の合同検討委員会において女子へのライセンス発効承認、2008 年 2 月に第 1 回プロテスト実施を発表。

年　　月日	できごと（世界）
2006. 10.17	スポーツ界に貢献した女性のための殿堂、ビリー・ジーン・キング国際女子スポーツセンター（Billie Jean King International Women's Sports Center）設立発表。
12.2	IOC のアニタ・デフランツ「女性とスポーツ」委員長がアジア・オリンピック評議会（OCA）の総会で、過去に 1 人も女性選手がオリンピックに出場していない 8 カ国のうち 5 カ国が中東に集中していることを指摘、中東での女性のスポーツ参加促進を呼びかける。
12.12	ドーハ・アジア大会の陸上 200m でバーレーンのルカヤ・ガサラが肌を露出しないイスラム文化圏のウェアで金メダル獲得。
12.18	アジア・オリンピック評議会（OCA）、ドーハ・アジア大会陸上 800m 銀メダルのサンティ・ソウンダラジャン（インド）の性別確認検査の結果を受け、メダルの剥奪を発表。
2007. 3.29	アメリカ大リーグのオープン戦で 1989 年以来 18 年ぶりにアメリカプロ球界唯一の女性審判員が登場。
5.29	国際スキー連盟（FIS）、2009 年ノルディック世界選手権（チェコ・リベレツ）で女子ジャンプの正式種目採用を発表。
6.13	12 歳 4 カ月のアレクシス・トンプソン（アメリカ）が予選突破、全米女子オープン（ゴルフ）に史上最年少出場権獲得。
6.19	ドイツ・サッカー連盟（DFB）、男子のプロサッカー試合に起用する初の女性審判ビビアナ・シュタインハウスを任命。2 部リーグの試合を審判。
7.-	ブラジル・ソフトボール代表女子 7 選手がセクシー写真で競技への支援アピール。
8.19	視覚障がいを持つアメリカの女子アマチュアゴルファー、シーラ・ドラムンドがアメリカペンシルバニア州のゴルフコースでホールインワン。全盲の女性ゴルファーがホールインワンを決めたのは初。
11.-	北京五輪組織委員会が表彰式女性プレゼンターのボランティア応募条件に「長身で細身」を挙げていることが話題に。12 月には国際人権団体ヒューマン・ライツ・ウォッチが女性差別だとして抗議。
12.12	IOC、禁止薬物の使用を認めた陸上女子短距離のマリオン・ジョーンズ（アメリカ）のシドニー五輪における 5 個のメダルすべての剥奪と記録抹消を正式決定。アテネ五輪走幅跳び 5 位の記録も抹消。

【2008-2009.9】

年 月日	できごと（日本）
2008. 1.17	日本女子ボクシング協会（1994年設立）、日本ボクシングコミッション（JBC）が女子プロボクシングを認可したことにともない発展的解消。
3.19	選抜高校野球大会の甲子園練習3日目に、史上初めてユニホーム姿の女子部員として高松加奈子外野手（華陵高校・山口）が登場。女子は大会だけでなく公式行事への参加を禁止する規定のためグラウンドに立てず、ベンチでタイムキーパー役。
4.7	1996年11月に引退したテニス伊達公子選手が12年ぶり現役復帰を発表。登録はクルム伊達公子。
5.13	JOC理事に女子バレーモントリオール五輪金メダリスト荒木田裕子就任。会長推薦学識経験者枠で。JOCの女性理事3名となる。
5.27	全国高体連評議員会でサッカー専門部に女子部を設けることを承認。
6.1	1950～1960年代の女子テニス界で活躍し、全日本選手権でシングルス10回優勝などの歴代最多記録を持つ宮城黎子死去。
6.4	名古屋市のフィギュアスケートクラブ元ヘッド・コーチ、中学生教え子への強姦致傷容疑で逮捕。
6.9	International Women's Sports Hall of Fameの授賞式をニューヨークに開館したスポーツ・ミュージアムで開催。樋口久子が日本人初選出。
6.28	広島のプロスポーツ女性ファン拡大を目指しアナウンサーなど女性4名のパネル討議開催。
7.3	1964年東京五輪女子バレー日本チーム主将中村（河西）昌枝、アメリカバレーボール殿堂入り。日本からは7人目、女性では2000年に選出されたモントリオール五輪代表の高木（旧姓白井）貴子以来2人目。
8.11	JBCによる女子ボクシング公認後国内初の女子世界タイトルマッチ開催（後楽園ホール）。
2009. 3.17	JOC役員改選。2009～2010年度役員は会長・理事・監事27名中、女性1名となり女性比率後退。
3.27	プロ野球関西独立リーグにドラフト会議で神戸9クルーズ入りした吉田えり投手が、男子選手とともにプレーする日本人女子プロ野球選手として初登板。
5.24	42歳の日本人女性、国内公式試合出場年齢制限のため、バンコクでボクシングプロデビュー戦、初勝利を飾る。
6.1	京都教育大学体育学科男子学生6人が集団準強姦容疑で逮捕（6.22、被害者が示談で告訴取り下げ）。
6.27	ロサンゼルス五輪代表、日本女子マラソンの草分け永田（旧姓佐々木）七恵が死去。
8.24	日本女子プロ野球機構、京都と関西地区の2球団でスタートする女子プロ野球リーグ創設を発表。1950年の女子プロ球団以来初（2009年12月時点で京都と兵庫の2球団）。
9.15	JOC、バンクーバー冬季五輪日本選手団団長に橋本聖子を起用。夏冬通じて初の女性。

年 月日	できごと（世界）
2008. 1.11	アメリカ連邦地裁、連邦捜査官への禁止薬物使用偽証罪でマリオン・ジョーンズ被告に禁固6カ月。
1.21	韓国で2004年アテネオリンピック女子ハンドボール決勝競技の実話を映画化した「私たちの生涯最高の瞬間」が2週連続興業1位に。
2.21	国際ハンドボール連盟（IHF）がイラン・イスファハンで開催中のハンドボール男子アジア選手権に女性観客の入場が認められないことに不満を表明。運営側のイラン・ハンドボール連盟に対し、入場禁止が続けば大会中止を警告。
7.30	サウジアラビアの北京五輪代表チームが有力宗教家たちの反対により女子選手の派遣見送り。
9.13	北京市教育委員会「小中高校の体育授業向上に関する意見」を発表、中学校以降では男女別授業を実施。女子はダンス、男子は競技ゲームなど両性に求められる体育が異なることを理由に。
10.15	1572年設立のスペイン乗馬学校（ウィーン）、史上初の女性の騎手見習いを採用。古典馬術の公演ができるまで5年間の訓練を受け、騎手になるには8～10年が必要。
2009. 2.18	国際アマチュアボクシング協会（AIBA）、2012年ロンドン五輪での女子種目採用をIOCに申請することを理事会承認。
3.18	国営イラン通信がバンクーバー冬季五輪に同国史上初の女性のスキー選手派遣を報じる。
7.10	ブリティッシュコロンビア州最高裁（カナダ）、バンクーバー冬季五輪にノルディックスキーの女子ジャンプが実施種目に入らなかったことが性差別にあたるとした一部の女子選手の訴えを退け、オリンピック実施種目の選定はIOCの権限であり性差別を禁じたカナダの「権利と自由の憲章」には縛られないと判決。
8.13	IOC理事会、2012年ロンドン五輪でのボクシング女子種目採用を承認。
8.27	IOCロゲ会長が2012年第1回冬季ユースオリンピック（インスブルック）における女子ジャンプ採用意向をカナダ女子ジャンプ選手宛書簡で表明したことが報じられる。

1　年表でみるスポーツ・女性・ジェンダー（1900〜2015 年）

【2009.10−2011.7】

年	月日	できごと（日本）
2009.	10.24	国際ソフトボール連盟総会の役員改選でアジア代表枠の副会長に宇津木妙子を選出。
	12.17	クルム伊達公子選手、国別対抗戦、フェド杯の日本代表メンバーに 14 年ぶり選出。
	12.27	第 89 回全国高校ラグビー大会のエキジビションマッチとして「女子 7 人制東西対抗戦」開催。
2010.	2.−	バンクーバー五輪の女子アイスホッケーの審判団に、中山美幸が日本人女性で初めて選出される。
	6.23	IOC の「女性スポーツ賞」を有森裕子が受賞。2000 年の創設以降日本人では初めて。
	7.15	トップリーグに所属する神戸製鋼の OB らが指導する NPO 法人「SCIX（シックス）」が女子ラグビー部設立を発表。翌年には大学、高校、企業で女子ラグビー部設立相次ぐ。
	8.6	民主党スポーツ議員連盟の会長に、柔道オリンピック金メダリストの谷亮子参議院議員が就任。
	8.26	文部科学省が「スポーツ立国戦略」を策定。「スポーツ婚活」が盛り込まれる。
	10.6	別府大分毎日マラソンで、翌年から 30 年ぶりに女子の一般参加を認めると主催者が発表。
	10.10	小・中学生の硬式野球のボーイズリーグで、初の女子チーム「関西ピンクパンサーズ」がデビュー。
2011.	1.21	鳥取県体育協会がスポーツ施設で託児事業開始を発表。県の子育て支援事業の一環。
	4.1	日本女子サッカーリーグが一般社団法人に。スポーツ振興くじ助成金の申請が可能になるなどの利点があり、なでしこリーグの運営基盤強化が狙い。
	6.1	文部科学省、「マルチサポート事業」の活性化に向けた有識者会議を開き、女子選手をバックアップするため「女性スポーツアスリート戦略強化支援会議」を設置する方針を固める。
	6.−	日本プロテニス協会の理事長に佐藤直子が就任。1972 年同協会設立以来、初の女性理事長。

年	月日	できごと（世界）
2009.	11.19	南アフリカ・スポーツ省が世界選手権女子 800m を制しながら性別疑惑が持ち上がったキャスター・セメンヤについて、同国政府と弁護士が IAAF と協議し、セメンヤの金メダルと賞金の保持を認めることで合意したと発表。三者は同選手が「いかなる過ちも犯していない」との見解で一致。IAAF の性別検査は機密事項扱いで非公表とする決定。
	11.21	女子柔道初の世界選手権開催に尽力した「女子柔道の母」ラスティ・カノコギ死去。
	12.20	IOC が 2012 年ロンドン五輪で、テニス混合ダブルスと自転車競技女子種目の追加を承認。
2010.	2.25	イランの女性選手初めて冬季五輪に出場。アルペンスキー女子大回転のマルジャン・カルホル。
	4.5−6	イランのサッカー協会、8 月の夏季ユースオリンピックの女子サッカーで試合中に女性がかぶるスカーフ（ヘジャブ）の着用を禁じる FIFA の方針が「イスラム教徒の権利を侵害している」と抗議。FIFA は「自分自身または他の競技者に危険な用具その他を着用してはならない」とする競技規則を理由にヘジャブ着用を禁止する立場からイランの出場を禁止する措置（5 日）。IOC もこの措置を支持（6 日）。
	5.4	FIFA、ヘジャブの代わりに帽子の着用を認めるとの声明。イラン側も同意。その後、イランの体育協会が、女性の髪や体の線が出ることを禁じたイスラム法に反するとしてこれを拒否（7 月 8 日）。
	5.13	国際体操連盟（FIG）が翌年の体操世界選手権の女子の出場資格について、2015 年の 12 月 31 日時点で 16 歳以上とする年齢制限の導入を決めた。
	7.6	国際陸上競技連盟（IAAF）、キャスター・セメンヤが女性として競技に復帰することを認めると発表。
	7.−	アメリカのスポーツ医学者らが「マラソンやトライアスロンで、経験の浅い女性は、持久力を要する競技によって健康を損なう恐れがある」と警告。摂取カロリーと運動量を改善すれば回復可能と指摘。
	9.8	国際柔道連盟（IJF）のマリアス・ビゼール会長、オリンピックで新たに 5 階級制の男女団体戦を実施する意向を表明（その後、2016 年リオデジャネイロ大会での採用は見送られた）。
	10.3	国際バスケットボール連盟（FIBA）のバウマン専務理事、男女とも 3m5cm に設定されているリングの高さについて、女子は 15cm 程度引き下げることを検討していることを表明。
	10.13	キム・ヨナがアメリカ女性スポーツ財団（Women's Sports Foundation）の "Sportswoman of the year" 賞受賞。アジアの女性スポーツ選手としては初めて。
	12.8	ロンドン五輪のアメリカ女子競泳代表チームに初の女性ヘッドコーチのテリ・マッキーバーが就任。
	12.12	韓国国家人権委員会、「スポーツ分野での人権保護および促進に向けたガイドライン」を発表。
2011.	4.5	IOC、2014 年ソチ冬季五輪から採用する新種目として 6 種目を発表。前回不採用となった女子ジャンプの元世界王者のリンゼイ・ヴァン、正式な種目採用は「正しい方向への大きな一歩」。
	4.21	世界バドミントン連盟（BWF）、グランプリ以上の格付け大会で、女子にスカートまたはワンピースタイプのユニホーム着用を義務づける規定を発表。「性差別的」との批判を受け保留（6 月）。
	5.1	IAAF「高アンドロゲン血症の女性の出場資格に関する IAAF 規則」施行。
	6.3	国際スキー連盟（FIS）、来季ジャンプ W 杯から男女混合団体の実施を発表。
	6.6	イラン・サッカー協会のカッファシアン会長、FIFA に対して不服申し立て。オリンピック予選で、女子イラン代表チームが髪や体を覆うユニホーム着用を理由に出場禁止処分となったことに対して。
	7.28	柔道指導のためにアメリカに渡った福田敬子（98 歳）、アメリカ柔道連盟から女性初の最高位十段認定。

13

【2011.8–2013.5】

年	月日	できごと（日本）
2011.	8.9	アメリカ独立リーグで吉田えりが初勝利。アメリカプロリーグでの女性の勝利投手は史上2人目。
	8.11	さまざまな競技で活躍する女性アスリートが結集したチーム「SUNRISE JAPAN」の結団式が開催。ボクシングの山崎静代、体操の田中理恵、ビーチバレーの浦田聖子、西堀健実らが参加。
	10.1	2014年ソチ冬季五輪で実施種目になったスキー・ジャンプ女子の高梨沙羅が、コンサルタント会社「ジーオーエヌ」とパーソナルスポンサー契約を締結。
	11.24	バスケットのbjリーグの埼玉がナタリー・ナカセの監督就任を発表。同リーグでは初の女性監督。
	11.27	J2岐阜対富山戦で梶山芙紗子審判員が第2の審判員を担当。Jリーグでは女性初の審判。
	11.29	男子柔道金メダリストで大学柔道部コーチの内柴正人がセクハラ行為の疑いで懲戒解雇処分。12月6日に逮捕。2014年に準強姦罪で懲役5年の実刑が確定。
	12.19	JOCの女性スポーツ専門部会、次年度を目標にセクハラ対策の指針を作成することを決定。
2012.	2.–	スキー女子ジャンプで全国初のクラブチーム「ライズJC」が札幌市で発足。
	3.14	JOCが東京都内で女性スポーツフォーラムを開き、女性の人材登用が進まない現状を報告。
	5.10	「ベストマザー賞」にスピードスケート女子の岡崎朋美選手ら4人。
	6.14	ロンドン五輪の中継を担当する民放5局の女性アナウンサーが都内でオリンピックPR会見を開き、日の丸をイメージした赤の学ラン姿で応援団風のダンスを披露。
	7.1	「ガールズケイリン」が平塚競輪場で開催され、女子競輪が48年ぶりに復活。14人がデビュー。
	7.3	車いす陸上競技の土田和歌子選手が、夏季パラリンピックでは女性初の主将に。
	7.6	日本サッカー協会が、ロンドンオリンピック代表のうち男子のみにビジネス席を手配していたことが判明。
	10.28	アメリカンフットボールの関西学生リーグで初の女子選手がデビュー。京都精華大の櫛田優予選手。
	11.17	レスリングの世界選手権と五輪を通じて13大会連続世界一の吉田沙保里選手が国民栄誉賞を受賞。
	11.17	日本初の女性向けサッカー場「神戸レディースフットボールセンター」が六甲アイランドにオープン。INAC神戸の練習拠点。クラブハウスには授乳コーナーやキッズスペースを完備。
	12.2	日本スポーツ振興センターが味の素ナショナルトレーニングセンターに乳幼児用の託児所を設置することを発表。選手から多くの要望。子育てを抱える女性スポーツ選手の支援の強化を狙う。
2013.	1.19	柔道全日本女子の園田隆二監督らから暴力やパワー・ハラスメントを受けたとして、ロンドン五輪女子代表選手ら15人がJOCに告発文を提出した問題で、全日本柔道連盟は園田監督らを戒告処分。
	5.29	女子ジャンプ日本代表チームのコーチに山田いずみが就任。代表チーム初の女性コーチ。

年	月日	できごと（世界）
2011.	8.24	IAAF、女子のロードレースの世界記録公認条件について、男女同時スタートの混合レースの記録は参考扱いとすることを決定。マラソン世界記録保持者のポーラ・ラドクリフ（イギリス）らが反発。
	10.31	MLBドジャース、トレーナー部門のトップに女性のスー・ファルソニーが就任すると発表。女性がトレーナー部門のトップを務めるのは、有力アメリカプロスポーツでは初。
	12.22	イングランド・サッカー協会（FA）の外部の非常勤理事にヘザー・ラバッツ。初の女性理事。
2012.	3.1	国際アマチュアボクシング連盟、ロンドン五輪から実施の女子で、スカートか短パンのどちらかを着用できるとする一部ルールの改正を発表。女子選手へのスカートの着用促進が批判を浴びていた。
	3.2	国連、FIFAにイスラム教徒のヘジャブ禁止の見直しを求める、ブラッター会長に宛て書簡。7月5日、FIFAは着用禁止の撤廃を決定。
	5.25	FIFA、ブルンジ協会会長を務めるリディア・ヌセケラの理事就任を承認。女性では初。
	6.22	高アンドロゲン血症女性に関するIOC規則公表。
	7.10	ロンドン五輪のアメリカ代表が発表され、史上初めて参加人数で女子（269）が男子（261）を上回る。
	7.12	IOC、サウジアラビアが女子選手を派遣すると発表。カタール、ブルネイとともに初の派遣、これでオリンピック参加国・地域すべてで女子選手の出場が決定。7月31日には柔道でのヘジャブの着用を承認。
	8.20	男子ゴルフのメジャー大会、マスターズ・トーナメントを主催するアメリカ・ジョージア州のオーガスタ・ナショナル・ゴルフ・クラブ（GC）、1932年の開設以来初めて女性会員を迎え入れると発表。
	10.27	全米野球記者協会（BBWAA）、初めて女性を代表に任命。スーザン・スラッサー記者。
	11.3	国際スキー連盟（FIS）、アルペンのW杯男子滑降への出場を求めた女子のリンゼイ・ボン（アメリカ）の要望を認めない決定。異なる性別のレース出場を認めておらず、例外を設けないことを確認。
2013.	4.19	アメリカボーイスカウト連盟、同性愛者の少年の入会を認める会員規約の改正案を公表。
	4.29	NBAのジェーソン・コリンズ選手、ゲイであることを告白。北アメリカ主要プロスポーツリーグ現役選手による同性愛公表は初めて。
	5.6	サウジアラビア、私立校で女子体育履修を正式公認。同国初。公立校については議論を継続。
	5.18	国際レスリング連盟（FILA）、憲章を改正し、最低1人の女性副会長選出へ。

1　年表でみるスポーツ・女性・ジェンダー（1900〜2015年）

【2013.6–2014】

年	月　日	できごと（日本）
2013.	6.6	レスリング山本聖子がアメリカ女子ナショナルチームのコーチ就任を発表。外国のナショナルチームのコーチに招聘されたのは女性では初。
	6.19	全日本空手道連盟の理事に、若井敦子ら5人が女性で初めて就任。
	6.26	日本野球連盟、女子委員会の新設を決定。女子硬式野球の統一組織づくりに乗り出す。
	6.–	日本ハンドボール協会の理事に東海林祐子。同協会で初の女性理事。
	8.–	全日本柔道連盟、アスリート委員会（14人）を男女同数で創設。委員長に田辺陽子理事。
	10.23	フリースタイルスキー・ハーフパイプの三星マナミ選手が、ベビーシッター育児支援制度を活用してW杯を転戦することを発表。
	11.9	全日本柔道連盟、講道館杯全日本体重別選手権の会場に託児所を初めて設置。早速審判員らが利用。
	12.14	中学女子の24％が1週間の運動「0分」。2013年度の「全国体力・運動能力、運動習慣等調査」（全国体力テスト）で判明。部活動などで日常的に運動する生徒とそうでない生徒の二極化が浮き彫りに。
2014.	1.31	全日本柔道連盟評議員に溝口紀子ら女性7人を選任。従来の1人から急増。男性は23人。
	2.7	ソチ五輪の日本代表選手数、冬季大会で初めて女子が男子を上回る。男子48、女子65、役員135。
	3.26	2020年東京オリンピック・パラリンピック組織委員会の役員が決定し初会合。理事34名中、女性7名。会長・副会長・専務理事・常務理事の役員計11人は全員50歳以上の男性。
	3.29	日本サッカー協会の女性初の副会長に馬渕明子・国立西洋美術館館長。
	4.5	日本サッカー協会女子委員長に野田朱美。女性で初めて。
	4.20	日本産科婦人科学会や国立スポーツ科学センターなど6団体で女性選手の健康を考える実行委発足。6月には国立スポーツ科学センターが成長期の女性アスリートに関わる指導者を対象に指導者講習会を開催。翌年にかけて女性選手の健康に関する初の大規模調査を実施。
	6.19	女子バレーボールオリンピック銅メダルの三屋裕子が、アシックスの社外監査役に就任。初の女性役員。
	6.26	講道館初の女性評議員。全柔連審判委員会副委員長の天野安喜子、首都大学東京教授の村田啓子。
	7.14	日本プロゴルフ協会の会員外理事に岡本綾子が就任。男子プロが会員のPGAで女性理事は初めて。倉本昌弘会長は「女性の視点が必要と判断した」と説明。
	10.–	順天堂大学付属病院が女性アスリートの専門外来を設置。女性アスリートが、激しい練習で生理が止まるなど特有の問題を抱えて悩んでいる現状を受けて。

年	月　日	できごと（世界）
2013.	6.4	サウジアラビアで初の女性専用複合スポーツ施設オープン。空手やヨガ、フィットネスなど。
	6.14	FIFA、男子選手の頭にターバンを巻いてのプレーを認めると発表。
	6.30	ロシア、2014年ソチ冬季五輪で同性愛者の権利を訴える活動を取り締まる新たな法律を施行。
	7.5	イラン人女性の遠泳記録、着用していた服がイスラム法（Sharia）違反で無効。
	8.9	IAAF、男女混合のロードレースで女子が出した記録を世界記録として公認することを決定。
	8.15, 23	ロシア、女子棒高跳びのエレーナ・イシンバエワ選手、ソチ冬季五輪に参加する選手は同国の反同性愛法に従うべきとの考えを示す。IOCロゲ会長は、イシンバエワの発言を批判（23日）。
	9.11	ドイツ在住イスラム教徒女子生徒（13）が宗教上の理由から、学校で男子と一緒に行われる水泳の授業に参加しない権利を求めた訴訟で、ライプチヒ連邦行政裁判所は訴えを退ける。
	11.30	同性愛者の権利向上を訴えるロシアの団体"All Out"、ロシアの反同性愛法がソチ冬季五輪に及ぼす影響についてIOCのトーマス・バッハ会長に独自調査を要求。
	12.17	アメリカ、ソチ冬季五輪開会式に同性愛者の元女子テニス選手を含む政府代表団派遣を発表。
2014.	6.22	イラン、女性のサッカーファンを対象としたスポーツ観戦禁止令を厳格化。バレーボール観戦も禁止に。
	7.13	オーストラリアの元競泳スター選手、イアン・ソープ、同性愛を告白。
	9.18	「ゴルフの聖地」イギリス・セントアンドルーズを拠点とする「ロイヤル・アンド・エンシェント・クラブ」、260年にわたる男性会員のみの規則を見直し、女性に門戸を開くと発表。
	9.25–26	仁川アジア大会バスケットボール女子で、カタール代表が参加取りやめ。イスラム教徒の女性が髪などを覆う「ヘジャブ」着用禁止に反発。国際バスケットボール連盟（FIBA）は、国際大会でのヘジャブ着用禁止ルールの緩和を進めると声明。
	11.2	イラン革命裁判所、バレーボール観戦の女性に禁錮1年の実刑判決。9日、FIVBが女性の試合観戦が禁止される限りイランに国際試合の主催を認めない方針を発表。
	11.18	IOCがオリンピック・アジェンダ2020を採択。40の提言のうち、提言11「男女平等の推進」で大会への女性の参加率50％を実現すること、男女混合の団体種目の採用を奨励すること等を提言。
	12.8	IOC、オリンピック憲章根本原則第6項を改正。性的指向を含むこれまでで最も多くの差別の形態を明示。
	12.20	2014〜15ボブスレーW杯（カルガリー）に、史上初めて女子選手2人が男子4人乗りに出場。

15

【2015】

年 月日	できごと（日本）
2015. 1.12	NHK が初場所 2 日目の中継を「相撲女子」に焦点をあてて実施。ゲストやリポーターを女性で統一。
1.16	プロ野球初の女性オーナーに DeNA 創始者の南場智子が就任。
2.8	ラグビー日本選手権のサントリーvs 筑波大戦で、高橋真弓が女性で初めて副審を務める。
4.4	長岡三重子、水泳短水路の 1500m 自由形で、100〜104 歳の部で世界初の完泳。
5.12	日本水泳連盟、翌年からシンクロナイズドスイミング日本選手権で全種目に男子の出場を認めることに。
5.25	全日本テコンドー協会、シドニー五輪銅メダルの岡本依子を新理事として承認。初の女性理事。
6.7	全日本アーチェリー連盟の副会長に穂苅美奈子理事。女性の副会長は同連盟で初めて。
6.12	JOC スポーツ賞に女性スポーツ賞を新設。日本女子テニス連盟が受賞。
7.27	全国レベルの競技団体役員の 9 割が男性。笹川スポーツ財団の調査で明らかに。
9.7	8 月 20 日付で公開された日本テレビサイトの動画「セクシー・ラグビールール」に関し、（一社）日本体育学会および日本スポーツとジェンダー学会が公開質問状を提出。
11.11	防衛省、航空自衛隊の戦闘機パイロットに初めて女性を登用する方針を決定。東京五輪・パラリンピックで曲技飛行を披露する構想も。
12.25	「ラグビーマガジン」の 2016 年 2 月号の表紙を女子選手が飾る。44 年の歴史で初めて。

年 月日	できごと（世界）
2015. 1.28	イラン・バレーボール連盟、テヘラン開催の男子アジア選手権（7.31〜8.8）で外国人女性の試合観戦を認める。イラン人女性には認められず。
2.10	世界最古のゴルフクラブ「ロイヤル・アンド・エンシェント・クラブ」（R&A）に初の女性会員。
4.8	アメリカプロフットボール、NFL、2015〜16 年シーズンに女性初の審判員としてサラ・トーマスを採用。
4.11	オックスフォード大とケンブリッジ大の対抗ボートレース、史上初めて男女同日・同距離で開催。
7.27	CAS は、先天的に過剰な男性ホルモンを有する陸上女子選手の出場資格を制限した国際陸連規定の最長 2 年間の暫定的停止を裁定。
7.27	アメリカボーイスカウト連盟、同性愛者の成人が団のリーダーに就任することを禁じた連盟規定を廃止。
7.28	NFL カージナルスに初の女性コーチ就任。キャンプやオープン戦でのラインバッカー担当コーチ。
9.16	サッカーのイラン女子代表キャプテンのニルファール・アルダラン、フットサルアジア選手権出場を断念。厳格なイスラム体制のイランで結婚した女性、国外へ出る際に必要な夫の同意が得られず。
9.20	女性のスポーツ参加に批判的なアフガニスタンの女子サッカー代表チーム、広島で親善試合。
12.14	サウジアラビアで、初めて女性の立候補と投票が認められた自治評議会選挙（地方選に相当）で、予想を大幅に上回る少なくとも 14 人の女性候補が当選。

※ 2000 年以降のできごとで典拠文献番号が記されていないものは、朝日・毎日・読売・産経・日経等の全国紙やスポーツ紙に掲載された記事をもとに作成
※一部の事項では、典拠文献に記載されていない情報を加筆した
※国際オリンピック委員会は IOC、日本オリンピック委員会は JOC、オリンピック大会は「開催地＋五輪」で表記した。その他組織名称は新聞等で略称が用いられる事例が多いもの、名称が似ているために略称を添えた方がわかりやすいものは略称も記載した場合がある

〈典拠文献〉
（1）岸野雄三ほか編（1999）『近代体育スポーツ年表（三訂版）』大修館書店
（2）江刺正吾（1992）『女性スポーツの社会学』不昧堂出版
（3）來田享子（1999）「日本女子スポーツ連盟による女性スポーツ促進運動に関する研究」中京大学大学院学位請求論文
（4）桑原稲敏（1993）『女たちのプレーボール—幻の女子プロ野球青春物語』風人社
（5）佐々木等編著（1971）『近世日本女子体育・スポーツ発展史』二階堂学園
（6）大阪毎日新聞
（7）朝日新聞
（8）田原淳子（1993）「第 12 回オリンピック東京大会の開催中止をめぐる諸外国の反応について—外務省外交史料館文書の分析を通して」『体育学研究』38（2）、pp.87-98.
（9）読売新聞
（10）ファミリー熊日 1991.9.14 付
（11）http://www.paralympic.org/
（12）http:/www.iwg-gti.org/e/brighton/index.htm
（13）1st ICHPER.SD ASIA Conference on Women and Sports（プログラム）
（14）独立行政法人国立女性教育会館女性デジタルアーカイブシステム年表　　http://w-archive.nwec.jp/chrono.html
（15）Women's Sports Foundation　　http://www.womenssportsfoundation.org/

コラム：最近 5 年間のできごとからみえる課題

　近年、インターネットを通じ、国内外のさまざまなできごとを報じたニュースと、それに対する世界中の個人の見解を共有することが可能になった。さらに、インターネット上では、類似するできごとがよく似た形式と評価を伴って報じられたり、あるできごとが「シェア」という独特のスタイルでシェアする者の価値観をともなって波及的に広がっていく現象がみられる。こうした現象や、できごとを報じたニュースの多寡、類似するできごとがどの程度存在するのか、それらにはどのような偏りや共通性があるのか、といった情報は、限られたスペースにできごとを一覧表として示す年表ではみえづらい。年表を作成するための第 1 段階「できごとの収集」作業は、ある種の集積として、かつ質的にスポーツとジェンダーに関わるできごとをとらえる必要性を感じさせる。積分的な思考でとらえた分析、とでもいえるだろうか。

　この 5 年間のできごとのうち、みえづらくなった情報の例を 2 つ示してみよう。

　1 つは、スポーツ組織の意思決定機関、男性選手によるプロリーグやチームの役員やコーチなどの立場につく女性に関する報道が増加したことに関わる。国外の場合、年表ではロンドン五輪アメリカ競泳代表女子チーム初の女性ヘッドコーチ就任（2010 年）、MLB ドジャースのトレーナー部門トップの女性就任（2011 年）、全米野球記者協会の女性代表任命（2012 年）、NFL2015～2016 年シーズンの女性審判員採用（2015 年）などがこれにあたる。国内でも日本プロテニス協会や日本ハンドボール協会等、プロスポーツや企業を含む複数の組織で初の女性の代表・理事長・理事・評議員が誕生した。

　このようにスポーツへの女性の参画が実践される一方で、特に国内では、それを報じるニュースの集積から課題も浮かび上がる。例えば、組織の役員に女性が就任したという記事の数自体は増加しているが、特定の人物が複数の組織に重複して役員になる傾向がみられる。この理由としては、リーダーシップを発揮することが可能な女性たちに関する情報が関係組織に伝達されていないこと、スポーツに関わる女性のリーダーシップが未成熟であること、などが考えられる。ここ 1、2 年で、女性選手の身体的特性に配慮しながら競技力を向上させるためのプロジェクトには、国レベルの支援が行われるようになった。リーダーシップの育成に関しても、一部の女性スポーツ組織の自発的な活動に依存するだけでなく、国レベルの支援が必要であろう。

　もう 1 つ着目することができるのは、スポーツ関係者による同性愛嫌悪を含む差別的な言動とともに、そうした言動に対する制裁がどのようになされたかを報じる記事が増加したことである。海外でのできごとが国内でも批判的に報じられているにもかかわらず、やや時間的には遅れて同種の差別的な言動が国内で発生するケースもみられる。こうしたケースは、インターネット上で話題になったことを契機に「軽い気持ちで」差別的な言動が模倣され、発生している。啓発的な役割を果たす報道が増加しても、基礎的な知識が欠如していることがこうした事件を引き起こす。LGBT への理解を示すレインボーカラーをユニフォームに採り入れる J リーグチームが登場する一方で、教育現場での取り組みは十分ではない。文部科学省は2015 年 4 月 30 日、教育現場に向けて LGBT の子どもたちへの配慮を求める通知を行った。しかし、小中高等学校の保健体育や部活動には改善すべき点が多々あると考えられる（例えば、大阪市の 3 つの区役所が合同で作成した教職員向け LGBT ハンドブック『性はグラデーション』http://spwww.city.osaka.lg.jp/yodogawa/page/0000334762.html を参照）。保健体育を担当する教師や部活動指導に関与する教師・外部指導者が、LGBT や性に基づく差別に関する最新の知見を手軽に得るための資料の提供はまだまだ不十分である。こうした資料提供を行っていくことも、スポーツとジェンダー研究が今後果たすべき重要な仕事の 1 つになるだろう。

【引用・参考文献】

井谷惠子・田原淳子・來田享子編著（2001）『目でみる女性スポーツ白書』大修館書店

クロスロード編（1999）『オリンピックおもしろ大百科──感動と栄光の 100 年＆シドニー大会情報（夏季大会編）』Hinode fine mook、日之出出版

日本オリンピックアカデミー編（1998）『オリンピックものしり小事典』池田書店

日本スポーツとジェンダー学会編（2010）『スポーツ・ジェンダーデータブック 2010』日本スポーツとジェンダー学会

2 競技スポーツとジェンダー

　本章では、オリンピック大会やプロスポーツなど、競技スポーツをジェンダーの視点から分析している。競技スポーツは一般の人々が楽しむスポーツとは異なり、競技における公平性や、競技の鑑賞性を高めるなどのため、性による区別・区分が明確にされている場合が多いという。「より高く、より速く、より強く」をめざす近代スポーツにおいては、男性の持つ身体性が一般的には有利であるため、女性より男性が優位に立つ場面が多くある。しかし経年で記録をみるとさまざまな変化も生じている。以下では、近代オリンピック大会における競技や記録、選手数の男女差、プロスポーツにおける選手割合や賞金などをとりあげることにする。ここで紹介するデータを通じて、競技スポーツとジェンダーに関わる現状や課題を浮き彫りにしていきたい。

1) 近代オリンピック大会にみる男女差

全 体 像

　古代オリンピックは、もともとギリシャのオリンピアでギリシャ神話の最高神ゼウスにささげる競技の祭りとして始まり、紀元前776年から西暦393年までの1169年間に293回行われていた（PHP研究所2014, pp.14-15）。その後、1500年間中断していたが、1896年にフランス人のピエール・ド・クーベルタン（1863〜1937年）の提唱によって、近代オリンピックとして復活した。しかし、クーベルタンは女性がスポーツを楽しむことは認めていたが、女性が観衆の前で競技に参加することには批判的であったという（來田 2004a, p.39）。來田（2004b）はクーベルタンについて、「女性を勝者を讃える存在として位置づけ、自己の卓越と勝利をめざす男性の存在とは対比的あるいは非対称に扱おうとする強いジェンダー規範を持った人物」（來田 2004b, p.46）だったと表現している。

　19世紀半ばから20世紀初頭にかけて発展してきた近代スポーツ[1]は、初期から性の二重規範を存在させていた。男性たちの目的が、「ルールのもとでの競争や合理性の追求、業績主義的な記録の追求」（來田 2004a, p.34）であったのに対し、女性たちに与えられた目的は「社交のための教養であったり、礼儀作法を身につけ優雅な振る舞いができるようになること」（來田 2004b, p.43）であった。そして、ルールが整備され、組織化されていく過程で同じ競技内での比較が可能となり、男女が近代スポーツに不可欠な筋力やスピードといった身体能力を競う中で、「平均的に見て女性が下回るのだという事実が強調」（來田 2004a, p.39）された。

　図表2-1は、国際オリンピック委員会（以下、IOC）[2]の「オリンピックムーブメントにおける女性」概況報告書（2016年1月発行）から作成した、近代オリンピック大会（夏季）における大会別の全競技数と女性参加可能競技数である。1896年の第1回オリンピック大会は発祥の地であるギリシャで行われ、1900年の第2回大会はクーベルタンの出身地であるフランスで行われた。女性はこの第2回オリンピック・パリ大会から参加しており、競技はテニスとゴルフだけだった。女性参加可能競技数が男性の半数になるのは、1976年の第21回オリンピック・モントリオール大会からである（全21競技中11競技）。

　2012年の第30回オリンピック・ロンドン大会で、野球（男性のみの種目）とソフトボール（女性のみの種目）が不採用となり、ボクシングが女子種目を採用したことで、ようやく全競技が男女の種目を含むようになった。格闘競技は女性の参加への壁が高く、「なかでも顔面・頭部を殴り合うスポーツであるボクシング」は強固であった（松宮 2013, p.30）。しかし、このロンドン大会では、「招致活動段階から『多

様性』をキーワードの1つに掲げ、人種・民族・身体能力・障がい・性別などを問わず、誰もが平等に参加できる大会」（建石 2014, p.148）をめざし、結果としてすべての参加国から女性選手が派遣された最初の大会となった。しかし現在、2020年の第32回オリンピック・東京大会に向けて、野球とソフトボールを復活させる提案がIOCにされており、もし通過すると競技数は同じだが競技内容に男女で差が生じる可能性がある[3]。

図表2-2、図表2-3も、IOCの「オリンピックムーブメントにおける女性」概況報告書（2016年1月発行）から作成した、近代オリンピック大会（夏季）における大会別の参加選手数である。競技数が増えるにつれて、大会に参加する人数も増加していることがわかる。1896年の第1回オリンピック・アテネ大会では総数241人だったのが、1912年の第5回オリンピック・ストックホルム大会で10倍の2407人となり、1996年の第26回オリンピック・アトランタ大会以降は一定して1万人を超えている。女性比率が初めて10％を超えるのは、1952年の第15

図表2-1　近代オリンピック大会（夏季）における競技数

回	年	開催地（開催国）	全競技数	女性参加可能競技数
1	1896	アテネ（ギリシャ）	8	0
2	1900	パリ（フランス）	16	2
3	1904	セントルイス（アメリカ）	16	1
4	1908	ロンドン（イギリス）	23	2
5	1912	ストックホルム（スウェーデン）	15	2
6	1916	ベルリン（ドイツ）……中止	―	―
7	1920	アントワープ（ベルギー）	23	2
8	1924	パリ（フランス）	19	3
9	1928	アムステルダム（オランダ）	16	4
10	1932	ロサンゼルス（アメリカ）	16	3
11	1936	ベルリン（ドイツ）	21	4
12	1940	東京（日本）……返上 ヘルシンキ（フィンランド）……中止	―	―
13	1944	ロンドン（イギリス）……中止	―	―
14	1948	ロンドン（イギリス）	19	5
15	1952	ヘルシンキ（フィンランド）	18	6
16	1956	メルボルン（オーストラリア） ストックホルム（スウェーデン）	18	6
17	1960	ローマ（イタリア）	18	6
18	1964	東京（日本）	20	7
19	1968	メキシコシティー（メキシコ）	19	7
20	1972	ミュンヘン（西ドイツ）	21	8
21	1976	モントリオール（カナダ）	21	11
22	1980	モスクワ（ソ連）	21	12
23	1984	ロサンゼルス（アメリカ）	21	14
24	1988	ソウル（韓国）	23	17
25	1992	バルセロナ（スペイン）	25	19
26	1996	アトランタ（アメリカ）	26	21
27	2000	シドニー（オーストラリア）	28	25
28	2004	アテネ（ギリシャ）	28	26
29	2008	北京（中国）	28	26
30	2012	ロンドン（イギリス）	26	26
31	2016	リオデジャネイロ（ブラジル）	28	28
32	2020	東京（日本）……予定	―	―

International Olympic Committee（2016）、（公財）日本オリンピック委員会より関作成

回オリンピック・ヘルシンキ大会からである。來田（2012）は、1種目あたりの参加選手数を調べ、1970年代までは、女性の競技や種目数の増加が、女性の参加拡大に対するアファーマティブ・アクションの作用をもたらしたと分析している（來田 2012, p.52）。

そして、1976年の第21回オリンピック・モントリオール大会では女性比率が20％を超えた。しかし、この大会で多額の負債が生じたことにより、オリンピックの規模を縮小することで資金問題を打開しようという議論が生まれ、女性の参加拡大が危ぶまれることとなった。そこでIOCは、これまで国家の資金援助によって、国家主導のもとに開催されてきたオリンピックを、1984年の第23回オリンピック・ロサンゼルス大会から「初の民営オリンピック大会」として、市が大会開催の資金を負担しなくてもよいと認めた（三好 1988, p.239）。この商業主義化の結果、資金問題と女性参加問題が同時に解決されることとなった（來田 2014, p.64）[4]。

図表 2-2　近代オリンピック大会（夏季）における参加選手数

回	年	開催地	女性実数（人）	男性実数（人）	総数（人）	女性比率（%）
1	1896	アテネ	0	241	241	0.0
2	1900	パリ	22	975	997	2.2
3	1904	セントルイス	6	645	651	0.9
4	1908	ロンドン	37	1,971	2,008	1.8
5	1912	ストックホルム	48	2,359	2,407	2.0
7	1920	アントワープ	65	2,561	2,626	2.5
8	1924	パリ	135	2,954	3,089	4.4
9	1928	アムステルダム	277	2,606	2,883	9.6
10	1932	ロサンゼルス	126	1,206	1,332	9.5
11	1936	ベルリン	331	3,632	3,963	8.4
14	1948	ロンドン	390	3,714	4,104	9.5
15	1952	ヘルシンキ	519	4,436	4,955	10.5
16	1956	メルボルン	376	2,938	3,314	11.3
17	1960	ローマ	611	4,727	5,338	11.4
18	1964	東京	678	4,473	5,151	13.2
19	1968	メキシコ	781	4,735	5,516	14.2
20	1972	ミュンヘン	1,059	6,075	7,134	14.8
21	1976	モントリオール	1,260	4,824	6,084	20.7
22	1980	モスクワ	1,115	4,064	5,179	21.5
23	1984	ロサンゼルス	1,566	5,263	6,829	22.9
24	1988	ソウル	2,194	6,197	8,391	26.1
25	1992	バルセロナ	2,704	6,652	9,356	28.9
26	1996	アトランタ	3,512	6,806	10,318	34.0
27	2000	シドニー	4,069	6,582	10,651	38.2
28	2004	アテネ	4,329	6,296	10,625	40.7
29	2008	北京	4,637	6,305	10,942	42.4
30	2012	ロンドン	4,675	5,893	10,568	44.2

International Olympic Committee（2016）、水野（2010）より関作成

　1990年代からの女性参加選手数の増加は、この商業主義化の影響とともに、1994年に世界女性スポーツ会議等の国際的な女性スポーツ・ムーブメントが展開され、女性の参加拡大を求める動きが活発化された影響も大きい（來田 2014, p.64）。また、1996年に第1回IOC世界女性スポーツ会議が行われ、IOCが「女性スポーツを促進し、両性の不平等を解消する方針を明示」（來田 2014, p.48）したことも要因であり、ドルテッパー（2012）も「IOCがその課題としてジェンダー平等問題を高く掲げ、女性選手の競技機会を増やすことに集中して取り組んできたこと」と「世界の様々な社会で、女子、女性がスポーツに参加することに対する考え方が変わってきたこと」を指摘している（ドルテッパー 2012, p.30）。オリンピックへの男女の対等な参加の機会を確保するためには、女性の競技数や参加選手数が男性と同数に近づくことが望ましい。

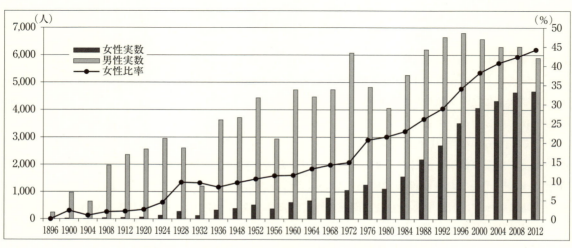

図表 2-3　近代オリンピック大会（夏季）における参加選手数

関作成

2 競技スポーツとジェンダー

図表2-4、図表2-5は、（公財）日本オリンピック委員会（以下、JOC）公式ウェブサイトの「日本の大会参加状況」から作成した、近代オリンピック大会（夏季）における大会別の日本の参加選手数である。日本人が初めてオリンピック大会に参加したのは、1912年の第5回オリンピック・ストックホルム大会からであり、男性だけであった。女性が初めて参加したのは、1928年の第9回オリンピック・アムステルダム大会からであり、1名だけであった。1964年の第18回オリンピック・東京大会では飛び抜けて参加選手数が多くなっているが、女性比率は17.2％にとどまっていた。しかし1996年の第26回オリンピック・アトランタ大会では、「国際間のメダル獲得競争によって、上位入賞が期待される女子選手が送り込まれ」（水野 2010, p.14）、約半数が女性の参加となった。2004年以降の大会については、次節（p.27）で詳しく取り扱う。

図表2-4　近代オリンピック大会（夏季）における日本の参加選手数

回	年	開催地	女性実数（人）	男性実数（人）	総数（人）	女性比率（％）
1	1896	アテネ	0	0	0	0.0
2	1900	パリ	0	0	0	0.0
3	1904	セントルイス	0	0	0	0.0
4	1908	ロンドン	0	0	0	0.0
5	1912	ストックホルム	0	2	2	0.0
7	1920	アントワープ	0	15	15	0.0
8	1924	パリ	0	19	19	0.0
9	1928	アムステルダム	1	42	43	2.3
10	1932	ロサンゼルス	16	115	131	12.2
11	1936	ベルリン	17	162	179	9.5
14	1948	ロンドン	0	0	0	0.0
15	1952	ヘルシンキ	11	61	72	15.3
16	1956	メルボルン	16	103	119	13.4
17	1960	ローマ	20	147	167	12.0
18	1964	東京	61	294	355	17.2
19	1968	メキシコ	30	153	183	16.4
20	1972	ミュンヘン	38	144	182	20.9
21	1976	モントリオール	61	152	213	28.6
22	1980	モスクワ	0	0	0	0.0
23	1984	ロサンゼルス	53	178	231	22.9
24	1988	ソウル	71	188	259	27.4
25	1992	バルセロナ	82	181	263	31.2
26	1996	アトランタ	150	160	310	48.4
27	2000	シドニー	110	158	268	41.0
28	2004	アテネ	171	141	312	54.8
29	2008	北京	169	170	339	49.9
30	2012	ロンドン	156	137	293	53.2

（公財）日本オリンピック委員会、水野（2010）より関作成

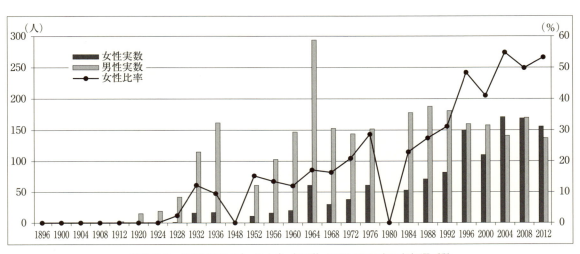

図表2-5　近代オリンピック大会（夏季）における日本の参加選手数

関作成

種目別詳細

これまで、競技数が増え、参加選手数も増えていった様子をみてきた。しかし、男女が同じフィールドで競い合うことは現在でも少なく、男女でルールが異なる競技も存在する（松宮 2010, p.36）。松宮（2010）によると、男女別ルールとは、①男女別の競技に分けること、②女子競技において男子とは別のルールを設けること、である（松宮 2010, p.39）。例えば、前項で 2012 年の第 30 回オリンピック・ロンドン大会において、初めて全競技が男女の種目を含むようになったことを示したが、この大会においても種目数は男女で異なり（図表 2-6）、また、男子のみで実施している種目（図表 2-7）や女子のみで実施している種目（図表 2-8）が存在する。冬季オリンピック大会についても同様である（図表 2-9、図表 2-10）。さらに、男女で距離・量に違いがみられる種目（図表 2-11）や体重区分が異なる種目が存在する。それぞれを詳しくみていこう。

図表 2-6、図表 2-9 は、（公財）JOC 公式ウェブサイトの「実施競技・種目比較」から作成した、夏季、

図表 2-6　近代オリンピック大会（夏季）における種目数

	競技名	北京大会（2008）			ロンドン大会（2012）			リオデジャネイロ大会（2016）			
		女子	男子	混・共	女子	男子	混・共	女子	男子	混・共	計
1	陸上競技	23	24		23	24		23	24		47
2	水泳	24	22		24	22		24	22		46
3	自転車	7	11		9	9		9	9		18
4	体操	9	9		9	9		9	9		18
5	レスリング	4	14		4	14		6	12		18
6	カヌー	4	12		5	11		5	11		16
7	ウェイトリフティング	7	8		7	8		7	8		15
8	射撃	6	9		6	9		6	9		15
9	柔道	7	7		7	7		7	7		14
10	ボート	6	8		6	8		6	8		14
11	ボクシング	0	11		3	10		3	10		13
12	セーリング	4	4	3	4	6		4	5	1	10
13	フェンシング	5	5		5	5		5	5		10
14	テコンドー	4	4		4	4		4	4		8
15	馬術	0	0	6	0	0	6	0	0	6	6
16	テニス	2	2		2	2	1	2	2	1	5
17	バドミントン	2	2	1	2	2	1	2	2	1	5
18	アーチェリー	2	2		2	2		2	2		4
19	卓球	2	2		2	2		2	2		4
20	バレーボール	2	2		2	2		2	2		4
21	近代五種	1	1		1	1		1	1		2
22	サッカー	1	1		1	1		1	1		2
23	トライアスロン	1	1		1	1		1	1		2
24	バスケットボール	1	1		1	1		1	1		2
25	ハンドボール	1	1		1	1		1	1		2
26	ホッケー	1	1		1	1		1	1		2
27	7 人制ラグビー	0	0		0	0		1	1		2
28	ゴルフ	0	0		0	0		1	1		2
29	野球	0	1		0	0		0	0		0
30	ソフトボール	1	0		0	0		0	0		0
	計	127	165	10	132	162	8	136	161	9	306
	男女差		38			30			25		

※グレー……男女差がある箇所
（公財）日本オリンピック委員会より関作成

図表 2-7　近代オリンピック大会（夏季）における男子のみの種目

競技名	種別	種目		北京大会(2008)	ロンドン大会(2012)	リオデジャネイロ大会(2016)
1 陸上競技		1	50km 競歩	□	□	□
2 自転車		1	マディソン	□		
		2	チームスプリント	□	■	■
		3	ケイリン	□	■	■
		4	チームパシュート	□	■	
3 体操	体操競技	1	種目別つり輪	□	□	□
		2	種目別あん馬	□	□	□
		3	種目別平行棒	□	□	□
		4	種目別鉄棒	□	□	□
4 レスリング	グレコローマン	1	55 キロ級	□	□	□
		2	60 キロ級（リオ：59 キロ級）	□	□	□
		3	66 キロ級	□	□	□
		4	74 キロ級（リオ：75 キロ級）	□	□	□
		5	84 キロ級（リオ：85 キロ級）	□	□	□
		6	96 キロ級（リオ：98 キロ級）	□	□	□
		7	120 キロ級（リオ：130 キロ級）	□	□	□
5 カヌー	スプリント	1	カヤックペア 200m		□	□
		2	カナディアンシングル 200m		□	□
		3	カナディアンシングル 1,000m	□	□	□
		4	カナディアンペア 1,000m	□	□	□
		5	カナディアンシングル 500m	□	□	□
		6	カナディアンペア 500m	□	□	□
	スラローム	7	カナディアンシングル	□	□	□
		8	カナディアンペア	□	□	□
6 射撃	ライフル射撃	1	ラピッドファイアーピストル個人 25m	□	□	□
		2	ライフル伏射個人 50m	□	□	□
	クレー射撃	3	ダブルトラップ	□	□	□
7 ボート		1	舵なしフォア	□	□	□
		2	軽量級舵なしフォア	□	□	□
8 ボクシング		1	ライトフライ 49kg 級	□	□	□
		2	フライ 52kg 級 /51 kg 級	□	■	■
		3	バンダム 56kg 級	□	□	□
		4	フェザー57kg 級	□	□	□
		5	ライト 60kg 級	□	■	■
		6	ライトウェルター64kg 級	□	□	□
		7	ウェルター69kg 級	□	□	□
		8	ミドル 75kg 級	□	■	□
		9	ライトヘビー81kg 級 /75 kg 級	□	□	□
		10	ヘビー91kg 級	□	□	□
		11	スーパーヘビー91kg 超級	□	□	□
9 セーリング		1	フィン級	□	□	□
		2	スター級	□	□	
		3	レーザー級	□	□	□
		4	49er 級		□	■
10 フェンシング		1	フルーレ団体	○	■	□
		2	エペ団体	□	○	■
		3	サーブル団体	■	□	○
11 野球		1		□		
男子のみの種目総計				42	35	32

※□……男子種目として実施、■…男女種目として実施、○…女子種目として実施
(公財)日本オリンピック委員会、木村（2010）より関作成

図表 2-8　近代オリンピック大会（夏季）における女子のみの種目

競技名		種別		種目	北京大会（2008）	ロンドン大会（2012）	リオデジャネイロ大会（2016）
1	水泳		1	シンクロナイズドスイミング　チーム	○	○	○
			2	シンクロナイズドスイミング　デュエット	○	○	○
2	体操	体操競技	1	種目別段違い平行棒	○	○	○
			2	種目別平均台	○	○	○
		新体操	3	個人総合	○	○	○
			4	団体	○	○	○
3	セーリング		1	レーザーラジアル級	○	○	○
			2	マッチレース		○	
			3	イングリング級	○		
4	フェンシング		1	フルーレ団体	○	●	□
			2	エペ団体	□	○	●
			3	サーブル団体	●	□	○
5	ソフトボール		1		○		
				女子のみの種目総計	10	9	8

※○……女子種目として実施、●……男女種目として実施、□…男子種目として実施
（公財）日本オリンピック委員会、木村（2010）より関作成

図表 2-9　近代オリンピック大会（冬季）における種目数

	競技名	トリノ大会（2006）			バンクーバー大会（2010）			ソチ大会（2014）			計
		女子	男子	混合	女子	男子	混合	女子	男子	混合	
1	スキー	16	22		17	23		22	27		49
2	スケート	11	11	2	11	11	2	11	11	3	25
3	バイアスロン	5	5		5	5		5	5	1	11
4	ボブスレー	2	3		2	3		2	3		5
5	リュージュ	1	2		1	1	1	1	1	2	4
6	アイスホッケー	1	1		1	1		1	1		2
7	カーリング	1	1		1	1		1	1		2
	計	37	45	2	38	45	3	43	49	6	98
	男女差	8			7			6			

※グレー…男女差がある箇所
（公財）日本オリンピック委員会より関作成

図表 2-10　近代オリンピック大会（冬季）における男子のみの種目

	競技名	種別		種目	トリノ大会（2006）	バンクーバー大会（2010）	ソチ大会（2014）
1	スキー	ジャンプ	1	ノーマルヒル	□	□	■
			2	ラージヒル	□	□	□
			3	ラージヒル団体	□	□	□
		ノルディック複合	4	ノーマルヒル	□	□	□
			5	ラージヒル	□	□	□
			6	ラージヒル団体	□	□	□
2	ボブスレー	ボブスレー	1	4人乗り	□	□	□
3	リュージュ		1	2人乗り	□	◎	◎
				男子のみの種目総計	8	7	6

※□……男子種目として実施、■……男女種目として実施、◎……共通種目として実施
（公財）日本オリンピック委員会、木村（2010）より関作成

冬季それぞれの近代オリンピック直近3大会における種目数である。そして、図表2-7、図表2-8、図表2-10、図表2-11は、（公財）JOC公式ウェブサイトの「実施競技・種目比較」から作成した、夏季、冬季それぞれの近代オリンピック直近3大会における男子のみの種目、女子のみの種目、男女で距離・量に違いがみられる種目の一覧である。

　まず、夏季大会の種目数の男女差（図表2-6）に着目すると、2008年の第29回オリンピック・北京大会では38種目、2012年の第30回オリンピック・ロンドン大会では30種目、2016年の第31回オリンピック・リオデジャネイロ大会では25種目と、大会ごとにその差が縮まっていることがわかる。これは、男子のみの種目（図表2-7）が減少していることがその要因として考えられる。例えば自転車競技に着目すると、2008年の第29回オリンピック・北京大会で4種目あった男子のみの種目は、2012年の第30回オリンピック・ロンドン大会において実施されなくなったり、男女種目として実施されたりすることで男女平等が達成されている。一方で、レスリングのグレコローマンは、7種目すべてが男子のみの種目として実施されており、IOCから男女平等の実現を求められている。世界レスリング連盟（UWW）のネナド・ラロビッチ会長は、2013年にレスリングがオリンピック競技として不採用になりかけた際、「女子にとってグレコローマンは危険が大きいと思う」と発言していたが、2024年オリンピック大会に向けては準備を進めているという[5]。

　男子のみの種目は減少してきているが、他方女子のみの種目（図表2-8）には目立った変化はない。夏季大会において、男子の種目数よりも女子の種目数が上回っている唯一の競技は水泳であり、これは女子にのみシンクロナイズドスイミングが種目に含まれているからである。しかし近年、男子シンクロナイズドスイミング[6]や男子新体操[7]が着目されており、将来的には男女種目や混合種目としてオリンピ

図表2-11　近代オリンピック大会における性によって距離・量に違いがみられる種目

競技名	種別	種目		夏季大会						冬季大会					
				北京 (2008)		ロンドン (2012)		リオデジ ャネイロ (2016)		トリノ (2006)		バンクー バー (2010)		ソチ (2014)	
				女子	男子	女子	男子	女子	男子	女子	男子	女子	男子	女子	男子
1 陸上		1	7種競技	○		○		○							
		2	10種競技		□		□		□						
		3	100mハードル	○		○		○							
		4	110mハードル		□		□		□						
2 水泳	競泳	1	800m自由形	○		○		○							
		2	1500m自由形		□		□		□						
3 カヌー	スプリント	1	カヤックシングル500m	○		○		○							
		2	カヤックシングル1000m		□		□		□						
		3	カヤックペア500m	○		○		○							
		4	カヤックペア1000m		□		□		□						
		5	カヤックフォア500m	○		○		○							
		6	カヤックフォア1000m		□		□		□						
4 射撃	ライフル	1	25mピストル	○		○		○							
		2	50mピストル		□		□		□						
5 スケート	スピードスケート	1	3,000m							○		○		○	
		2	10,000m								□		□		□
	ショートトラック	3	3,000mリレー							○		○		○	
		4	5,000mリレー								□		□		□

※○……女子種目として実施、□……男子種目として実施
（公財）日本オリンピック委員会、木村（2010）より関作成

ックに採用される可能性も考えられる。例えば、2016 年の第 31 回オリンピック・リオデジャネイロ大会では、男女混合で実施する種目が 3 競技あり、さらに馬術は男女の別なく実施可能な共通種目として存在しているように、今後も男女別だけではない種目のありようが模索されるだろう。

次に、冬季大会の種目数の男女差（図表 2-9）に着目すると、実施された 7 競技はいずれも男女の種目を含む競技として実施されており、夏季大会に比べて男女の競技数の差は少なく、男女混合で実施する種目も大会ごとに増加している。冬季大会には女子のみの種目は存在せず、男子のみの種目（図表 2-10）が存在するだけであり、そのほとんどがスキー競技に集中している。來田（2012）によると、大会の規模が夏季とは異なっているため男女差が夏季大会ほど大きくないようにみえるが、1 種目あたりの選手数を比較すると、冬季大会の場合は圧倒的に男性の選手数が上回っており、その差が縮小してきたのは近年になってからであるという（來田 2012, p.51）。

最後に、男女で距離・量に違いがみられる種目（図表 2-11）を確認する。男女で比較すると、男子種目の方が距離は長く、量も多い傾向にあることがわかる。特にカヌーは、男子のみの種目も多く（図表 2-7）、距離にも違いがみられる。2012 年の第 30 回オリンピック・ロンドン大会のカヌー競技で銀メダルを獲得した、オーストラリアの女性選手ジェシカ・フォックス氏は、女性選手に平等な機会が与えられていないことをインタビューの中で訴えている[8]。田原（2001）によると、「生理学的機能に関する男女差は、身体の大きさと身体組成の解剖学的な差によって決まってくるのであって、一般にみられる男女間の差異は質的というより量的な違い」であるという（田原 2001, pp.142-143）。さらに田原（2001）は、生物学的な遺伝因子よりもトレーニングなどの環境要因が強く影響しうることも指摘しており、「スポーツへの投資、強化政策、予算配分、習慣、トレーニング、指導、スタッフ、競技経験、利用施設、引退後の進路などすべてにおいて、女性と男性が公平なスポーツ環境を得られているのかを検証」することで、スポーツの世界記録にみられる男女差が変化する可能性を示唆している（田原 2001, p.150）。

近代スポーツは、「誰もが競技において等しく扱われるという意味の『（参加機会）平等』」の原則があり、「平等な競い合いを困難にするような不当な不平等は、人為的に是正されることになる」（近藤 2005, p.21）。近藤（2005）は、男女別種目というカテゴリー分けと同様に、体重別種目もこの平等原則機能の例だと指摘している。2016 年の第 31 回オリンピック・リオデジャネイロ大会において、体重別に競技が行われるのは、ボクシング、レスリング、ウェイトリフティング、柔道、テコンドーの 5 競技である。松宮（2010）によると、ボクシングや柔道などの格闘技では、「相手の身体を制することを競う特性ゆえに、大柄な青年男性が競技上の優位を占めてきた。現在では、体重、性別、年齢などのカテゴリーを細かく分け」、ルールもそれぞれに設定することで、さまざまな人で行われるようになってきたという（松宮 2010, p.36）。

これまで男性のみで行われてきた競技に女性が参入していく際には、男性が有利であったため、性別が指標として機能することで女性の参加拡大につながったと同時に、性別二元論思想を維持してきた（來田 2012）。今後、男女別に実施されない競技や種目を増やし、参加の平等を保障していくには、女性競技者の意見を反映させることが重要である（松宮 2013, p.39）。また、ルールの形成にあたっては、意思決定機関に女性がどのくらいいるのかが重要であり、会長、監督、コーチといった指導的地位への進出が不可欠である（4 章参照）。

さらに、スポーツの公正さ、平等性を保つために IOC が導入した性別確認検査についての考察（來田 2012）や、2010 年の第 21 回冬季オリンピック・バンクーバー大会の際に設置されたプライドハウスについての考察（井谷 2012）は、近代オリンピックの抱える問題性にとどまらない、スポーツとセクシュアリティの関わり（9 章参照）を検討するうえでの重要な課題である。また、近代オリンピックは、1908

年の第 4 回オリンピック・ロンドン大会から認められた国旗の使用から、各国が国名表示のもとで参加するようになり、ナショナリズムの台頭とも関わっている（中山 1988, p.234）。今後近代オリンピックについて検討するにあたっては、ジェンダーを軸とするのはもちろんのこと、それに加えて、セクシュアリティ、階級、人種、エスニシティなどのインターセクショナリティ（交差）を考慮することが不可欠であり、常に「誰の視点に立った平等・公平か」「そこで不可視化されているのは誰なのか」を問い、多様性と包摂を追求する視点が望まれている（関 2016）。

2）ジェンダーからみたオリンピック日本選手団の特徴―アテネ・北京・ロンドン大会

第 2 節では、アテネ・北京・ロンドンの過去 3 回にわたるオリンピックおよびパラリンピックにおいて日本選手団がどのような男女比で構成されていたかを示すとともに、女性選手の競技年齢をめぐる認識の変化にも関わると思われる、各大会における女性選手の年代別構成を示した。

オリンピックの日本選手団における男女比

図表 2-12 は、2004 年の第 28 回オリンピック・アテネ大会、2008 年の第 29 回オリンピック・北京大会、2012 年の第 30 回オリンピック・ロンドン大会で開催された、オリンピック大会の日本選手団における参加選手の男女比である[9]。アテネ大会は初めて女性選手が過半数を占めた大会として知られるが、この場合、男子バレーボールなどいくつかの競技でオリンピック出場権を逃しているという事実が関係していると思われる。つまり、競技によっては出場権を得るためのハードルの高さが男女で異なり、本大会への出場者数に影響しているという点をふまえるべきであろう。

図表 2-13 からわかる通り、過去 3 大会においては半数以上を女性が占める競技は少なくない。ロンドン大会は、開催競技が初めて男女同数となった記念すべき大会とされる。しかしレスリングについていえば、制度上体重別の階級数が男性の方が多いため、全階級に出場しても女性は半数に満たない。階級をめぐる新たな制度に基づくリオデジャネイロ大会以降のオリンピックでは、この点は是正される見込みである。同じことがボクシングについても指摘できる。

一方、図表 2-13 の「水泳」と「体操」には、シンクロナイズドスイミングと新体操の選手数が含まれていない。そもそも両者に男性の枠が存在せず、常に女性が 100 ％となってしまうためである。ロンドン大会では「競技数」としての男女同数をクリアしたが、課題が残っていないわけではない。今後はこうした階級や細かい種目などの男女差について世界のスポーツ界がどのような動きをみせるか、その中で日本選手団がどのような構成をとるかが問われていくことになろう。

パラリンピックの日本選手団における男女比

図表 2-14 はパラリンピックの過去 3 大会における日本選手団の男女比を示したもの、図表 2-15 は各

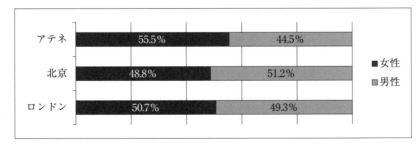

図表 2-12　オリンピック日本選手団（役員・スタッフ等を除く）における男女比
（公財）日本オリンピック委員会「ロンドンオリンピック 2012　日本選手団」より稲葉作成

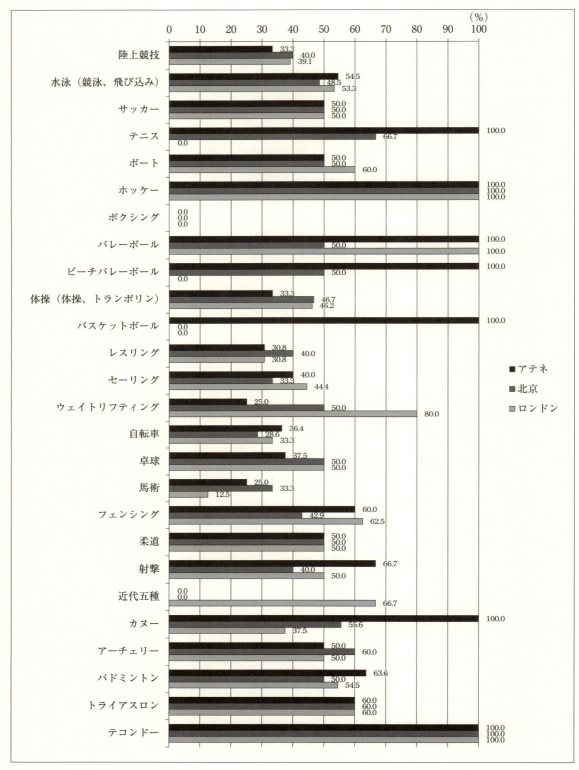

図表 2-13　オリンピック日本選手団の各競技における女性の割合

（公財）日本オリンピック委員会公式ウェブサイト「アテネオリンピック 2004　日本代表選手団」「北京オリンピック 2008 日本代表選手団」「ロンドンオリンピック 2012　日本代表選手団」より稲葉作成

種目に占める女性の割合である。図表 2-14 によれば、男子が 74.8 ％と日本選手団における多数を占めていたシドニー大会 (稲葉 2010, p.16) から 8 年を経て、北京大会でようやく女性が 4 割に達している。それは、アテネ大会から女子種目として正式採用された柔道やシッティングバレーボールをはじめ、女性の参加競技が増えているという制度上の変化も関係していると思われる (図表 2-15)。ロンドン大会での女性の割合は再び 33 ％まで落ちてしまったが、この比率は今後も開催競技数などオリンピック大会の運営状況や、団体種目がどの程度含まれているかといった参加状況の影響を受けて、上下していくことが考えられる。一時的な改善にとどまらず「女性が半数近くあるいはそれ以上」を常態化するためには、日本の障がい者スポーツをめぐる社会的文化的状況を根本的にみなおす必要があるだろう。

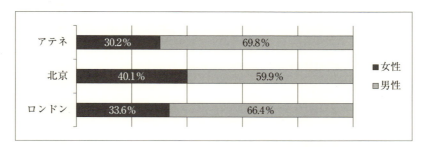

図表 2-14　パラリンピック日本選手団（役員・スタッフ等を除く）における男女比
日本パラリンピック委員会公式ウェブサイト「アテネ 2004 パラリンピック　日本選手団　選手名簿」「北京 2008 パラリンピック　日本選手団　選手名簿」「ロンドン 2012 パラリンピック　日本選手団　選手名簿」より稲葉作成

オリンピック日本選手団における女性選手の年代別構成

　図表 2-16 は、アテネ・北京・ロンドン大会におけるオリンピック日本代表女性選手の人数を開会式当日現在の年代別に分類したものである。日本選手団における女性選手の年代は 20 代に集中しているが、北京大会代表には 40 代、50 代の選手がそれぞれ射撃と馬術に出場している。ロンドン大会代表の 40 代はホッケーの選手である。各大会の選手団における年代別の構成は、出場権を得た競技の特性にも関わってくると考えられる。

　1984 年のロサンゼルス大会では 1 人もいなかった 30 代以上の選手が (赤坂 2004, pp.121-123)、図表 2-16 と図表 2-17 からわかるように、アテネ大会 16 人 (14.9 ％)、北京大会 21 人 (12.0 ％)、ロンドン大会 26 人 (16.5 ％) と、常に安定した割合を占めるに至ったのは大きな変化である。平均年齢についても、ロサンゼルス大会が 20.8 歳であったのに対しアテネ大会 25.5 歳、北京大会 25.6 歳、ロンドン大会 24.8 歳と、年代別構成の変化による影響がうかがえる。テクノロジーの進化やアスリートを取り巻く社会的文化的状況の変化、関連団体による援助体制の充実などにともない、今後も 30 代以上の選手が一定の割合を占めることが予想される。

3）日本国内の競技記録にみる男女差

　近代スポーツは、一般的に女性の身体に比べて全体的に筋力量の多い男性の身体に親和性があり、男子選手の方により優位な記録が出やすいといわれている。つまり記録を男女で比較するだけでは、ジェンダーの偏りを十分に示すことができないということを意味する。ジェンダー視点で競技記録をみようとするならば、近代スポーツの競技記録は、身体のごく限られた能力について測定した結果であるという点に意識的になる必要がある。単に男女で記録を比較するのではなく、男性、女性それぞれの性別における世界記録に対し、日本記録が性別でどれくらいの到達率にあるのかを比較するのがよいだろう。

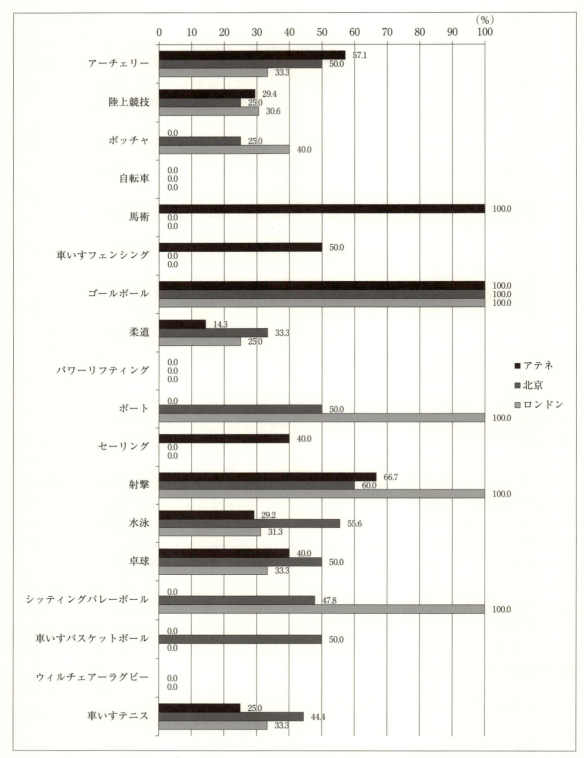

図表 2-15　パラリンピック日本選手団の各競技における女性の割合

日本パラリンピック委員会公式ウェブサイト「アテネ 2004 パラリンピック　日本選手団　選手名簿」「北京 2008 パラリンピック　日本選手団　選手名簿」「ロンドン 2012 パラリンピック　日本選手団　選手名簿」より稲葉作成

図表 2-16　オリンピック日本選手団における女性選手の年代別人数

	10代	20代前半	20代後半	30代前半	30代後半	40代以上	合計
アテネ	9	45	37	12	4	0	107
北京	12	65	76	13	6	2	174
ロンドン	21	57	53	22	3	1	157

赤坂 2010, p.17、（公財）日本オリンピック委員会 2012, pp.247-253 より稲葉作成

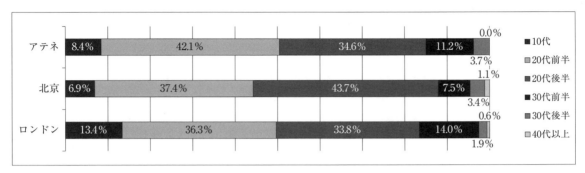

図表 2-17　オリンピック日本選手団における女性選手の年代別構成

赤坂 2010, p.17、（公財）日本オリンピック委員会 2012, pp.247-253 より作成

競技記録は達成度を示す有力な尺度であり、選手の個人的な能力のみならず、選手を取り巻く競技環境なども含め、総合的な成果を表すからである。世界のトップレベルで競う選手が、それぞれの種目においてその地域でどれくらい十分に育成されているか、そのとき性別による偏りはないかということは、近代スポーツ自体が含むバイアスに着目することによって初めて検討されうるのである。

陸上競技の記録到達率

　図表 2-18 は、陸上競技における男女のそれぞれの世界記録に対する日本記録の到達率を示したものである。全体の傾向として、女子の到達率が高いのは長距離であり、中でも 10000m は唯一女子の到達率が男子の到達率を上回っている。マラソンについても、男子とほぼ同じくらいの到達率となっている。

　2001 年における同様の分析（田原 2001, pp.82-83）では、長距離になるほど男女の差が開く傾向にあったが、2009 年における同様の分析（水野 2010, p.18）、そして図表 2-18 の分析と比較すると、短距離でも男女の到達率の差が縮小する傾向にある。

　男子の到達率の高い種目は、2001 年、2009 年の調査に続き、今回もハンマー投げであり、長年にわたり世界でも高い水準にあることが示された。図に掲載した陸上競技 24 種目を上述の 3 つの地点（2001、2009、図表 2-18）で比較してみると、依然として世界記録に対する日本記録の到達率において男女の間の差が大きく開いているのは投擲種目である。しかしその差はわずかに縮小傾向にある。

競泳の記録到達率

　図表 2-19 は、競泳における男女のそれぞれの世界記録に対する日本記録の到達率を示したものである。全体として日本の競泳は高い水準を記録している。女子、男子ともに、平泳ぎ、背泳ぎといった種目は、2001 年における同様の分析（田原 2001, pp.84-85）、および 2009 年における同様の分析（水野 2010, p.18）をみると、世界記録かあるいはそれに近い値を記録している。

　注目すべき点は、2001 年の調査時点では、女子の達成率が男子を上回ったのが 20 種目中 13 種目だったのが、2009 年では 20 種目中 8 種目、2016 年では 20 種目中 1 種目になっていることである。男女で同じ到達率を示した種目はフリーリレーとメドレーリレーの 2 種目となった。男女の到達率にそれほど大きな違いはみられないものの、女子の到達率の伸びは相対的に鈍くなり、男子の到達率が順調に伸

びているような印象である。この傾向が生じた理由を考えるためには、群を抜いて高い記録を輩出する選手がいたか、あるいは男女で競技環境に不公平な差がなかったかなど、複数の要素について精査する必要があるだろう。

4）プロスポーツ

　プロスポーツという語は、プロフェッショナル・スポーツの略語で、一般的には職業としてのスポーツという意味で使われる。営利を目的とせず、趣味として愛好することを意味するアマチュアの対義と

コラム1：女性アスリートの「無月経」と「疲労骨折」

　2014年、日本産科婦人科学会と国立スポーツ科学センターは、国内で初めて女子大学生を中心とした女性アスリートの大規模な健康調査を実施した。女性アスリート1616人と、運動をしていない一般女性537人に対してアンケート調査を行った結果、アスリートの調査時の無月経の頻度は一般女性に比べて有意に高く、また疲労骨折を経験した頻度も有意に高いことが明らかとなった。具体的には、調査時点で月経が3カ月以上ない「無月経」の状態の一般女性が2.4％だったのに対し、陸上の中・長距離、競歩などの「持久系」選手では21.7％、新体操、体操、フィギュアスケートなどの「審美系」選手では12.2％だった。また、疲労骨折を経験した頻度は、持久系で49.1％と高く、無月経の影響が疲労骨折の発生に関与している可能性が示唆されている。さらに、競技レベル別では、日本代表選手、全国大会・地方大会出場選手のうち20％以上が疲労骨折を経験しており、一般女性の約5倍という高い割合であった。そして、BMI（体格指数）が18.5未満の「やせ」の選手では、無月経や疲労骨折を経験した割合が高いことも明らかとなった（図表コラム1）。

　1997年に、アメリカスポーツ医学会は、女性アスリートに多くみられる症状として、「無月経」「骨粗しょう症」「摂食障がい」を挙げ、「女性アスリートの三主徴（Female Athlete Triad：FAT）」と定義した。2007年には、「摂食障がい」から「利用可能エネルギー不足」に変更となり、摂取エネルギーが消費エネルギーより不足した状態が問題視されるようになった（図表コラム2）。コーチやチームメイトから体重を落とすことを強いられたり、激しいトレーニングを課せられたり、ときには自分自身でそれを望むことによって、エネルギー不足に陥り、月経障がいや低骨密度を引き起こす。それは結果としてアスリートのパフォーマンスを低下させるうえに、疲労、貧血、電解質異常、抑うつ状態などの副作用を生じさせる可能性がある。三主徴の予防と早期発見のためには、アスリート自身、コーチ、トレーナー、保護者などが女性アスリートの身体について豊富な知識を持つことが不可欠であり、そのための教育の機会充実が急がれている。

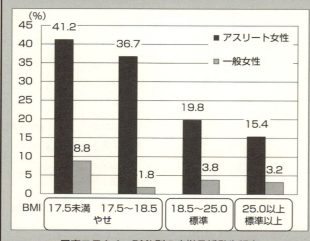

図表コラム1　BMI別の疲労骨折発生頻度
久保田（2015, p.5）、朝日新聞（2015）をもとに作成

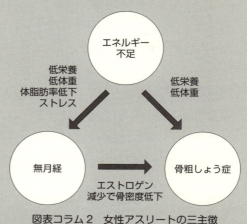

図表コラム2　女性アスリートの三主徴
「女性アスリートの今と未来をまもる—月経とスポーツについての健康情報」p.8をもとに作成

2 競技スポーツとジェンダー

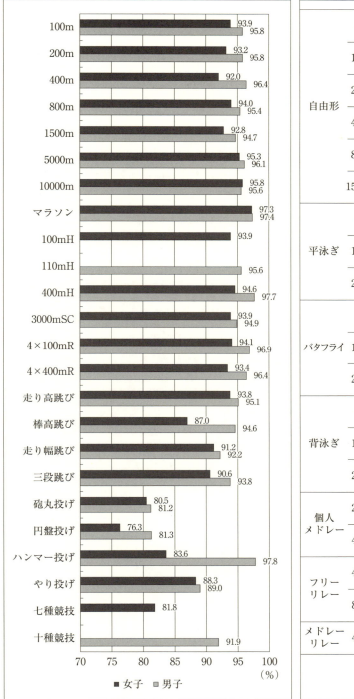

図表 2-18 陸上競技における日本記録の世界記録への到達率
日本陸上連盟および IAAF の記録により水野作成

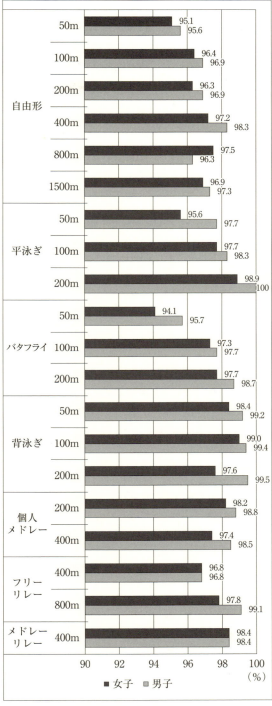

図表 2-19 競泳における日本記録の世界記録への到達率
日本水泳連盟の記録により水野作成

して用いられることもある。しかし実際には、スポーツにおけるプロフェッショナルとアマチュアの違いを厳密に区分することは困難で、プロになる基準は種目によって大きな差異がある。例えば日本では野球の場合、(一社)日本野球機構（以下、日本野球機構）の会員である 12 球団に入団することがプロになることと同義である。プロテストが行われるゴルフやボクシング、または養成校への入学と資格試験を課す競輪や競馬の種目もある（(公財)日本プロスポーツ協会 2012、高橋 2011）。サッカーの場合はチームとの契約で決まるので、リーグ内にはプロ契約している選手とプロ契約していない選手が混在する。2015 年 5 月には、女子サッカーのプレナスなでしこリーグ 2 部に所属する、大学生のみで構成されるチームが学外にも門戸を開き、プロに移行することが決まったという報道があった（2015 年 5 月 13 日『日刊スポーツ』）。高校野球や箱根駅伝など、選手の多くはアマチュアでも、大会にはスポンサーがつくなど経済効果が大きいことから、部活動のプロ化と呼ばれる現象が起きている。

コラム 2：サーフィンとセクシュアリティ

　2014 年に『アウト・イン・ザ・ラインナップ（Out in the line-up）』* （以下、『アウト』）というサーフィン・ドキュメンタリーが発表された。副題には「サーフィンにおける同性愛のタブーを明らかにする」と記されている。この映像を制作したのは、オーストラリアの映像制作会社、イエロー・ドット・プロダクションを経営するトーマス・キャステツである。

　『アウト』制作のきっかけとなったのは、2 人のゲイ・サーファーの偶然の出会いである。キャステツは世界で最初のゲイ・サーファー向けオンライン・コミュニティを立ち上げる準備をしていた。同じころ、サーフィンの大会で州のチャンピオンとなったデビッド・ウェイクフィールドは、悩んだ末、20 年間も隠してきた事実、すなわち自分がゲイであることを明らかにした。キャステツとウェイクフィールドはほどなくして出会い、2 人はシドニーで開催される世界最大級のゲイの祭典、マルディグラに参加した。クローゼットから出た（セクシュアリティを公表した）ウェイクフィールドは、身近な人から受容と拒絶の入り混じった反応を受けた。そしてキャステツは仕事を辞め、家をたたみ、ウェイクフィールドとともに、世界中のゲイ・サーファーたちに出会う旅に出るのである。キャステツとウェイクフィールドが出会ったオープンリー・ゲイ（同性愛者であることを明らかにしている人）のサーファーには、現役のプロ選手も含まれている。彼ら／彼女らは共通して、恐れ、孤独、自分への疑念を語るが、同時に希望、エンパワーメント、変化のきざしをも観ているものに感じさせる。

　『アウト』は、いまだ異性愛主義が主流で、性差別も根強くあるサーフィン業界において、世界で初めて同性愛を正面から扱った映像作品である。オーストラリアやアメリカなどでは、これまでの何人かのプロサーファーが同性愛を公表している。例えば、世界ツアーの選手として活躍していたセリーナ・ブルックは、引退後にカムアウトし（公表し）、現在は同性のパートナーと子育てをしていることが話題となった。また、ビッグウェーブ・ライダーのケアラ・ケネリーは、自身のインスタグラムに、華やかなパーティ会場で、異性愛カップルと同じように同性のパートナーと仲睦まじくキスをしている写真を掲載するなどして、ファンの支持を得ている。日本のサーフィン業界のメディアでは、こうしたニュースは不思議なほど報道されない。サーフィンに限らず、日本のスポーツ・メディア全般にあてはまるかもしれないが。

　現代のサーフィンにとって、1960 年代から 70 年代のカウンター・カルチャー的要素は、重要な文化的背景であり遺産である。しかし、ジェンダーやセクシュアリティの視点からみると、主流の体制（ヘテロセクシズム／異性愛主義）への対抗的な要素は、残念ながらほとんど存在しないようにみえる。サーフィンはすでに若者の憧れのスポーツではないと聞くこともある。サーフィン業界では若年層のサーフィン離れに頭を悩ましているようだが、多様性を尊重することを学んで育った世代にとって、より魅力的な世界にする努力が、人気復活の 1 つの鍵になるとはいえないだろうか。

* Thomasu Castets & Ian W Thomson (2014) OUT IN THE LINE UP: Uncovering the Taboo of Homosexuality in Surfing, yellow dot productions: Sydney.

プロフェッショナルとアマチュアの境目があいまいで、種目による差が大きく、かつ新しいプロ化の流れも生じていることなどから、プロスポーツのジェンダー差、特に人数や経年変化について比較することは容易ではない。よって、あくまでも1つの目安として、特定の集団に絞って数の面での平等さについて評価してみたい。2001年（松永 2001, pp.135-141）と2009年（水野 2010, p.19）に、（公財）日本プロスポーツ協会（以下、日本プロスポーツ協会）に登録するスポーツ団体の登録者数を男女別に集計したデータがあるので、これと同様に、各団体が公表しているデータによって作成したのが次の図表2-20、図表2-21、図表2-22である。

主なプロスポーツ団体の登録状況

日本プロスポーツ協会は、1990年12月に「プロスポーツの水準の向上と発展を図ることにより、国民の余暇活動の充実に資するとともに、プロスポーツ選手の社会的地位の向上を図り、並びに国民のスポーツへの関心を高め、もって我が国のスポーツの発展に寄与する」ことを目的に設立された（（公財）日本プロスポーツ協会 2016）。プロスポーツ15種目14団体が加盟し、内閣総理大臣杯日本プロスポーツ大賞を授与している。図表2-20では、『プロスポーツ年鑑』に掲載されている、「加盟団体（15種目14団体）」と「その他のプロスポーツ団体（6団体）」の男女の登録状況を示したものである[10]。太枠で囲んだものが「加盟団体」で、太枠以外のものが「その他のプロスポーツ団体」である。これをみると女性の登録がない団体が目立つことがわかる。

図表2-21は加盟団体とその他のプロスポーツ団体の男女構成比を示したものである。『プロスポーツ年鑑』および一部加盟団体への調査によって、登録会員数を集計した。団体によって会員種別が非常に

図表2-20　（公財）日本プロスポーツ協会加盟団体およびその他の
　　　　　プロスポーツ団体の男女登録状況

プロスポーツ団体名	女性	男性
（公財）日本相撲協会		●
（一社）日本野球機構		●
（公社）日本プロゴルフ協会		●
（一社）日本女子プロゴルフ協会	○	
（公社）日本プロサッカーリーグ		●
日本プロボクシング協会		●
（公社）日本プロボウリング協会	○	●
（公社）日本ダンス議会	○	●
株式会社日本レースプロモーション		●
日本中央競馬会	○	●
地方競馬全国協会	○	●
（公財）JKA（競輪）	○	●
（一財）日本モーターボート競走会	○	●
（公財）JKA（オートレース）	○	●
新日本キックボクシング協会		●
（一社）日本ゴルフツアー機構		●
（公財）日本テニス協会	○	●
（公社）日本プロテニス協会	○	●
日本フィギュアスケートインストラクター協会	○	●
（一社）日本プロサーフィン連盟	○	●
プロスノーボーダーズアソシエイションアジア	○	●

（公財）日本プロスポーツ協会（2012）と加盟団体への調査により水野作成

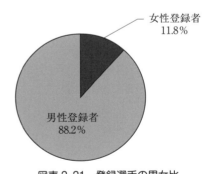

図表2-21　登録選手の男女比

（公財）日本プロスポーツ協会（2012）
と加盟団体への調査により水野作成

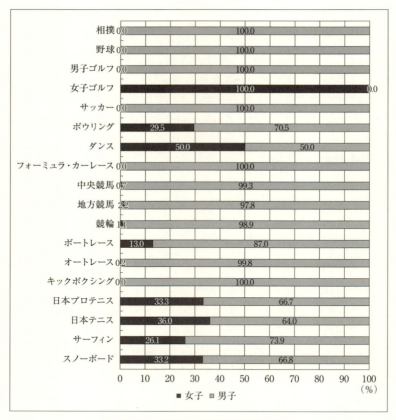

図表 2-22　団体ごとの登録選手の男女比
(公財)日本プロスポーツ協会（2012）と加盟団体への調査により水野作成

多様であり、また会員種別には重複もあるため、ここでは正会員、プロプレイヤー、1部・2部プレイヤーなどに絞って集計をしている。インストラクター等の会員は、図表2-21には含んでいないので、日本フィギュアスケートインストラクター協会は掲載せず、また日本自動車連盟もプロ会員を擁していないので掲載していない。この結果、女性登録者は11.8 %、男性登録者が88.2 %という結果となり、女性登録者の割合が少ないことが顕著となった[11]。

　加盟団体ごとの男女構成比を示したのが図表2-22である。女子選手の登録のない野球、相撲、男子ゴルフなどの団体は、当然ながら男性が100 %となっている。逆に女子プロ選手のみの女子ゴルフは女性が100 %となっている。男女が同じ割合を示すのは、種目の特性上、男女ペアで行われるダンスである。この図をみると、全体として女子のプロ選手の少なさだけが目立つが、日本プロスポーツ協会に加盟しないプロ団体も存在するので、実際のそれぞれの種目におけるプロ選手の男女比はさらなる調査が必要であることはいうまでもない。以下にその一部を紹介する。

　野球の場合、2009年に日本女子プロ野球リーグが発足し、2010年にリーグ戦が開催されるようになった。2016年1月時点で4つの加盟チームがあり、65名の選手が登録している。男子が所属する日本野球機構の687人（支配下選手）には遠く及ばないものの、甲子園に出場することもできない高校の女子野球部員にとって、好きな野球を続けるための選択肢が増えたことは間違いない。また、サッカーの場合、なでしこリーグとして知られる（一社）日本女子サッカーリーグには、1部10チーム、2部10チームに、583人の選手が所属している。男子のJ1とJ2に1021人の選手がいることを考えると、こちら

もかなり少ない。待遇等の競技環境は、決して十分ではないものの、競技人気が後押しする形で徐々に改善されつつある。

他にも2008年に女子のプロ化が始まった種目にボクシングがある。日本プロスポーツ協会に登録しているのは興業面を担う日本プロボクシング協会であるが、ライセンスや選手登録などを管理する（一財）日本ボクシングコミッションには、2014年時点で女性88人、男性2093人が所属している。協会によると、2008年の発足以来、女子選手は多いときで110名ほど、平均してだいたい100名程度で推移しているということであった。男女の選手数は大きく異なるが、数の比較だけでは実情を知ることはできない。というのも、男子選手の場合、登録する選手数は多いが、登録している年度において、実際に試合に出場するのは半数程度であり、女子選手の場合は、登録する選手は少ないが、ほぼ全員が一度は試合に出場する傾向にあるという。よって、男女の人数の差は大きいが、実働選手の割合としては人数ほどには差がないと考えてもよいということになる。

プロスポーツ選手の獲得賞金金額

図表2-23は2015年の国内男女ゴルフにおける獲得賞金金額のトップ3を示したものである。女子1位の選手の獲得金額が男子をはるかに上回っていることに目が止まる。その差は7000万円余りである。2位、3位選手についても女子が男子を2000〜3000万円上回っている。2015年は女子プロゴルフにとって記念すべき年になった。国内女子プロゴルフツアー史上初、年間獲得賞金が2億円を突破したからである（（一社）日本女子プロゴルフ協会 2015）。これは他のスポーツではあまりみられない現象である。

ではいつごろ女子は男子の賞金額を追い抜いたのであろうか。図表2-24は、1980年以降の賞金額を男女別に5年ごとに示したものである。表をみると、年々伸びていた男子の賞金額が1995年ごろを境に下降し、順調に上昇した女子の賞金額が2010年ごろに追い抜いていくのがわかる。背景には女子プロツアーのゲーム数が、2007年から男子ツアーよりも多くなり、2014年にはさらに1試合増えたことが関係しているだろう。また、女子ツアーのスポンサー企業も豊富で、優勝賞金の総額も上昇しており[12]、それら要因が重なることでこのような結果がもたらされたと考えられる。

過去のデータを振り返ってみると、図表2-23と同様の2001年データ（松永 2001, p.140）では、女子の1位選手が6700万円ほどで、男子はその約2倍の1億3000万円余りだった。また、2009年データ（水野 2010, p.19）でも、女子の1位が1億2000万円、男子が1億8000万円と6000万円の差があった。女子プロゴルフは、選手の実力、人気、報酬において、目覚ましい進歩を遂げている。

ゴルフの他に、女子選手の活躍がしばしば話題になるのはボートレースである。公営競技の中でもボートレースは1950年代から女性に門戸を開き、1980年代後半に育成方法が確立されると、活躍する女子選手が増え始めた。女子選手を前面に押し出す戦略が功を奏し、2012年度の1日の売り上げは前年度比で約25％増だったという（倉本 2013）。体重が軽い方が有利ということもあり、最低体重制限は女子にやや有利に設定されているものの、男女がほぼ同じ条件で競う種目で、男女混合のレースもあり、女子選手が優勝を手にすることも珍しくはない（BOAT RACE「ニュース＆トピック」HP）。生涯賞金が8億円を超える50代の女子選手も現役で活躍する（篠山 2013）。とはいえ、獲得賞金の金額を比較すると、男女の差は歴然としている。図表2-25は2015年度の獲得賞金金額を男女別に示したものである。1位選手男女には約5.7倍の開きがある。同様の2000年データ（松永 2001, p.141）では男子1位は女子1位の約5.3倍、2008年データ（水野 2010, p.19）でも男子1位は女子1位の約4.6倍となっていたので、差が縮まっているとはいえない。

図表 2-23　2015 年度 国内ゴルフ獲得賞金金額トップ３

(単位：円)

女子ゴルフ		男子ゴルフ	
イ・ボミ	230,497,057	金庚泰	165,981,625
テレサ・ルー	146,957,679	宮里優作	103,999,119
申ジエ	114,861,293	池田勇太	98,380,317

（一社）日本女子プロゴルフ協会（2015）および（一社）日本ゴルフツアー機構（2015）より水野作成

図表 2-25　2015 年度ボートレース獲得賞金金額トップ３

(単位：円)

ボートレース(女子)		ボートレース(男子)	
寺田千恵	40,522,000	山崎智也	229,330,000
平岡奈菜	39,667,000	毒島誠	126,156,000
川野芽唯	33,975,000	石野貴之	117,654,000

Road to THE GRAND PRIX（2015）より水野作成

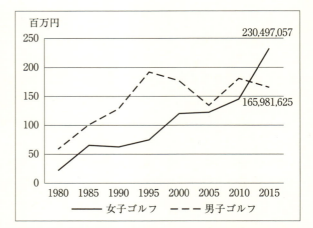

図表 2-24　男女別国内プロゴルフツアー獲得賞金金額の推移
（一社）日本女子プロゴルフ協会および（一社）日本ゴルフツアー機構より水野作成

注
注１）伝統的なスポーツとの差は、「種目固有のルールが整備され、そのルールが国際的な承認を得て広く普及し、組織化された点」（來田 2004a, p.33）にある。
注２）国際オリンピック委員会（IOC）は、オリンピック憲章に「男女平等の原則を実践するため、あらゆるレベルと組織において、スポーツにおける女性の地位向上を奨励し支援する」ことを「使命と役割」として明記しており、ジェンダー平等に向けての取り組みを行っている。
注３）第１回大会から継続して行われているのは、陸上競技、競泳、体操競技、フェンシングの４種目だけである（PHP研究所 2014, p.49）。
注４）この商業主義化の問題については、Lenskyj（2013, 2008）などに詳しい。
注５）「2024 年オリンピックで『女子グレコローマン』2015 年９月９日付採用の可能性」『日本レスリング協会公式サイト』　http://www.japan-wrestling.jp/2015/09/09/78089/
注６）「日本初『男子シンクロ選手』安部篤史　柔軟性の課題克服し世界選手権での奮起誓う」『産経ニュース』2015 年３月 14 日付　http://www.sankei.com/premium/news/150314/prm1503140003-n1.html
注７）「世界に広がれ！日本が生んだ男子新体操三宅一生プロデュース公演『青森大学男子新体操部』」『nippon.com』2013 年９月６日付　http://www.nippon.com/ja/views/b02402/
注８）「ニコラハーデイン　インタビュー」『カヌーカヤックネットマガジン』2012 年 10 月号　http://www.fochmag.com/kayak/index.php?itemid=350
注９）2016 年３月現在、競技者の人数が確定している大会を対象とする。
注 10）その他のプロスポーツ団体には、（一社）日本自動車連盟も掲載があるが、プロ会員は存在しないため掲載していない。
注 11）なお、全登録者数を示していないのは、団体により登録者数を公開していない場合があり、割合のみ情報提供を承諾していただいたためである。
注 12）2016 年の日本女子ゴルフツアーは、2015 年より１試合増えて、38 試合となった。男子は１試合増えて 26 試合となった。賞金総額は、約１億 4650 万円増えて、35 億 2000 万円に達し、2013 年から４年連続で同ツアー史上最高額を更新し、男子ツアーを３年連続で上回った。SANSPO.COM（2015）「女子ゴルフモテモテ！また１試合増、賞金総額 35 億 2000 万（2015 年 12 月 18 日付）」　http://www.sanspo.com/golf/news/20151218/jlp15121805030005-n1.html

【引用・参考文献】
赤坂美月（2004）「競技年齢とジェンダー」飯田貴子・井谷惠子編著『スポーツ・ジェンダー学への招待』明石書店
赤坂美月（2010）「女性の競技年齢」日本スポーツとジェンダー学会編『スポーツ・ジェンダーデータブック 2010』日本

スポーツとジェンダー学会

朝日新聞（2015）「女性運動選手の健康調査…無月経・疲労骨折　10代で対策を」

井谷聡子（2012）「〈新〉植民地主義社会におけるオリンピックとプライドハウス」『スポーツとジェンダー研究』10、pp.4-15、日本スポーツとジェンダー学会

稲葉佳奈子（2010）「パラリンピックの日本選手団」日本スポーツとジェンダー学会編『スポーツ・ジェンダーデータブック 2010』日本スポーツとジェンダー学会

木村華織（2010）「競技スポーツとジェンダー」日本スポーツとジェンダー学会編『スポーツ・ジェンダーデータブック 2010』日本スポーツとジェンダー学会

公益社団法人日本産婦人科医会女性保健委員会女性アスリートのためのワーキンググループ編（2015）「女性アスリートの今と未来をまもる―月経とスポーツについての健康情報」女性アスリート健康支援委員会

公益財団法人日本プロスポーツ協会編（2012）『プロスポーツ年鑑 2012』公益財団法人日本プロスポーツ協会

公益財団法人日本オリンピック委員会（2012）『ロンドンオリンピック日本代表選手団　日本オリンピック委員会公式写真集 2012』日本文化出版

近藤良享（2005）「スポーツと性別：女性確認検査／性転換選手容認の問題（〈特集〉愛知学泉大学コミュニティ政策研究所第 12 回シンポジウム「性別を考える」：医学・法学・スポーツ科学の対話）」『コミュニティ政策研究』7、pp.21-27

関めぐみ（2016）「スポーツ・メガイベントとフェミニズム―Helen Jefferson Lenskyj の研究を中心に」『スポーツとジェンダー研究』14、pp.102-104、日本スポーツとジェンダー学会

建石真公子（2014）「〈資料翻訳紹介〉『人権とオリンピック・パラリンピック』―イギリス、ロシア、ブラジル、韓国共同声明―」『スポーツとジェンダー研究』12、pp.147-150、日本スポーツとジェンダー学会

田原淳子（2001）「競技スポーツと女性」井谷惠子・田原淳子・來田享子編著（2001）『目でみる女性スポーツ白書』大修館書店

独立行政法人日本スポーツ振興センター・国立スポーツ科学センター（JISS）編（2014）「成長期女性アスリート　指導者のためのハンドブック」pp.18-21、独立行政法人日本スポーツ振興センター・国立スポーツ科学センター

ドルテッパー、グードゥルン（2012）「基調講演　IOC の立場からみた女性とスポーツに関する国際情勢と施策（JSSGS 第 10 回記念大会報告）」『スポーツとジェンダー研究』10、pp.29-39、日本スポーツとジェンダー学会

中山正吉（1988）「オリンピックと政治」森川貞夫・佐伯聰夫編著『スポーツ社会学講義』大修館書店、pp.234-237

PHP 研究所編（2014）『オリンピックまるわかり事典』PHP 研究所

松永敬子（2001）「スポーツ産業と女性」井谷惠子・田原淳子・來田享子編著（2001）『目でみる女性スポーツ白書』大修館書店

松宮智生（2010）「総合格闘技の女子用ルールに関する一考察―「危険」を理由に禁止される行為の違いに着目して」『スポーツとジェンダー研究』8、pp.35-47、日本スポーツとジェンダー学会

松宮智生（2013）「女性競技者の視点からみた女子総合格闘技ルールの妥当性―ケイパビリティ・アプローチを手がかりに」『スポーツとジェンダー研究』11、pp.29-42、日本スポーツとジェンダー学会

三好洋二（1988）「オリンピックと経済」森川貞夫・佐伯聰夫編著『スポーツ社会学講義』大修館書店、pp.238-241

水野英莉（2010）「競技スポーツとジェンダー」日本スポーツとジェンダー学会編『スポーツ・ジェンダーデータブック 2010』日本スポーツとジェンダー学会

來田享子（2004a）「近代スポーツの発展とジェンダー」飯田貴子・井谷惠子編著『スポーツ・ジェンダー学への招待』明石書店、pp.33-41

來田享子（2004b）「スポーツへの女性の参入」飯田貴子・井谷惠子編著『スポーツ・ジェンダー学への招待』明石書店、pp.42-50

來田享子（2012）「指標あるいは境界としての性別―なぜスポーツは性を分けて競技するのか」杉浦ミドリ・建石真公子・吉田あけみ・來田享子編著『身体・性・生―個人の尊重とジェンダー』尚学社、pp.41-71

來田享子（2014）「1960-1979 年の IOC におけるオリンピック競技大会への女性の参加問題をめぐる議論―IOC 総会議事録の検討を中心に―」『スポーツとジェンダー研究』12、pp.47-67、日本スポーツとジェンダー学会

Lenskyj, H.（2015）*Gender Politics and Olympic Industry*. New York: Palgrave Pivot.

Lenskyj, H.（2008）*Olympic Industry Resistance: Challenging Olympic Power and Propaganda*. State University of New York Press.

〔ホームページサイト〕

一般社団法人日本女子プロゴルフ協会「年間獲得賞金」
https://www.lpga.or.jp/stats/money/2015

一般社団法人日本女子プロゴルフ協会「史上初の２億円突破を達成！イボミの賞金女王が確定」
　　https://www.lpga.or.jp/news/info/10066
一般社団法人日本ゴルフツアー機構「賞金ランキング」
　　http://www.jgto.org/pc/TourAllMoneyList.do?year=2015&tournaKbnCd=0
倉本吾郎（2013）ブームの予感（日経 MJ）「時速 80 キロのマドンナ　競艇、陸上もエンジン全開　コスプレやグラビア
　　人気」『日本経済新聞　電子版』
久保田俊郎（2015）「女性アスリートを対象としたアンケート調査」
　　http://www.jsog.or.jp/news/pdf/athlete_20150911.pdf
公益財団法人日本オリンピック委員会（JOC）公式サイト
　　「アテネオリンピック 2004　日本代表選手団」
　　http://www.joc.or.jp/games/olympic/athens/japan/
　　「実施競技・種目比較（北京・ロンドン比較）」
　　http://www.joc.or.jp/games/olympic/london/event_compare.html
　　「実施競技・種目比較（ロンドン・リオデジャネイロ比較）」
　　http://www.joc.or.jp/games/olympic/riodejaneiro/pdf/event_compare.pdf
　　「日本の大会参加状況」
　　http://www.joc.or.jp/games/olympic/sanka/
　　「オリンピック憲章　Olympic Charter 2015 年版・英和対訳」
　　http://www.joc.or.jp/olympism/charter/pdf/olympiccharter2015.pdf
　　「北京オリンピック 2008　日本代表選手団」
　　http://www.joc.or.jp/games/olympic/beijing/japan/
　　「ロンドンオリンピック 2012　日本代表選手団」
　　http://www.joc.or.jp/games/olympic/london/japan/
公益財団法人日本陸上競技連盟「日本記録」
　　http://www.jaaf.or.jp/record/japan.html
公益財団法人日本水泳連盟
　　「競泳世界記録男子長水路」
　　http://www.swim.or.jp/upfiles/1438225153-01_reco20150729_wr50_m.pdf
　　「競泳世界記録　女子長水路」
　　http://www.swim.or.jp/upfiles/1438225181-03_reco20150729_wr50_w.pdf
　　「競泳日本記録　男子長水路」
　　http://www.swim.or.jp/upfiles/1446194747-05_reco20151030_nr50_m.pdf
　　「競泳日本記録　女子長水路」
　　http://www.swim.or.jp/upfiles/1446194775-07_reco20151030_nr50_w.pdf
公益財団法人日本プロスポーツ協会　http://www.jpsa.jp/about.html
　　http://www.nikkei.com/article/DGXBZO55602110Z20C13A5HR0A00/
篠山正幸（2013）キャリア「生涯金額 8 億円　ボートの女神は元信金職員」『日本経済新聞　電子版』
　　http://www.nikkei.com/article/DGXBZO63694260W3A201C1000000/
高橋恵里（2011）エコノ探偵団「スポーツ選手のプロとアマどう違う？　境目は曖昧、カギは『意識』」『日本経済新聞
　　電子版』
　　http://www.nikkei.com/article/DGXDZO36948100S1A201C1W14000/
日刊スポーツ（2015）「なでしこ 2 部日体大がプロ化、学生サッカー初」
　　http://www.nikkansports.com/soccer/news/1475691.html
日本パラリンピック委員会公式ウェブサイト
　　「アテネ 2004 パラリンピック　日本選手団　選手名簿」
　　http://www.jsad.or.jp/paralympic/what/pdf/athens2004_athletes.pdf
　　「北京 2008 パラリンピック　日本選手団　選手名簿」
　　http://www.jsad.or.jp/paralympic/what/pdf/beijing2008_athletes.pdf
　　「ロンドン 2012 パラリンピック　日本選手団　選手名簿」
　　http://www.jsad.or.jp/paralympic/what/pdf/london2012_athletes.pdf

BOAT RACE「ニュース＆トピック（2015 年 2 月 25 日）」

　http://www.boatrace.jp/news/2015/02/052319.php

International Association of Athletics Federations "World Records"

　http://www.iaaf.org/records/by-category/world-records#results-tab-sub=0

International Olympic Committee "FACTSHEET THE GAMES OF THE OLYMPIAD", 2013 December.

　http://www.olympic.org/Documents/Reference_documents_Factsheets/The_Olympic_Summer_Games.pdf

International Olympic Committee "FACTSHEET WOMEN IN THE OLYMPIC MOVEMENT", 2016 January.

　http://www.olympic.org/Documents/Reference_documents_Factsheets/Women_in_Olympic_Movement.pdf

Road to THE GRAND PRIX（2015）

　「Queens Climax　獲得賞金ランキング（2015 年 12 月 21 日現在)」

　http://www.boatrace-grandprix.jp/2015/qc/

　「獲得賞金ランキング（2015 年 12 月 21 日現在)」

　http://www.boatrace-grandprix.jp/2015/rtg/index.php

WSI（Women Sports International）Female Athlete Triad Task Force

　http://www.sportsbiz.bz/womensportinternational/taskforces/triad_tf.htm

3 生涯スポーツとジェンダー

本章では、生涯スポーツとして幅広い場面での女性のスポーツ活動について、「する」「みる」「ささえる」の視点からみる。ここでとりあげる生涯スポーツは、一般的な競技スポーツに加えて、日常的な身体活動を含む、広い意味でのスポーツを対象としている。

1)「する」スポーツと女性

ここでは、「する」スポーツに焦点をあて、成人と10代（10～19歳）それぞれの活動状況を把握する。また、女性が参加する競技大会の名称の変遷や参加要件、さらに、障がいのある人たちのスポーツ大会への参加状況についてもみることとする。

運動・スポーツ実施率

① **運動・スポーツ実施率の推移（成人）**　図表3-1は、1年間に何らかの運動やスポーツを1回以上実施した者の割合を男女別に示したものであり、50年間の推移を把握することができるデータとなっている。図表3-1のデータのもととなる調査は、「体力・スポーツに関する世論調査」の名で実施されている全国調査である。1965年は、当時の総理府が調査主体となり「スポーツに関する世論調査」の名で実施されていた。1979年から現在の調査名で総理府・内閣府が実施しており、最新の2013年度は文部科学省が調査主体として実施している。

1965年の運動・スポーツ実施率の状況をみると、男性の実施率58.8％に対して、女性は36.7％と男女間で22.1ポイントの差がみられる。また、当時の成人女性の6割以上が1年間に全く運動・スポーツを行わない「非実施者」であったことも確認でき、その割合の高さに驚かされる。以降、約20年間の男女の実施率の差は、15ポイント前後で推移してきた。約20年前の1994年には、その差は10ポイントに縮まり、その後10年ほどこの状態が続く。男女差が10ポイントを下回るのは、約10年前の2004年の調査からであり、最近の2回の調査では、男女差が5ポイント前後になっていることが確認

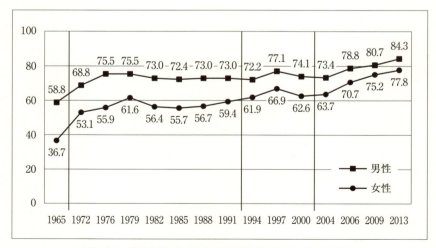

図表3-1　成人の運動・スポーツ実施率（性別、年1回以上）

内閣府大臣官房政府広報室（2004, 2006, 2009）、文部科学省スポーツ・青少年局スポーツ振興課（2013）、（公財）笹川スポーツ財団（1996）より工藤作成

3　生涯スポーツとジェンダー

できる。このデータをみると、21世紀に入り、ようやく運動・スポーツ実施率の男女差が縮まっていることが確認できる。

②　**運動・スポーツ実施率（世代別）**　運動・スポーツ実施率の現状を、成人以外の20歳未満も対象に含め、最新のデータで確認してみたい。(公財)笹川スポーツ財団が実施する成人、10代、4〜9歳を対象にした全国調査「スポーツライフに関する調査」の結果を紹介する。

図表3-2　運動・スポーツ実施率（世代別）

（％）

実施頻度	性別	成人（2014年）	10代（2013年）	4〜9歳（2013年）
年1回以上	全体	73.6	87.0	98.1
	男性	76.8	91.8	97.9
	女性	70.6	81.9	98.5
週1回以上	全体	57.2	76.7	96.3
	男性	36.3	84.3	96.0
	女性	26.9	68.5	96.8

(公財)笹川スポーツ財団（2014, 2013a, 2013b）より工藤作成

図表3-2は、年1回以上、週1回以上の、それぞれの運動・スポーツ実施率をまとめたものである。図表3-2をみると、成人では、年1回以上の実施率の男女差は6.2ポイントと、図表3-1の「体力・スポーツに関する世論調査」とほぼ同様の結果である。週1回以上のいわゆる定期的な実施状況をみると、男性36.3％に対し、女性が26.9％と、定期的な実施ではまだ、男女で約10ポイントの差があることがわかる。

10代をみると、年1回以上の実施率は男性91.8％に対して女性81.9％と、約10ポイントの差がみられる。週1回以上の定期的な実施率では、男女差は15.8ポイントと年1回以上の実施率よりさらに開くことがわかる。

一方、4〜9歳では、年1回以上、週1回以上の実施率はともに男女差はなく、わずかながら、どちらも女子の実施率が高い。4〜9歳女子の実施率の高さは、いわゆるスポーツではなく、運動遊びが主となっていることが確認されているが（(公財)笹川スポーツ財団 2013b）、身体を動かしている割合が男女で差がないことは事実であり、その実施率が10代に継続していないことが確認できる。

活動レベル別運動・スポーツ実施状況

①　**成人**　図表3-1の内閣府・文部科学省の調査では、運動・スポーツ実施状況として1年間で1回でも運動・スポーツを実施した者を「実施者」として扱っている。そこで、実施状況をより詳細に把握するため、実施頻度、実施時間、運動強度の3つの指標からなる運動・スポーツ実施レベルを用いた(公財)笹川スポーツ財団の全国調査の結果を紹介する。この運動・スポーツ実施レベルは、図表3-3の通りレベル0からレベル4までに分類される。さらに実施頻度、実施時間、運動強度がともに高いレベルに分類されるレベル4を、アクティブ・スポーツ人口と称している。なお、内閣府・文部科学省のデータにおける実施者は、このレベル1からレベル4までを含めたものにあたる。

図表3-3　運動・スポーツ実施レベルの設定

実施レベル	定　義
レベル0	過去1年間にまったく運動・スポーツを実施しなかった
レベル1	年1回以上、週2回未満（1〜103回/年）
レベル2	週2回以上（104回/年以上）
レベル3	週2回以上、1回30分以上
レベル4（アクティブ・スポーツ人口）	週2回以上、1回30分以上、運動強度「ややきつい」以上

※アクティブ・スポーツ人口とは、週2回以上、1回30分以上、運動強度「ややきつい」以上の条件を満たしている者
(公財)笹川スポーツ財団（2014）より転載

43

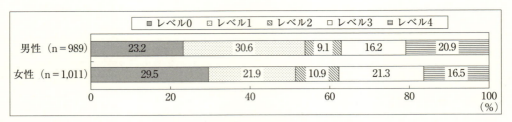

図表 3-4　運動・スポーツ実施レベル（性別）

（公財）笹川スポーツ財団（2014）より転載

図表 3-5　10 代の運動・スポーツ実施レベルの設定

実施レベル	基準
レベル 0	過去 1 年間にまったく運動・スポーツをしなかった（0 回/年）
レベル 1	年 1 回以上、週 1 回未満（1～51 回/年）
レベル 2	週 1 回以上週 5 回未満（52 回～259 回/年）
レベル 3	週 5 回以上（260 回以上/年）
レベル 4	週 5 回以上、1 回 120 分以上、運動強度「ややきつい」以上

（公財）笹川スポーツ財団（2013b）より転載

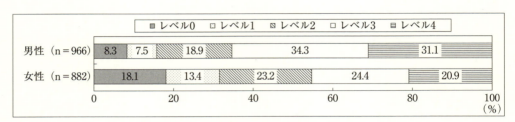

図表 3-6　10 代の運動・スポーツ実施レベル（性別）

（公財）笹川スポーツ財団（2013b）より転載

　成人の運動・スポーツ実施レベルを性別にみると、アクティブ・スポーツ人口にあたる「レベル 4」は男性 20.9 %、女性 16.5 %、「レベル 3」は男性 16.2 %、女性 21.3 %、「レベル 2」は男性 9.1 %、女性 10.9 %であり、週 2 回以上の定期的な運動・スポーツ実施者となる「レベル 2」以上の合計値は男性 46.2 %、女性 48.7 %と、女性が男性を 2.5 ポイント上回る（図表3-4）。一方、非実施者にあたる「レベル 0」は男性 23.2 %、女性 29.5 %と女性が男性を 6.2 ポイント上回り、男性と比べた場合の相対的な傾向として、女性の運動・スポーツ実施の二極化がみられる。

　② **10 代（10〜19 歳）**　10 代の運動・スポーツ実施の現状について、（公財）笹川スポーツ財団が実施する全国調査の結果を紹介する。青少年の運動所要量の目標値は国内では設定されていないため、図表 3-5 に示すようなこの調査独自のレベルが設定されている。

　10 代の運動・スポーツ実施レベルを性別にみると、男子では「レベル 3」34.3 %、「レベル 4」31.1 %と、3 人に 2 人が週 5 回以上の運動・スポーツを行っている（図表3-6）。女子では、週 5 回以上実施する者が 45.3 %（「レベル 3」24.4 % +「レベル 4」20.9 %）と、2 人に 1 人の割合となり、男子の方が女子より「レベル 3」「レベル 4」といった高頻度、高水準の運動・スポーツを行う者の割合が多いことがわかる。一方、非実施者にあたる「レベル 0」をみると、10 代の女子の 2 割程度が過去 1 年間に全く運動・スポーツを行っていない実態も確認できる。

3 生涯スポーツとジェンダー

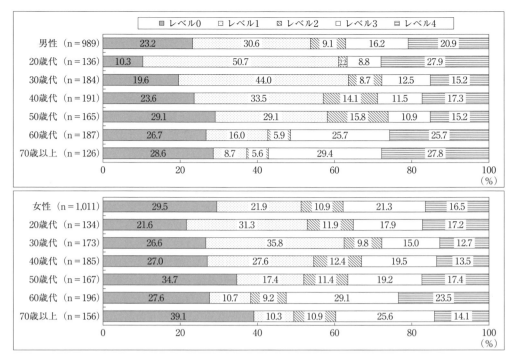

図表3-7 運動・スポーツ実施レベル（性別×年代別）
（公財）笹川スポーツ財団（2014）より転載

年代別運動・スポーツ実施状況

① **成人** 年代によって男女の運動・スポーツ実施状況にどのような違いがみられるのかに注目し、レベル別運動・スポーツ実施率を性別・年代別にまとめたものが図表3-7である。まず、「レベル0」の非実施者をみると、男女で10ポイント以上の差があるのは、20歳代と70歳以上である。また、男女ともに高齢者層の実施状況に二極化がみられる。特に女性の60歳代、70歳以上では、週2回以上実施する割合が、61.8％、50.6％と半数を超える一方で、「レベル0」の非実施者の割合も、60歳代女性では4人に1人、70歳以上の女性では3人に1人となり、特に女性高齢者層の運動・スポーツ実施が二極化している現状が明らかとなった。また、「レベル4」のアクティブ・スポーツ人口の割合が、女性の60歳代で23.5％と成人女性の中で最も高い割合を示していることも、男性と異なる特徴といえる。

② **10代（10～19歳）** 10代については、調査の対象者が小学校4年生以上から大学生、勤労青年まで含まれるため、学校期別で集計した結果を紹介する。まず、「レベル0」の非実施者をみると、男女ともに学校期が進むにつれて割合が増加している（図表3-8）。男子では高校期から大学期にかけて「レベル0」が25％を超える。一方、女子では中学校期から高校期にかけておよそ25％となる。女子の高校期から大学期の間では微増にとどまっていることから、男子は高校卒業、女子は中学卒業とともに運動・スポーツをしなくなる者が増加するといえる。

次に、「レベル4」をみると、男子は、小学校期6.4％、中学校期52.8％、高校期40.6％、大学期6.9％、勤労者5.8％であり、女子は、小学校期1.7％、中学校期32.5％、高校期30.7％、大学期5.4％、勤労者5.7％である。男女ともに中学校期、高校期で高水準の運動・スポーツを行っていることがわかるが、これは運動部活動の影響が大きいと考えられる。ただこの時期の「レベル4」の割合を男女で比較すると、中学校期で20ポイント、高校期で10ポイントの差がみられた。特に中学校期では、男子の半数以上が高水準の運動・スポーツを実施しているのに対して、女子では3割程度にとどまっており、成長期にも

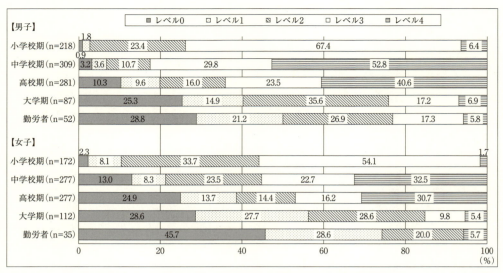

図表3-8　10代の運動・スポーツ実施レベル（性別×学校期別）
（公財）笹川スポーツ財団（2013b）より転載

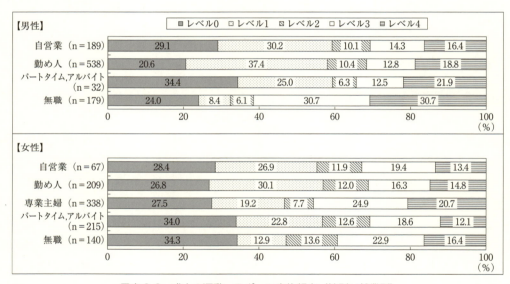

図表3-9　成人の運動・スポーツ実施頻度（性別×就業別）
（公財）笹川スポーツ財団（2014）より転載

たらされる影響が懸念される。

就労状況別運動・スポーツ実施状況

　運動・スポーツ実施は、就労状況によって影響を受けると考えられる。図表3-9には、就労タイプを自営業、勤め人、専業主婦・主夫、パートタイム・アルバイト、無職の5つに大別し、男女別に集計した結果を紹介する[1]。女性の結果をみると、自営業と勤め人の運動・スポーツ実施の状況は、ほぼ同じであった。専業主婦をみると「レベル0」の非実施者の割合は、自営業や勤め人と同様の割合を示すが、「レベル4」が20.7％、「レベル3」が24.9％、「レベル2」が7.7％と週2回以上の実施者の割合が53.3％と、女性の中で最も高い割合を示した。なお女性の無職は、「レベル0」の非実施者の割合が34.3％と女性の中で最も高く、また週2回以上の定期的実施者も52.9％と高く、二極化していることがわか

3　生涯スポーツとジェンダー

った。しかし、無職と回答した者の年齢をみると、60歳代以上が約8割を占めていることがわかり、図表3-7で報告した「女性高齢者層の運動・スポーツ実施の二極化状況」が、この結果にも反映されていることが推察された[2]。

　また、男性は就労タイプにより、「レベル0」の非実施者の割合に違いがみられた。運動・スポーツの実施の有無が、就労のタイプに少なからず影響を受けており、運動・スポーツを実施するための時間や機会、また経済的な理由があるのではないかと考えられる。

　女性の就労タイプ別にみた運動・スポーツ実施の有無の状況については、男性ほど違いはみられないものの、実施状況の質的（週2回以上の実施、アクティブレベルでの実施など）な内容に違いがあることがわかる。

コラム1：女子のニーズに合った運動・スポーツ種目が提供できているのだろうか？

　女性・女子は、どのような運動・スポーツ種目を行っているのだろうか。上位10種目までを表にまとめて、男女でともに実施されている種目には網掛けをした。

　成人女性をみると、男女共通の6種目のほか、女性の実施率の高い種目は「水泳」「ヨーガ」「バドミントン」「なわとび」である。ただ上位3種目以降の実施率が10％以下と、男性と比べて低い割合であることがわかる。なお、成人女性の「ヨーガ」は2006年から上位10種目以内に現れるようになった。「ヨーガ」と一口にいっても、ホットヨガやビーチヨガ、ピラティス、マタニティーヨーガなどさまざまなバリエーションがあるため、女性の多様なニーズに合っているのではないかと思われる。

　次に、10代以下の実施種目をみると、まず、男子は4歳の幼少期からすでにスポーツ系種目のサッカーに親しんでおり（年齢別でも「サッカー」は4歳男子で6位、5歳男子4位、6歳男子3位、7歳以降19歳まで1位を占めている）、10代まで継続して実施している。一方、女子をみると、男子に比べて実施率の高かった4～9歳年代では、スポーツ系の種目は「水泳」や「ドッジボール」のみで、後はいわゆる「運動あそび」が主となっている。10代の女子のスポーツ系種目の上位は「バドミントン」「バレーボール」「バスケットボール」であるが、10歳以前では全く上位にみられない。男子は幼少期からスポーツ系の種目に親しみ継続して行っているが、女子は幼少期からスポーツ系の種目に親しみ継続できる環境がないのではないだろうか。あるいは、女子が実施したいと思えるような種目が現状では提供できていないのではないだろうか。実施率の男女差の要因の1つに、実施種目が関係しているのではないかと考える。

図表コラム　過去1年間に1回以上行った運動・スポーツ種目および推計人口（性別×世代別：複数回答）上位10位

	成人男性（n＝989）				成人女性（n＝1,011）		
順位	実施種目	実施率（％）	推計人口（万人）	順位	実施種目	実施率（％）	推計人口（万人）
1	散歩（ぶらぶら歩き）	28.6	1,433	1	散歩（ぶらぶら歩き）	37.2	1,997
2	ウォーキング	23.5	1,178	2	ウォーキング	27.9	1,497
3	筋力トレーニング	17.1	857	3	体操（軽い体操、ラジオ体操など）	23.3	1,250
4	ゴルフ（コース）	13.9	696	4	筋力トレーニング	9.0	483
5	体操（軽い体操、ラジオ体操など）	13.5	676	5	ボウリング	8.0	429
6	ジョギング・ランニング	12.9	646	6	水泳	7.1	381
7	ゴルフ（練習場）	12.8	641	7	ヨーガ	7.0	375
8	ボウリング	12.0	601	8	バドミントン	6.6	354
9	釣り	11.1	556	9	なわとび	6.2	332
10	キャッチボール	10.6	531	10	ジョギング・ランニング	6.1	327
	10代男子（n＝966）				10代女子（n＝882）		
順位	実施種目	実施率（％）	推計人口（万人）	順位	実施種目	実施率（％）	推計人口（万人）
1	サッカー	49.2	300	1	おにごっこ	29.3	171
2	野球	32.7	200	2	バドミントン	26.9	157

順位	実施種目	実施率(%)	推計人口(万人)	順位	実施種目	実施率(%)	推計人口(万人)
3	バスケットボール	32.2	196	3	なわとび（長なわとびを含む）	25.2	147
4	おにごっこ	30.6	187	4	ぶらんこ	22.4	130
5	ジョギング・ランニング	30.3	185	5	ジョギング・ランニング	22.1	129
6	水泳（スイミング）	29.9	182	6	バレーボール	21.5	125
7	ドッジボール	27.3	167	7	ドッジボール	20.3	118
8	キャッチボール	26.1	159	8	水泳（スイミング）	20.2	118
9	筋力トレーニング	25.3	154	9	バスケットボール	19.0	111
10	卓球	23.2	142	10	ウォーキング	18.3	107

4～9歳男子 (n＝623)				4～9歳女子 (n＝588)			
順位	実施種目	実施率(%)	推計人口(万人)	順位	実施種目	実施率(%)	推計人口(万人)
1	おにごっこ	65.5	220	1	おにごっこ	70.2	225
2	サッカー	57.5	193	2	ぶらんこ	61.6	197
3	水泳（スイミング）	53.3	179	3	自転車あそび	58.3	187
4	自転車あそび	51.8	174	4	なわとび（長なわとびを含む）	55.4	177
5	ぶらんこ	48.3	162	5	かくれんぼ	55.1	176
6	かくれんぼ	44.9	151	6	鉄棒	53.1	170
7	なわとび（長なわとびを含む）	41.9	141	7	水泳（スイミング）	48.6	155
8	ドッジボール	41.7	140	8	かけっこ	43.2	138
9	鉄棒	40.4	136	9	ドッジボール	37.6	120
10	かけっこ	39.6	133	10	一輪車	28.2	90

※推計人口：成人男性は50,128,140人、成人女性は53,683,541人、10代男子3,368,299人、10代女子3,207,008人、4～9歳男子3,368,299人、4～9歳女子3,207,008人に実施率を乗じて算出
(公財)笹川スポーツ財団（2014, 2013a, 2013b）より工藤作成

生涯スポーツ競技大会の動向

　生涯スポーツと競技スポーツは対立する用語とされることもあるが、生涯スポーツは生涯にわたってスポーツを継続する概念であり、競技スポーツは競技として確立している活動内容を指す用語である。ここでは、中年期以降の参加者を想定した競技スポーツの大会を、生涯スポーツ競技大会と呼ぶ。女性の生涯スポーツ競技大会として、多くの競技団体が、主婦層をターゲットとした大会をつくっている。最初に、東京オリンピックの金メダル獲得で注目されたバレーボールに「ママさんバレー」と名づけられた活動が生まれ、全国に広まっていった。その活動は、1970年には全国家庭婦人バレーボール大会として全国大会が設立されるまでに発展し、競技スポーツを楽しむ機会の少なかった既婚女性に新しい活動の場を提供した。その後、バレーボールに続き、「家庭婦人」や「ママさん」を冠した大会が、さまざまな種目で開かれるようになっていった。そこで、生涯スポーツ競技大会として「既婚女性や母親、主婦層」が参加する大会に注目した。1997年に行った(公財)日本体育協会への調査[3]の結果、このような大会が存在するとわかったものは、図表3-10に掲げた12種目であった。

　①　**大会名称と移り変わり**　各大会の名称とその移り変わりについて図表3-10に示した。創設時の大会名称に「家庭婦人」を用いたものは、バレーボールをはじめとした5種目、「ママさん」を用いたものは2種目であり、「レディース」が3種目、その他に「エルダー」「エンジョイ」という言葉が使用されていた。その後、女性の立場を示す用語は次第に使われなくなり、2015年度現在、「家庭婦人」の名称を使用した大会はなく、「ママさん」の使用も2種目にとどまっている。一方、全体の半数にあたる6種目には、単に女性が対象であることを示す「レディース」が使用されている。

　②　**大会の参加要件**　次に、大会の参加要件のうち、婚姻と出産に関する条件をまとめた結果を図表3-11に示した。表から読み取れるように、大会に参加するための要件として、「家庭婦人」や「ママさん」の言葉にあたる結婚や出産を求めているものは少なかった。特に名称変更にともない、サッカーのように年齢区分による大会に変わったり、剣道のように年代を組み合わせた団体戦の大会に変更したりする事例がみられた。そのような中、バレーボールとバスケットボールは、それぞれの大会を「既婚

3　生涯スポーツとジェンダー

図表3-10　女性の生涯スポーツ大会の名称の推移

	1970's	1980's	1990's	2000's	2010's
バレーボール	全国家庭婦人バレーボール大会（70）	→		全国ママさんバレーボール大会（01）	
フィールドホッケー	全日本家庭婦人ホッケー大会（73）	→		マスターズホッケー大会（03）	
卓球	全国家庭婦人卓球大会（78）	全国レディース卓球大会（84）	→		
ソフトテニス	全国レディースソフトテニス大会（79）	→			
テニス	全日本レディーステニス大会（79）	→			
ソフトボール		全日本エルダーソフトボール大会（81）	→		全国大会中止（14）スポーツマスターズへ
バスケットボール		全国ママさんバスケットボール交歓大会（82）	→		
バドミントン		全日本家庭婦人バドミントン大会（83）	→	全日本レディースバドミントン選手権大会（00）	
剣道		全国家庭婦人剣道大会（84）	→	都道府県対抗女子大会（09）	
ボウリング		オールジャパンレディースボウリングトーナメント（88）	→		
サッカー		全国ママさんサッカー大会（89）	→	全国レディースサッカー大会（03）	
なぎなた			エンジョイなぎなた全国大会（97）	→	大会中止（12）

※（　）は西暦年数を示す
前田の調査結果（注3参照）より前田作成

者のための場」として維持している。バレーボールの「原則既婚」については、成文化されていないが子どものいる未婚者は参加できるとされている。また、バスケットボールは43歳以上であれば未婚者も参加できる規約がある。この点について、大会を主催する「日本家庭婦人バスケットボール連盟」のHP内に、独身者には体力・力量があるから受け入れられないとしながら、女性のライフスタイルが変化し、独身者と一緒に練習しているケースが増えている実態をふまえ、受け入れる方策を検討する必要性が述べられている。

図表3-11　大会参加要件　婚姻と出産

	1997年		2008年		2015年	
	婚姻	出産	婚姻	出産	婚姻	出産
バレーボール	あり a)	—	あり a)	—	あり a)	—
フィールドホッケー	—	—	—	—	—	—
卓球	—	—	—	—	—	—
ソフトテニス	あり b)	—	あり b)	—	あり b)	—
テニス	—	—	—	—	—	—
ソフトボール	—	—	—	—	—	—
バスケットボール	あり	—	あり c)	—	あり c)	—
バドミントン	あり a)	—	—	—	—	—
剣道	あり	—	—	—	—	—
ボウリング	—	—	—	—	—	—
サッカー	—	あり d)	—	—	—	—
なぎなた	—	—	—	—	—	—

※ a）原則既婚、b）既婚者は年齢要件（25歳以上）なし、c）未婚者は年齢要件（43歳以上）あり、d）経産婦は年齢要件なし
前田の調査結果（注3参照）より前田作成

また、ソフトテニスや初期のサッカーのように、結婚すればいくら若くても参加資格が得られるルールをみると、女性にとって結婚や出産は、加齢と同様、競技力の低下を意味すると考えられていることがわかる。

　③　**大会の将来展望**　　1997 年から継続して観察してきた結果、大会が中止される種目がみられるようになった。1 つは、ソフトボールにみられるように、2001 年に創設された（公財）日本体育協会が主催する日本スポーツマスターズ大会に吸収される事例である。フィールドホッケーはこの大会の種目ではないが、独自のマスターズ大会として、男女同時に開催する大会に変わっている。フィールドホッケーは、近年、女性の参加チームの減少傾向が課題とされている。なぎなたの大会中止の理由は不明であるが、同様に参加者の減少傾向が報告されていた。一方、既婚者の大会として継続しているバレーボールとバスケットボールは、それぞれ独自の連盟を設立し、大会の運営も連盟が行っている。

　今後の展望としては、十分な競技人口と組織運営力を備えていなければ、主婦層を対象に女性の生涯スポーツの場として機能してきた競技大会は、より幅広い女性を対象とした大会に変化していくとみられる。それは、婚姻率や出生率の低下、既婚者と未婚者に二分されていた女性のライフスタイルの多様

コラム 2：監督の「性」とチームの「性」

　競技者の性別に関係なく、多くの競技種目において監督は男性である。

　2012 年ロンドンオリンピック大会の日本代表競技種目の中で、女性監督は女子体操のみ。女子バレーボール、女子サッカー、女子柔道など、女子日本代表が参加した競技種目は他にもあるが、すべて男性監督である。日本サッカー協会の日本代表監督では、U-19 日本女子代表のみが女性、残りの男子代表 7 カテゴリー、女子代表 3 カテゴリーはすべて男性である。

　さらに、日本の女子サッカーリーグであるなでしこリーグ、チャレンジリーグに所属する全 32 チームをみると、女性監督が率いるチームは 4 チームと全体の 12.5 ％で、男性監督が圧倒的に多いことがわかる（2016 年度）。サッカー日本代表で初の女性監督に就任した本田美登里さんも当時、「女性の代表監督として注目された」と述べている。また、フランスでは、2014 年男子プロサッカーチームに女性監督が就任したことも話題となり、日本でも新聞記事にとりあげられるほどの関心ぶりであった（2014 年 7 月 29 日『朝日新聞』）。

　ではなぜ、スポーツチームを率いる監督は男性が多いのであろうか？

　それは、今までのスポーツ指導者が置かれてきた状況が起因していると推測される。朝日新聞記事にあるサッカー指導者の佐伯夕利子さんの言葉、「……男社会の面もある。私も監督資格の講習などで、書類をなかなか受け付けてくれないといった嫌な思いをしました。批判や嫌がらせを受けて一人前なのかもしれません」に象徴されるであろう。女性指導者が女性競技者を指導できるメリットは、女性の身体に関する話ができることにあるだろう。月経の悩みや体重制限による食生活の悩みなど、男性指導者には話しにくいことも、同性指導者であれば話しやすい場合があると考えられる。さらに、指導者の世界に、性別の偏りがなくなれば、多様な考え方や指導法が生み出される可能性もあるだろう。女性だからという理由で指導者になることすらできない環境ではなく、一般的に指導者として力量のある人が、男女に関係なく指導者になれる環境がやはり望まれる。今後は、女性指導者の養成と活躍できる環境整備が求められると同時に、社会の意識改革も必要となるのではないだろうか。

青田秀樹（2014）「女性が率いる男子サッカー」『朝日新聞』2014 年 7 月 29 日 8 面
本田美登里（2006）「指導者として―これからが本番」『体力科学』55（1）、p.57
なでしこリーグ 1 部・2 部・チャレンジリーグチーム一覧 2016
　http://www.nadeshikoleague.jp/club/（2016 年 1 月 27 日現在）

化、結婚や出産に影響されない女性アスリートの存在などが背景にある。どちらにしても、生涯スポーツ大会の参加要件は、等質な集団による適度な競い合いの場をつくることが目的であり、より多くの女性が競技スポーツを楽しめる規約に変わっていくことが望まれる。

障がい者スポーツイベントに参加する女性

内閣府『障害者白書（平成27年版）』によると、全国の身体障がい者数は約393万7000人（人口1000対比、約31人）、知的障がい者数は約74万1000人（人口1000対比6人）、精神障がい者数は320万1000人（人口1000対比25人）である。また、18歳以上の身体障がい者数（在宅者数の推計・性別不明者を除く）の男女比は50.5対49.5、知的障がい者は54.0対46.0、精神障がい者の20歳以上の男女比（総数）は41.0対59.0である。

全国障害者スポーツ大会[4]は、国民体育大会の終了後に同地で開催され、障がいのある人々の社会参加の推進、国民の障がい者理解を深めることに重点が置かれている。さらに、参加者数は各都道府県の身体障がいおよび療育手帳登録者合計数によって配分が決められており、初参加者率が高くなるよう配慮もされている。

図表3-12a、図表3-12bは、2014年度全国障害者スポーツ大会（長崎）の個人種目別参加者の性別割合を、身体障がい者、知的障がい者別で示したものである。2009年度の参加者割合（寺田 2010）では、全種目において女性の割合は男性の半数以下であったが、2014年度は身体障がい者の水泳と卓球で女性の割合が半数を超えた。

2010年全国障害者スポーツ大会参加者に対する調査を行った藤田（2013）は、「スポーツをやってよかったこと」に関して、スポーツ独自の面白さと身体的側面、精神的側面および社会的側面から各4項目合計12項目について質問し、5件法で回答を求めた。「かなり当てはまる」から「まったく当てはま

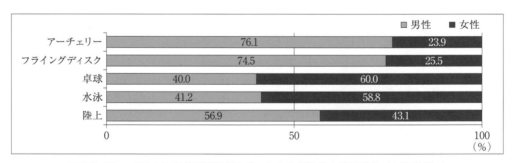

図表3-12a　2014年度全国障害者スポーツ大会参加者の性別割合（身体障がい）
長崎がんばらんば国体長崎市実行委員会（2015）より寺田作成

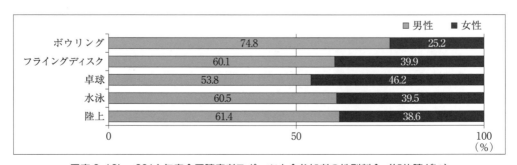

図表3-12b　2014年度全国障害者スポーツ大会参加者の性別割合（知的障がい）
※アーチェリーは身体障がいのみ、ボウリングは知的障がいのみ参加可能
長崎がんばらんば国体長崎市実行委員会（2015）より寺田作成

図表 3-13　スポーツをやってよかったこと

項目	項目内容	全体	男性	女性	
スポーツ独自の 面白さと身体的側面	勝利や好記録が出たときに嬉しい	4.30	4.23	4.46	＊＊
	体を動かすこと自体が楽しい	4.42	4.37	4.52	
	体力・身体機能が向上した	4.20	4.16	4.30	
	食事がおいしく、夜熟睡できるようになった	3.60	3.55	3.72	
精神的側面	相手の気持ちが配慮できるようになった	3.98	3.91	4.11	
	ストレスが解消される	4.00	3.97	4.09	
	自信がついた	3.68	3.61	3.84	＊
	性格が明るくなった	3.72	3.66	3.87	＊
社会的側面	友人が増えた	4.26	4.22	4.38	
	行動範囲が拡大した	4.14	4.09	4.24	
	周囲の理解が向上した	3.87	3.81	4.01	＊
	外出が増えた	3.70	3.60	3.91	＊＊

＊p＜.05、＊＊p＜.01

藤田（2013）より寺田作成

らない」に 5 点から 1 点の値を与え、各項目の平均値を算出した結果が図表 3-13 である。ちなみに回答者は 617 名（回収率 49.5 ％）であり、そのうち女性は 31.2 ％であった。

　結果より、スポーツ独自の面白さと身体的側面、精神的側面および社会的側面の全 12 項目において女性の値が男性より高かった。特に、「勝利や好記録が出たときに嬉しい」「外出が増えた」「自信がついた」「性格が明るくなった」「周囲の理解が向上した」には、統計的に有意な差がみられた。つまり、男性と女性では「スポーツをやってよかったこと」に対する意識に男女による違いがあることが明らかとなった。今後は、女性の値が高い理由について、より詳細な調査を行う必要性があると考える。

　障がいのある人々のスポーツ関連データは少なく、さらに日常生活でのスポーツ活動参加に関するデータはほとんどないのが現状である。性別に関係なく、障がいのある人々のスポーツ参加を促進するためには、現状を分析し、今後に役立てられるデータの蓄積が求められる。

2）スポーツ実施への意識

　前述の女性のスポーツ実施状況についてさらに理解を深めるために、女性がどのような目的でスポーツを実施し、どのように感じているのか、女性のスポーツ実施に関する意識的な側面の現状を紹介する。

スポーツ実施の理由

　内閣府が 2015 年 1 月に行った「東京オリンピック・パラリンピックに関する世論調査」では、運動・スポーツを実施した理由を報告している。図表 3-14 をみると、最も回答率の高い「健康・体力つくり」は、男女の回答率にほとんど差がない。一方、「美容や肥満解消」では女性の回答率が 10.5 ポイント高く、「友人・仲間との交流」「楽しみ・気晴らし」では男性の回答率が高い。すなわち、女性では美容や肥満解消のためなど、自分自身の身体を美しく保つために運動やスポーツを実施する傾向がある一方、男性では、スポーツそのものを楽しみ、気晴らしの手段として運動やスポーツを実施する傾向がみられ、男女により実施理由に違いがあることがわかる。

スポーツ実施の充足度

　現在の運動・スポーツ実施状況に対して、人々はどのように感じているのであろうか。図表 3-15a、図表 3-15b には、（公財）笹川スポーツ財団が行った「スポーツライフに関する調査 2014」から、現在の運動・スポーツの充足度に対する調査結果について男女別に示した。結果をみると、「充分だと思わな

3 生涯スポーツとジェンダー

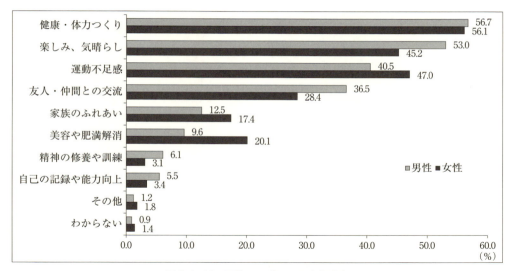

図表 3-14　運動・スポーツの実施理由

内閣府大臣官房政府広報室（2015）より大勝作成

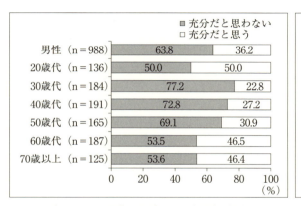
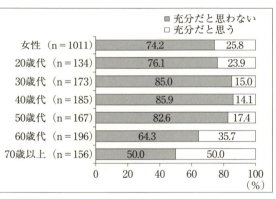

図表 3-15a　運動・スポーツの充足度（男性）　　図表 3-15b　運動・スポーツの充足度（女性）

（公財）笹川スポーツ財団（2014）より大勝作成

い」と回答した割合は、男性が 63.8％、女性が 74.2％と女性が高い値を示している。性別・年代別でみると、70 歳以上の年代以外は、女性の方が「充分だと思わない」と回答した割合が高い。20 歳代では、「充分だと思わない」と回答した割合の男女差が最も大きく、さらに、30 歳代から 50 歳代の女性では、「充分だと思わない」と回答した割合が 8 割を超えている。すなわち、多くの女性が現状の運動・スポーツ実施状況を充分だと思っていないことがうかがえた。

実施への促進条件

　運動・スポーツの実施を促進するための条件を探ってみる。（公財）笹川スポーツ財団の「スポーツライフに関する調査 2014」では、先の運動・スポーツ実施の充足度調査において、「充分だと思わない」と回答した人に対して、運動・スポーツ実施の阻害理由を複数回答でたずねている。図表 3-16 をみると、男女ともに「仕事や生活が忙しい」が最も高く、7 割を超える。男女の回答率に 10.0 ポイント以上の差がみられた項目は、「下手だから」「子どもに手間がかかるから」「生活費に余裕がないから」であり、女性の回答率が高かった。

　次に、図表 3-17 より年代・性別による運動・スポーツ実施の阻害理由をみると、2 位以下において

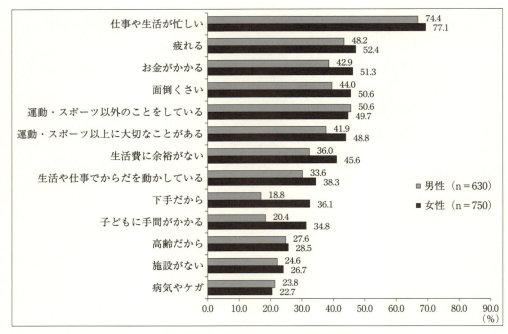

図表 3-16　運動・スポーツ実施の阻害理由（男女別）

（公財）笹川スポーツ財団（2014）より大勝作成

図表 3-17　運動・スポーツ実施の阻害理由（年代・性別）

		1位	（%）	2位	（%）	3位	（%）
男性	20歳代	仕事や生活が忙しいから	83.8	運動・スポーツ以外のことをしているから	58.2	お金がかかるから	57.4
	30歳代	仕事や生活が忙しいから	94.4	運動・スポーツ以外のことをしているから	58.6	疲れるから	48.6
	40歳代	仕事や生活が忙しいから	87.1	運動・スポーツ以外のことをしているから	50.7	面倒くさいから	47.5
	50歳代	仕事や生活が忙しいから	78.8	運動・スポーツ以上に大切なことがあるから	50.4	運動・スポーツ以外のことをしているから	50.0
	60歳代	高齢だから	56.7	疲れるから	49.5	仕事や生活が忙しいから	48.5
	70歳以上	高齢だから	79.1	疲れるから	56.1	病気やケガをしているから	43.3
女性	20歳代	仕事や生活が忙しいから	93.1	お金がかかるから	63.7	運動・スポーツ以外のことをしているから	59.8
	30歳代	仕事や生活が忙しいから	89.0	子どもに手間がかかる	88.9	お金がかかるから	64.6
	40歳代	仕事や生活が忙しいから	88.1	お金がかかるから	61.6	疲れるから	58.9
	50歳代	仕事や生活が忙しいから	80.3	面倒くさいから	55.6	疲れるから	54.5
	60歳代	仕事や生活が忙しいから	61.3	高齢だから	55.2	面倒くさいから	45.2
	70歳以上	高齢だから	88.5	疲れるから	56.6	病気やケガをしているから	44.2

（公財）笹川スポーツ財団（2014）より大勝作成

男女による差がみられた。30歳代の女性では「子どもに手間がかかるから」「お金がかかるから」と育児や家事への心配から運動やスポーツができないとしているのに対し、男性では、「運動・スポーツ以外のことをしているから」と他の趣味や活動があるために運動やスポーツができない状況がうかがえた。

　阻害理由の多くは、「仕事や生活が忙しい」から時間がなく実施できないということが推測され、こ

3 生涯スポーツとジェンダー

図表 3-18　直接スポーツ観戦種目（男女別）

男性 （n＝989）			女性 （n＝1,011）		
順位	種目	観戦率 (%)	順位	種目	観戦率 (%)
1	プロ野球（NPB）	20.2	1	プロ野球（NPB）	11.5
2	Jリーグ（J1、J2、J3）	8.0	2	マラソン・駅伝	5.1
3	高校野球	7.1	3	高校野球	3.5
4	マラソン・駅伝	4.3	4	Jリーグ（J1、J2、J3）	3.1
5	アマチュア野球（大学、社会人など）	3.2	5	アマチュア野球（大学、社会人など）	2.0
6	サッカー（高校、大学、JFLなど）	2.8	6	サッカー（高校、大学、JFLなど）	1.8
7	プロゴルフ	2.2	7	バスケットボール（高校、大学、JBLなど）	1.6
8	格闘技（ボクシング、総合格闘技など）	1.9	8	プロバスケットボール（bjリーグ）	1.2
9	バスケットボール（高校、大学、JBLなど）	1.3	9	バレーボール（高校、大学、Vリーグなど）	0.8
10	サッカー日本代表試合（五輪代表含む）	1.1	10	大相撲	0.7
	ラグビー	1.1		フィギュアスケート	0.7
				プロゴルフ	0.7

（公財）笹川スポーツ財団（2014）より大勝作成

れは男女に共通していることがわかる。まずは、ワークライフバランスを考え、余暇時間を創出することが課題であるが、余暇時間の中で、興味を持って運動やスポーツに取り組んでもらえるような意識づけも必要である。さらに、金銭的な負担が少ないことも重要な条件と考えられる。一方、30代女性をみると、他の年代や男性と比較して「育児」の負担が大きいことがわかる。母親である女性が、運動やスポーツをしたいときに実施できるよう、スポーツ施設に託児環境を整備することや、子どもと一緒に行えるプログラムを充実させること、あるいは同時刻に親子が異なるプログラムを実施できる環境など多様性に富んだプログラムが求められるのではないだろうか。

3)「みる」スポーツと女性

　ここでは、「みる」スポーツに焦点をあてる。スタジアムや球場に直接足を運んで観戦する「直接観戦」と、テレビを通じて観戦する「間接観戦」の2つの状況について、女性を中心にどのような種目を観戦しているのか、その状況を紹介する。

直接観戦の実施状況

　体育館やスタジアム、球場に直接足を運んでスポーツを観戦することを直接スポーツ観戦という。その観戦率はどのようになっているのであろうか。（公財）笹川スポーツ財団の『スポーツライフ・データ2014』によれば、過去1年間に直接スポーツを観戦した割合は、男性36.3%、女性26.9%と女性が低い値を示している。種目別観戦率を男女別にみると、ほとんどの種目で女性の観戦率が男性より低いことがわかる（図表3-18）。女性の観戦率が男性より高い種目は、「マラソン・駅伝」「バスケットボール（高校、大学、JBLなど）」「プロバスケットボール（bjリーグ）」「バレーボール（高校、大学、Vリーグなど）」「大相撲」「フィギュアスケート」である。「マラソン・駅伝」の観戦率をみると、女性は5.1%、男性は4.3%と、女性の方が0.8ポイント高い。女性の「プロ野球」「Jリーグ」「高校野球」の観戦率が、男性の半分程度であることをふまえると、みるスポーツとして「マラソン・駅伝」が女性にとって関心の高い種目であることがいえる。

間接観戦の実施状況

　間接観戦とはテレビやインターネット、ワンセグ放送などを通してスポーツ観戦することをいう。近

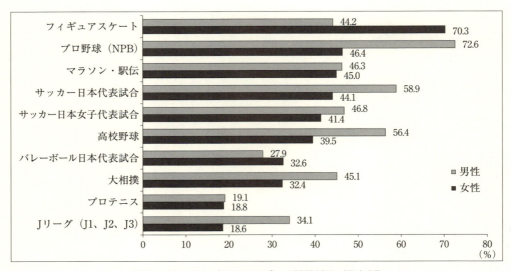

図表 3-19 テレビによるスポーツ観戦種目（男女別）
（公財）笹川スポーツ財団（2014）より大勝作成

年では、スポーツバーやスポーツカフェなども増加し、間接スポーツ観戦も多様化している。ここでは、テレビによるスポーツ観戦をとりあげる。（公財）笹川スポーツ財団の「スポーツライフに関する調査2014」によれば、過去1年間にテレビによるスポーツ観戦を行った者は、男性では92.5％、女性では89.2％であった。種目別の観戦率を男女別に表したものを図表3-19に示した。男性の上位種目は「プロ野球（72.6％）」「サッカー日本代表試合（58.9％）」「高校野球（56.4％）」であり、女性は「フィギュアスケート（70.3％）」「プロ野球（46.4％）」「マラソン・駅伝（45.0％）」となった。男性の上位3種目の観戦率は、6割から7割を占めるのに対し、女性の上位3種目は、「フィギュアスケート」のみが7割を超え、残り2種目は5割に満たない状況であった。

男女の観戦率の差が大きいものは、「プロ野球」と「フィギュアスケート」であり、その差は26ポイント以上ある。「フィギュアスケート」は、女性の直接観戦率の種目においても10位以内に入っており、テレビ観戦の状況もふまえると、女性の関心が高い種目であることがいえる。

以上直接観戦率も間接観戦率も全体では男性の観戦率が高かった。しかしながら、観戦率の男女差が大きな種目もあり、男女の区別によって観戦する種目に違いがあることが明らかとなった。この男女による観戦率の差が、何によってもたらされるのか、その要因を分析することによって、男女それぞれに対するアプローチの仕方を考えることができるのではないだろうか。また、スポーツを提供する組織や団体が、「みせるスポーツ」として価値を高めていくことができれば、「みるスポーツ」の普及・定着もさらに期待できると思われる。

4）「ささえる」スポーツと女性

ここでは、「する」スポーツ、「みる」スポーツと同じように、スポーツに関わる立場として近年注目される「ささえる」スポーツと女性との関わりについて紹介する。「ささえる」スポーツには、日常的な活動をサポートする場合や、スポーツイベントなどでボランティアとして大会を支援する場合など多様な関わり方がある。ここでは、指導者資格とスポーツボランティアの観点から、その状況を述べる。

コラム3：女性ファンの視点—「選手」or「チーム」？

　近年、プロ野球球団は新たなファン層開拓として女性に注目している。その戦略として意識されているのが、「選手」と「ファン」のつながりである。選手とファンとのバーベキューパーティや、女性ファンと選手の「お散歩デート」（2015年12月12日『読売新聞』22面）、SNSなどでの双方向によるコミュニケーションづくりである。

　インターネット調査会社の株式会社マーシュによる「スポーツ観戦に関する調査」では、スポーツ観戦に興味がある人は、男性は約72％、女性は約58％である。好きなスポーツ観戦種目の上位3位について、1位を3ポイント、2位を2ポイント、3位を1ポイントで集計したところ、男性は「野球（594ポイント）」「サッカー（443ポイント）」「テニス（112ポイント）」であったのに対し、女性は「野球（382ポイント）」「サッカー（327ポイント）」「フィギュアスケート（315ポイント）」とフィギュアスケートのポイントが野球やサッカーと大きく変わらないことが報告されている。さらに、スポーツ観戦が好きな理由として、男性は「応援している"チーム"があるから」と回答した人が多いのに対し、女性は「応援している"選手"がいるから」と回答した人が多くみられ、女性は"選手主体"、男性は"チーム主体"でスポーツ観戦を行う傾向があると報告されている。つまり、観戦する種目が同じでも、男女によって観戦する視点が異なることを示唆しているのである。

　多くの競技種目において、新たなファン獲得のため、ファン継続のためさまざまな戦略がとられている。まずはその種目をみてもらうこと、知ってもらうことが大切である。しかし、その先には、種目の面白さを知ってもらい、"みるスポーツ"として普及・定着することが望まれる。今後、「なぜ観戦するのか」、その動機を解明することで、女性にとってはスポーツの新たな関わり方を増やす機会となり、スポーツライフの充実につながると思われる。また、多様な観戦者がいることを知ることにより、スポーツビジネスへのさらなる展開も期待できるのではないだろうか。

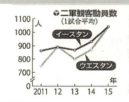

マーシュ「スポーツ観戦に関する調査」2015年5月13日
　http://www.marsh-research.co.jp/examine/ex2704sports-kansen.html
永井順子、北島夏記「サービス充実二軍活況」『読売新聞』2015年12月12日22面

スポーツ推進委員

スポーツ推進委員とは、スポーツ基本法の制定により体育指導委員から名称変更となったコミュニティ・スポーツの中心的役割を担う人材のことをいう。役割としては、スポーツ推進のための事業の実施にかかる連絡調整ならびに住民に対するスポーツ実技の指導、その他スポーツに関する指導および助言を行うこととされており、地域スポーツ振興の推進役ならびに地域のコーディネーターとしての役割を担っている。図表3-20には、1985年、1995年、2005年、2015年の4カ年におけるスポーツ推進委員（旧体育指導委員）の登録者数、男女別人数、女性割合を示した。

スポーツ推進委員の総数は、1985年には5万5570名であり、その後増加したものの、2015年8月には5万1310名と減少している。女性登録者数は、1985年の7623名から2015年には1万5876名と約2倍の増加であるが、男性登録者数は、1985年の4万7947名から2015年には3万5434名と減少している。女性割合は、1985年の13.7%から2015年には30.9%と2倍以上になっている。登録者数の推移から、女性登録者数が増加したことに加え、男性登録者数が減少したことにより、全体に占める女性の割合が高くなったといえる。

図表3-21には、スポーツ推進委員における女性割合を都道府県別に示した。最も女性割合が高い県は「宮崎県」であり44.2%を示している。女性割合が30%を超える県は32あり、2009年の24より増加している。組織運営にとって女性割合の増加は、多様な意見や考え方を得られる点において、重要なことである。しかしながら、スポーツ推進委員総数が減少している現状は、コミュニティ・スポ

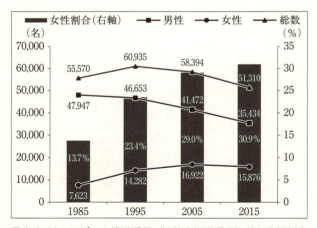

図表3-20　スポーツ推進委員（旧体育指導委員）数と女性割合
（公社）全国スポーツ推進委員連合資料（2015）より大勝作成

図表3-21　都道府県別スポーツ推進委員数と女性割合

No.	県名	登録者数	女性割合	No.	県名	登録者数	女性割合
1	北海道	2,470	29.4%	25	滋賀県	553	30.9%
2	青森県	569	30.6%	26	京都府	1,066	37.3%
3	岩手県	716	30.2%	27	大阪府	**2,190**	37.0%
4	宮城県	1,018	32.9%	28	兵庫県	1,351	**39.5%**
5	秋田県	679	33.7%	29	奈良県	496	32.3%
6	山形県	800	28.9%	30	和歌山県	494	29.1%
7	福島県	1,221	30.1%	31	鳥取県	515	30.9%
8	茨城県	1,225	27.0%	32	島根県	530	31.1%
9	栃木県	754	32.5%	33	岡山県	926	30.1%
10	群馬県	900	29.7%	34	広島県	1,362	33.6%
11	埼玉県	2,195	31.8%	35	山口県	668	26.9%
12	千葉県	2,150	31.7%	36	徳島県	*431*	26.2%
13	東京都	1,498	**39.3%**	37	香川県	524	35.3%
14	神奈川県	**4,712**	*19.5%*	38	愛媛県	794	30.6%
15	山梨県	677	29.8%	39	高知県	462	*25.3%*
16	長野県	1,074	34.1%	40	福岡県	1,663	30.3%
17	新潟県	1,217	34.9%	41	佐賀県	642	30.4%
18	富山県	1,188	37.1%	42	長崎県	812	26.1%
19	石川県	497	38.4%	43	熊本県	1,281	31.1%
20	福井県	545	35.0%	44	大分県	717	27.5%
21	岐阜県	1,048	31.7%	45	宮崎県	*423*	**44.2%**
22	静岡県	1,335	26.7%	46	鹿児島県	1,105	26.1%
23	愛知県	**2,554**	35.9%	47	沖縄県	*425*	32.7%
24	三重県	838	*25.3%*		総計	51,310	30.9%

※太字：上位3位、斜字：下位3位
（公財）全国スポーツ推進委員連合資料（2015）より大勝作成（2015年8月1日現在）

3　生涯スポーツとジェンダー

図表 3-22　（公財）日本体育協会公認スポーツ指導者資格別男女別登録者数

領域	資格名	全体			
		男性	女性	小計	女性割合
競技別指導者資格	指導員	53,657	22,718	76,375	29.7%
	上級指導員	10,123	2,799	12,922	21.7%
	コーチ	9,427	2,833	12,260	23.1%
	上級コーチ	2,915	370	3,285	11.3%
	教師	2,078	1,272	3,350	38.0%
	上級教師	1,171	184	1,355	13.6%
フィットネス資格	スポーツプログラマー	2,323	1,395	3,718	37.5%
	フィットネストレーナー	324	193	517	37.3%
	ジュニアスポーツ指導員	2,934	1,688	4,622	36.5%
メディカル・コンディショニング資格	アスレティックトレーナー	2,070	553	2,623	21.1%
	スポーツドクター	5,268	388	5,656	6.9%
	スポーツデンティスト	67	0	67	0.0%
	スポーツ栄養士	8	164	172	95.3%
マネジメント資格	アシスタントマネジャー	3,696	1,882	5,578	33.7%
	クラブマネジャー	273	119	392	30.4%
旧資格	スポーツトレーナー	107	7	114	6.1%
	合計	96,441	36,565	133,006	27.5%

（公財）日本体育協会からの提供データにより大勝作成（2015 年 10 月 25 日現在）

ーツの発展にとっては考えるべき課題である。

（公財）日本体育協会公認スポーツ指導者

　図表 3-22 には、（公財）日本体育協会が公認するスポーツ指導者資格制度による資格別男女登録者数を示した。図表 3-22 に示す資格の基礎資格として「スポーツリーダー」があり、2015 年 10 月現在の認定登録者数は 28 万 9930 名である。

　資格別に女性割合をみると、「スポーツ栄養士」が 95.3% とほぼ女性であることがわかる。フィットネス資格の「スポーツプログラマー」「フィットネストレーナー」「ジュニアスポーツ指導員」、マネジメント資格の「アシスタントマネジャー」「クラブマネジャー」の女性割合は 3 割を超え、さらに、商業スポーツ施設などにおける指導者が取得する「教師」の女性割合も 4 割近くと高く、これらの領域において女性の活躍場所が広がっていることがうかがえる。

　次に、図表 3-23 に、（公財）日本体育協会が認定する指導者登録資格を持つ者（スポーツリーダーを除く）について、年代・男女別の割合を示す。20 歳代の女性割合が最も高く 4 割を超えることがわかる。このように 20 歳代の男女の割合が比較的同じなのは、学生時代に取得した人たちが存在するからかもしれない。公認スポーツ指導者は 4 年更新であり、20 歳代では学生時代に取得した資格をそのまま保持している可能性がある。しかし、30 歳代、40 歳代と年齢が上がるにつれて、資格を保有する必要性のある人とない人にわかれ、少しずつ男女の割合が大きくなるのかもしれない。すなわち、指導者資格を活用する場が女性には少ないことを示唆しているのではないだろうか。

健康運動指導士・健康運動実践指導者

　健康運動指導士と健康運動実践指導者は、いずれも（公財）健康・体力づくり事業財団が養成し認定する、健康づくりのための指導者資格である。健康運動指導士の役割は、個人に対して健康づくりのための運動プログラムを作成し、指導することにある。健康運動実践指導者は、健康運動指導士が作成した

59

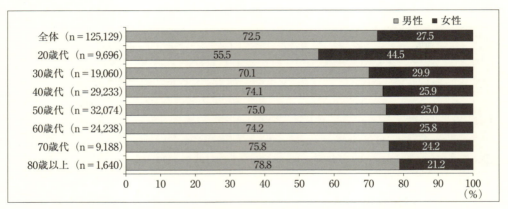

図表 3-23　（公財）日本体育協会公認スポーツ指導者の年代別男女別割合
（公財）日本体育協会からの提供データにより大勝作成（2015 年 10 月 25 日現在）

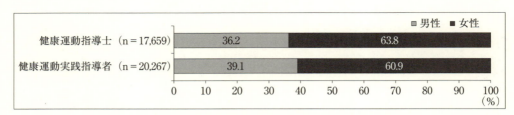

図表 3-24　（公財）健康・体力づくり事業財団認定指導者の男女比
（公財）健康・体力づくり事業財団提供資料より大勝作成（2015 年 10 月 1 日現在）

運動プログラムを実際に指導する役割を担っている。図表 3-24 には、2015 年 10 月現在の健康運動指導士、健康運動実践指導者の男女の割合を示した。健康運動指導士は 1 万 7659 名、健康運動実践指導者は 2 万 267 名であり、どちらの資格も女性割合が 6 割を超えており、健康づくりの指導者には女性が多いことがわかる。『スポーツ・ジェンダーデータブック 2010』（2010, p.29）の結果と比較すると、女性の割合が健康運動指導士は微減し、健康運動実践指導者では微増している。この割合が今後どのように変化するのかにより、健康づくり指導者の中でも、資格内容によって男女差が生じるのかを明らかにできるのではないかと思われる。

（公財）日本レクリエーション協会公認指導者

　（公財）日本レクリエーション協会が公認する指導者資格には、「レクリエーション・インストラクター」「レクリエーション・コーディネーター」「福祉レクリエーション・ワーカー」があり、旧資格として「余暇開発士」がある。2015 年 6 月現在、（公財）日本レクリエーション協会が公認する指導者数は、6 万 5901 名である。「レクリエーション・インストラクター」は、ゲームや歌、集団遊び、スポーツといったアクティビティを効果的に活用し、対象や目的に合わせてプログラムを企画・展開するための人材である。「レクリエーション・コーディネーター」は、組織や団体の担い手に必要な能力を兼ね備えた人材であり、「福祉レクリエーション・ワーカー」は、特別養護老人ホーム、老人健康保健施設、デイサービスなどのさまざまな場面で、一人ひとりの生きがいづくりを支援する役割を担う人材である。これらの指導者には、対象者一人ひとりの「楽しさ」に合った支援を提供することが求められており、さまざまな場面で活用できる能力の育成がめざされている。

　図表 3-25 には、（公財）日本レクリエーション協会が公認する指導者の年代別男女の割合を示した。全体の男女の割合をみると、女性が 7 割を占めることがわかる。年代別では、50 歳代、60 歳代の女性割

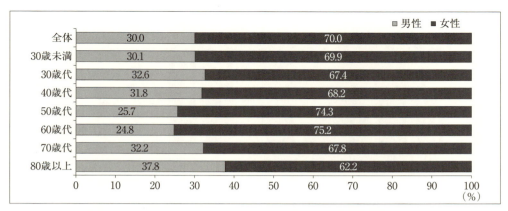

図表 3-25 （公財）日本レクリエーション協会公認指導者の年代別男女比
（公財）日本レクリエーション協会からの提供データにより大勝作成（2015 年 6 月現在）

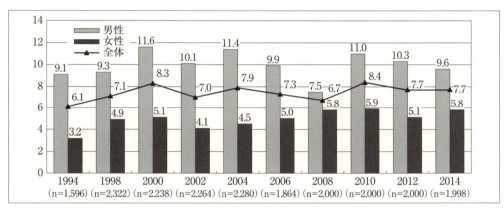

図表 3-26 成人のスポーツボランティア実施率の推移（全体・性別）
（公財）笹川スポーツ財団（2014）より

合が 7 割以上であり、高いことがわかる。

　以上、生涯スポーツに関わる指導者資格の男女の割合についてみてきた。スポーツ推進委員や（公財）日本体育協会公認スポーツ指導者などスポーツ指導関連の資格では、女性割合は 30％程度である。一方、健康づくりやレクリエーション関連の資格では、女性割合は 6 割、7 割を占める。このように、指導者資格の内容により、男女の割合に違いがみられる。この背景には、有資格者が活動する環境に違いがあると推察される。レクリエーションや健康づくり関連の有資格者は、福祉施設や児童施設、高齢者対象の教室などでも活動し、「介護」や「保育」といった仕事にも携わる。つまり、有資格者が活動する環境そのものにステレオタイプ的なジェンダー要素があるのではないかと考えられる。

スポーツボランティア

　① **成人のスポーツボランティア実施状況**　（公財）笹川スポーツ財団の全国調査によると、「スポーツボランティアとは、報酬を目的としないで、自分の労力・技術・時間などを提供して地域社会や個人・団体のスポーツ推進のために行う活動」と定義している。成人の、過去 1 年間にスポーツボランティアを行ったことが「ある」と回答した者は全体の 7.7％で、2012 年調査と同じ割合であった（図表3-26）。1994 年からの経年変化をみると、2010 年に 8.4％の最高値となるが、増減を繰り返しており、こ

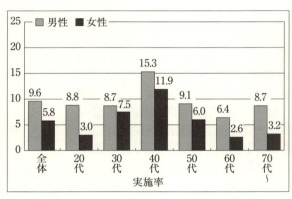
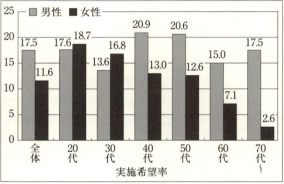

図表 3-27　成人のスポーツボランティア実施率・実施希望率（性別・年代別）

（公財）笹川スポーツ財団（2014）より

図表 3-28　スポーツボランティアの実施・希望内容（全体・性別、複数回答）

スポーツボランティアの内容		実施率			実施希望率		
		全体 (n=154)	男性 (n=95)	女性 (n=59)	全体 (n=290)	男性 (n=173)	女性 (n=117)
日常的な活動	スポーツの指導	31.2	46.3	6.8	25.5	38.2	6.8
	スポーツの審判	27.9	44.2	1.7	16.2	24.3	4.3
	団体・クラブの運営や世話	34.4	33.7	35.6	27.6	28.3	26.5
	スポーツ施設の管理の手伝い	9.1	11.6	5.1	17.2	20.8	12.0
地域の スポーツイベント	スポーツの審判	22.1	28.4	11.9	10.0	15.0	2.6
	大会・イベントの運営や世話	53.2	46.3	64.4	51.0	45.7	59.0
全国・国際的 スポーツイベント	スポーツの審判	2.6	4.2	0.0	3.8	5.8	0.9
	大会・イベントの運営や世話	7.8	11.6	1.7	21.0	17.3	26.5

（公財）笹川スポーツ財団（2014）より

この 20 年間ほぼ横ばい状態が続いていることがわかる。

次に、図表 3-27 には、（公財）笹川スポーツ財団「スポーツライフに関する調査 2014」の調査結果から、スポーツボランティアの実施率と実施希望率の状況を性・年代別にみたものを示す。実施率を高い順にみると、男性 40 代が 15.3 ％と最も高く、次いで女性 40 代 11.9 ％、男性 50 代 9.1 ％、男性 20 代 8.8 ％と続く。女性だけをみると、40 代に次いで、30 代 7.5 ％、50 代 6.0 ％の順となり、男女ともに 40 歳代の実施率が最も高く、60 歳代の実施率が最も低いことがわかる。

実施者・非実施者の両者に、今後のスポーツボランティアの実施希望をたずねた結果をみると、実施希望率が高いのは、男性 40 代の 20.9 ％で、次いで男性 50 代の 20.6 ％、女性 20 代の 18.7 ％、男性 20 代の 17.6 ％と続く（図表 3-27）。女性だけをみると、20 代に続き、30 代 16.8 ％、40 代 13.0 ％、50 代 12.6 ％となり、男性と異なり年代が高くなるにつれて、スポーツボランティアの実施希望率が低くなることがわかる。

次に、スポーツボランティアの具体的な内容について、「日常的な活動」「地域のスポーツイベント」「全国・国際的スポーツイベント」に大別し、その内容について実際に経験したことがある「実施率」と今後行いたい「実施希望率」の結果を図表 3-28 に紹介する。実施率をみると、女性では「地域のスポーツイベント」における「大会・イベントの運営や世話」が 64.4 ％と男性と比べても最も高く、次いで「日常的な活動」の「団体・クラブの運営や世話」35.6 ％、「地域のスポーツイベント」での「ス

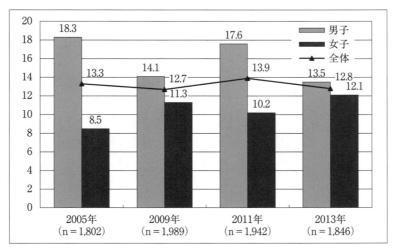

図表 3-29　10代のスポーツボランティア実施率の推移（全体・性別）
（公財）笹川スポーツ財団（2013b）より

ポーツの審判」11.9％の順であった。女性のスポーツボランティア活動としては、地域のスポーツイベントでの運営や世話をしている人が6割以上占めることがわかった。一方、男性はほとんどの活動内容で10％以上を占めており、「日常的な活動」の「スポーツの指導」と、「地域のスポーツイベント」における「大会・イベントの運営や世話」がともに46.3％と高く、次いで「日常的な活動」の「スポーツの審判」44.2％の順となる。

さらに、「実施希望率」が「実施率」より高い内容をみると、男女ともに「日常的な活動」の「スポーツ施設の管理の手伝い」、「全国・国際的スポーツイベント」の「スポーツの審判」「大会・イベントの運営や世話」となっており、これらのボランティアに潜在的なニーズがあることがわかる。女性をみると、男性では実施率より希望率が低くなる「日常的な活動」の「スポーツの審判」において、希望率が高くなっている。さらに、「全国・国際的スポーツイベント」の「大会・イベントの運営や世話」では、実施率が1.7％であるのに対し希望率は26.5％と約25ポイントの差がみられる。つまり、これら実施率と希望率に差がある内容について、対応できる環境が整えば、女性ボランティアの活躍の場が広がる可能性が期待できると考えられる。

② **10代（10〜19歳）のスポーツボランティア実施状況**　10代を対象に、「過去1年間に他の人がおこなう運動・スポーツ活動の手伝いや世話など、スポーツ活動をささえるボランティア活動（スポーツボランティアといいます）をおこなったことがありますか」とたずねた結果が図表3-29である。最新の2013年調査では「ある」と回答した者は12.8％で、過去8年間の推移をみると2005年13.3％、2009年12.7％、2011年13.9％と13％前後で推移しており、大きな変化はみられない。

一方、実施率を性別にみると、2005年調査から男子の実施率が女子の実施率より常に高い。しかし、女子の実施率が増加傾向にあるのに対し、男子の実施率が増減を繰り返し、全体的には減少傾向にあることは気になるところである。実施率の男女差をみると、2005年調査ではその差が9.8ポイントあったのに対し、2013年調査では、1.4ポイントまで小さくなっていることがわかる。10代の運動・スポーツ実施率の男女差は、依然10ポイント程度みられるが、スポーツボランティアでは、その差が小さくなる傾向がみられる。「ささえるスポーツ」として、男女に関係なくスポーツへの関わり方のひとつとしてこれらの活動がとらえられてきているのかもしれない。その可能性に期待し、今後のスポーツボランティア実施率の動向に注目したい。

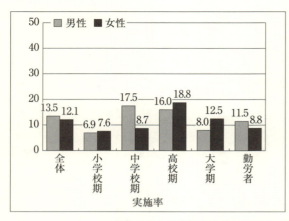
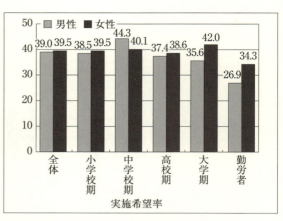

図表3-30　10代のスポーツボランティア実施率の推移（性別・学校期別）
（公財）笹川スポーツ財団（2014）より

　次に、（公財）笹川スポーツ財団「スポーツライフに関する調査2014」結果から、実施者と実施希望者の状況を性・学校期別にみたものを紹介する（図表3-30）。実施希望率は、実施者・非実施者の両者に、今後のスポーツボランティアの実施希望をたずねた結果である。全体の傾向をみると、実施率は男子の方が高く、実施希望率は女子の方が少し高いことがわかる。実施率の傾向を性別でみると、男子では、「中学校期」「高校期」が高く、女子では「高校期」「大学期」が高い。実施率の男女差が大きいのは「中学校期」「大学期」であり、「中学校期」では男子が8.8ポイント、「大学期」では女子が4.5ポイント高い結果となっており、これらの時期のスポーツボランティアの関わり方に男女の違いがあることが推察された。実施希望率の傾向では、「中学校期」以外では、女子の実施希望率が高く、特に「大学期」「勤労者」では男女差が開く結果となっている。すなわち、女子では男子に比べ、「大学期」「勤労者」と年齢が上がるにつれて、スポーツボランティアへのニーズが高まることがうかがえ、成人期に向けたスポーツボランティアへの素地としても、今後の女性の活躍が期待できると考えらえる。

注
注1）（公財）笹川スポーツ財団「スポーツライフに関する調査」2014では、主な職業として設定された14のカテゴリーから、回答者が該当するものを選択する形となっている。ここでは、就労タイプを「自営業」「勤め人」「専業主婦・主夫」「パートタイム・アルバイト」「無職」の5つに分類し分析を行った。なお、専業主婦・主夫のうち、男性「専業主夫」は対象サンプルがn＝3と少ないため、分析対象外とした。また、女性「専業主婦」と「無職」は、属性として重なり合う部分もあることを記しておく。
注2）女性の「専業主婦」と回答した者は、60歳代が28.4％、30歳代が21.9％と多く、9割が配偶者と同居、7割が子どもと同居していると回答。女性の「無職」と回答した者は、70歳以上が56.4％、60歳代が22.1％と高齢で、配偶者や子どもと同居している者はそれぞれ4割であった。
注3）1997年に、（財）日本体育協会（現（公財）日本体育協会）に加盟する競技団体に対して、中年期女性のための競技大会に関する質問紙調査を行った。調査では、「『家庭婦人スポーツ』とは明確な規定がなく、『ママさんスポーツ』と呼ばれることもある一方、単に『シニアクラス』の中に含まれていることもあります。ここでは、成人女性全体を対象にしたものを含め、『主として既婚女性や主婦などが参加するもの』としています。」と説明した。調査では、大会の有無、大会名称、参加規約についての情報を収集した。その結果、12種目の競技団体から「大会がある」との回答を得た。その後、2008年と2015年に、この12種目の大会の変化に着目し、大会および主催組織のウェブサイトによる情報収集を行った。
注4）全国障害者スポーツ大会は、1965年から身体障がいのある人々を対象に行われてきた「全国身体障害者スポーツ大会」と、1992年から知的障がいのある人々を対象に行われてきた「全国知的障害者スポーツ大会」を統合した大会として、2001年から国民体育大会終了後に、同じ開催地で行われているものである。

3　生涯スポーツとジェンダー

【引用・参考文献】

公益財団法人健康・体力づくり事業財団提供データ

公益財団法人笹川スポーツ財団（1996）『スポーツ白書』公益財団法人笹川スポーツ財団

公益財団法人笹川スポーツ財団（2013a）『子どものスポーツライフ・データ2013—4〜9歳のスポーツライフに関する調査』公益財団法人笹川スポーツ財団

公益財団法人笹川スポーツ財団（2013b）『青少年のスポーツライフ・データ2013—10代のスポーツライフに関する調査報告書』公益財団法人笹川スポーツ財団

公益財団法人笹川スポーツ財団（2014）『スポーツライフ・データ2014—スポーツライフに関する調査報告書』公益財団法人笹川スポーツ財団

公益財団法人日本体育協会提供データ

公益財団法人日本レクリエーション協会提供データ

寺田恭子（2010）「障がい者スポーツイベントに参加する女性」日本スポーツとジェンダー学会編『スポーツ・ジェンダーデータブック2010』日本スポーツとジェンダー学会、p.26

内閣府（2015）「障害者の状況（基本的統計より）」『障害者白書』p.33

内閣府大臣官房政府広報室（2004）『体力・スポーツに関する世論調査』内閣府

内閣府大臣官房政府広報室（2006）『体力・スポーツに関する世論調査』内閣府

内閣府大臣官房政府広報室（2009）『体力・スポーツに関する世論調査』内閣府

内閣府大臣官房政府広報室（2015）『東京オリンピック・パラリンピックに関する世論調査』内閣府

長崎がんばらんば国体長崎市実行委員会編（2015）『長崎がんばらんば国体・長崎がんばらんば大会2014長崎市報告書』長崎がんばらんば国体長崎市実行委員会

藤田紀昭（2013）『障害者スポーツの環境と可能性』創文企画、pp.123-138

前田博子（1998）「中年期女性のスポーツ活動に関する研究—『家庭婦人』競技大会に着目して」『日本体育学会大会号』49、p.195

前田博子（2010）「生涯スポーツイベントと女性」日本スポーツとジェンダー学会編『スポーツ・ジェンダーデータブック2010』日本スポーツとジェンダー学会、pp.25-26

文部科学省スポーツ・青少年局スポーツ振興課（2013）『体力・スポーツに関する世論調査』文部科学省

〔ホームページサイト〕

一般社団法人全国ママさんバレーボール連盟
　　http://www.mamasan-volley.jp/about/30year.html

エンジョイなぎなた大会記録
　　http://naginata.jp/taikai/enjoy3.html

岐阜県ママさんバレーボール連盟登録規定
　　http://gifukafu.com/cms/wp-content/uploads/2008/10/gifumamarenmeikiysku（itibukaisei24）.pdf

公益社団法人全国スポーツ推進委員連合HP資料
　　http://www.zentaishi.com/7shiryou.html

公益財団法人全日本なぎなた連盟　過去の更新情報
　　http://naginata.jp/renmei/news-history.html

公益財団法人全日本ボウリング協会　オールジャパンレディーストーナメント
　　http://www.jbc-bowling.or.jp/syusai_ladies.html

公益財団法人日本サッカー協会　全国レディース
　　http://www.jfa.jp/match/alljapan_ladies_2015/

公益財団法人日本ソフトテニス連盟
　　http://www.jsta.or.jp/

公益財団法人日本ソフトボール協会　大会一覧
　　http://www.softball.or.jp/info_alljapan/aj/siai/aj_si2007.html

全国レディース卓球大会過去の記録
　　http://www.jtta.or.jp/handbooks/kiroku/kokunai/kokunai_11ladies.pdf

全日本剣道連盟大会全日本都道府県対抗女子大会HP
　　http://www.kendo.or.jp/competition/todohuken-joshi/7th/

全日本都道府県対抗女子大会　参加規約抜粋

http://www.kendo.or.jp/competition/todohuken-joshi/7th/news/4000.html
全日本マスターズホッケー大会
　　http://www.hockey.or.jp/masters/
全日本レディースバドミントン連盟
　　http://www.jlbad.gr.jp/
　　連盟のあゆみ
　　http://www.jlbad.gr.jp/page/node/47
ソニー生命カップ全国レディーステニス大会HP
　　http://www.zenkokuladies.jp/
第一三共ヘルスケア・レディース2015・第38回全国レディース卓球大会
　　http://www.jtta.or.jp/schedule/h27youkou/15alljapanladiessankyo.pdf
第26回全国レディースサッカー大会　大会要項
　　http://www.jfa.jp/match/alljapan_ladies_2015/about.html
第37回　全日本レディースソフトテニス神奈川県（予選）大会
　　http://sports.geocities.jp/knlsta/taikaiyoko/15zennihon.pdf
都道府県大会・ソニー生命カップ全国レディーステニス大会
　　http://www.zenkokuladies.jp/todoufuken
日本家庭婦人バスケットボール連盟
　　http://lady.japanbasketball.jp/
　　沿革と今後
　　　http://lady.japanbasketball.jp/jlbbl.html
　　加盟について
　　　http://lady.japanbasketball.jp/kamei.html
日本スポーツマスターズ大会ソフトボール競技
　　http://www.japan-sports.or.jp/Portals/0/data/supotsu/pdf/youkou2015/09%20softbsll%202015.pdf
平成27年度　第13回全日本マスターズホッケー大会実施要項
　　http://data.hockey.or.jp/2015/masters/masters_outline_2015.pdf
文部科学省「体力・スポーツに関する世論調査（平成25年1月調査）」調査の結果、集計表
　　http://www.mext.go.jp/component/b_menu/other/__icsFiles/afieldfile/2013/08/23/1338732_2.pdf

4 リーダーシップとジェンダー

　本章では、日本国内の各種スポーツ統括団体の意思決定機関やオリンピック・パラリンピック大会の日本代表選手団役員における男女比に焦点をあて、リーダーシップの観点からスポーツ組織のジェンダー・バランスやその問題点についてみていくことにする。

　昨今の社会的動向として、意思決定機関に女性を登用することや女性リーダーの育成、そのためのプログラム開発が進められている。こうした社会的状況下において、日本のスポーツ界の組織にも変化が生じているのであろうか。スポーツ組織における意思決定機関や組織の役員構成（男女比）をみることは、スポーツ界における対等な構成員として男女に参画の機会が与えられているのか、スポーツ組織における女性リーダーの育成が十分になされているのか、また選手としてのキャリアを生かす場が平等に与えられているのかを測る指標となりうるであろう。

　本章の第1節では、（公財）日本オリンピック委員会（JOC）、（公財）日本障がい者スポーツ協会（JPSA）、（公財）日本体育協会およびスポーツ関連団体にみる意思決定機関および役員の男女比について概観し、第2節では、（公財）日本体育協会に加盟する中央競技団体およびJPSAに加盟する障がい者スポーツ団体の意思決定機関および競技団体別の役員の男女比についてみる。第3節では、オリンピック・パラリンピック大会の日本代表選手団の役員数およびその男女比について過去3大会をとりあげる。

1) スポーツ統括・関連団体における意思決定機関

　本節では各スポーツ団体のリーダーシップを検討するために役員と意思決定機関に着目し、その男女比についてみることにする。日本の主要なスポーツ統括・関連団体および健康関連研究所、計11団体[1]の役員と意思決定機関における男女比を各団体のHPにある役員名簿から調査し、図表4-1を作成した。役員の役職には、会長、副会長、専務理事、常務理事、執行理事、理事長、副理事長、理事および監事などがあるが、団体によって、役員の構成や人数が異なっている。ここでは、各団体の役員名簿に記載のある役職（最高顧問、顧問、名誉会長、評議員を除く）を「役員」とし、監事を除く役員を「意思決定機関」と定義する。なお、国立スポーツ科学センターは、（独）日本スポーツ振興センターの下部組織であり、独立した理事会組織を持たないため、ここでは記載していない。

　女性が組織の代表を務めている団体はなく、調査したすべての団体で男性が代表を務めていた。副会長や役付の理事では4団体で女性役員の存在が確認された。男性役員の割合が最も高いのは、（独）国立健康・栄養研究所の100％（4名中4名）で、次いで高いのがJPSAの94.1％（17名中16名）となっている。女性役員の割合が最も高いのは（一社）日本パラリンピアンズ協会の35.7％（14名中5名）で、次いで高いのは（特非）日本オリンピアンズ協会の30.0％（20名中6名）であった。

　意思決定機関における女性役員の割合は、図表4-2に示した日本スポーツとジェンダー学会（2010）による2009年の調査（以下、2009年調査とする）[2]と比較すると、11.7％（145名中17名）から18.7％（150名中28名）に増加している。役員についても10.7％（169名中18名）から17.4％（172名中30名）へと増加する傾向にあった。

2) 中央競技団体・障がい者スポーツ競技団体の役員

　（公財）日本体育協会に加盟登録している中央競技団体および障がい者スポーツ競技団体のHPに掲載

図表 4-1　スポーツ統括・関連団体における役員および意思決定機関の男女比（2016 年 1 月現在）

団体名	会長・理事長(組織代表者)		副会長・理事（役付）		理事（平）		監事		意思決定機関				役員合計			
	女性	男性	女性	男性	女性	男性	女性	男性	女性	%	男性	%	女性	%	男性	%
（公財）日本オリンピック委員会	0	1	1	8	2	17	0	3	3	10.3 %	26	89.7 %	3	9.4 %	29	90.6 %
（公財）日本障がい者スポーツ協会	0	1	0	3	1	10	0	2	1	6.7 %	14	93.3 %	1	5.9 %	16	94.1 %
（公財）日本体育協会	0	1	0	6	3	18	1	1	3	10.7 %	25	89.3 %	4	13.3 %	26	86.7 %
（独）日本スポーツ振興センター	0	1	–	–	0	4	1	1	0	0.0 %	5	100.0 %	1	14.3 %	6	85.7 %
（独）日本アンチ・ドーピング機構	0	1	0	2	1	3	0	2	1	14.3 %	6	85.7 %	1	11.1 %	8	88.9 %
（公財）日本スポーツ仲裁機構	0	1	0	3	3	5	0	2	3	25.0 %	9	75.0 %	3	21.4 %	11	78.6 %
（特非）日本オリンピアンズ協会	0	1	2	5	4	6	0	2	6	33.3 %	12	66.7 %	6	30.0 %	14	70.0 %
（一社）日本パラリンピアンズ協会	0	1	1	2	4	6	–	–	5	35.7 %	9	64.3 %	5	35.7 %	9	64.3 %
（特非）日本オリンピック・アカデミー	0	1	1	2	4	6	0	3	5	35.7 %	9	64.3 %	5	29.4 %	12	70.6 %
（独）理化学研究所	0	1	–	–	1	4	0	2	1	16.7 %	5	83.3 %	1	12.5 %	7	87.5 %
（独）国立健康・栄養研究所	0	1	–	–	0	1	0	2	0	0.0 %	2	100.0 %	0	0.0 %	4	100.0 %
総計									28	18.7 %	122	81.3 %	30	17.4 %	142	82.6 %

※理事（役付）：専務理事、常務理事、執行理事
各団体のサイトより赤澤作成

図表 4-2　スポーツ統括・関連団体における役員および意思決定機関の男女比（2009 年 12 月現在）

団体名	会長・理事長(組織代表者)		副会長・理事（役付）		理事（平）		監事等		意思決定機関				役員合計			
	女性	男性	女性	男性	女性	男性	女性	男性	女性	%	男性	%	女性	%	男性	%
（公財）日本オリンピック委員会	0	1	0	7	1	15	0	3	1	4.2 %	23	95.8 %	1	3.7 %	26	96.3 %
（公財）日本障がい者スポーツ協会	0	1	0	2	1	15	0	2	1	5.3 %	18	94.7 %	1	4.8 %	20	95.2 %
（公財）日本体育協会	0	1	0	6	1	18	1	1	1	3.8 %	25	96.2 %	2	7.1 %	26	92.9 %
（独）日本スポーツ振興センター	1	0	–	–	0	4	0	0	1	20.0 %	4	80.0 %	1	14.3 %	6	85.7 %
（独）日本アンチ・ドーピング機構	0	1	0	2	2	12	0	2	2	11.8 %	15	88.2 %	2	10.5 %	17	89.5 %
（公財）日本スポーツ仲裁機構	0	1	–	–	2	7	0	2	2	20.0 %	8	80.0 %	2	16.7 %	10	83.3 %
（特非）日本オリンピアンズ協会	0	1	2	6	2	9	0	3	4	20.0 %	16	80.0 %	4	17.4 %	19	82.6 %
（一社）日本パラリンピアンズ協会	–	–	–	–	–	–	–	–	–	–	–	–	–	–	–	–
（特非）日本オリンピック・アカデミー	0	1	2	1	3	7	0	3	5	35.7 %	9	64.3 %	5	29.4 %	12	70.6 %
（独）理化学研究所	0	1	0	1	0	5	0	2	0	0.0 %	7	100.0 %	0	0.0 %	9	100.0 %
（独）国立健康・栄養研究所	0	1	0	1	0	1	0	3	0	0.0 %	3	100.0 %	0	0.0 %	6	100.0 %
総計									17	11.7 %	128	88.3 %	18	10.7 %	151	89.3 %

※理事（役付）：理事長（組織の代表者でない）専務理事、常務理事
『スポーツ・ジェンダーデータブック 2010』より赤澤作成

されている役員名簿を用いて、各競技団体の役員数とその男女比についてみることにする。

各競技団体の役員は、「意思決定機関」である会長、副会長、理事、および「名誉職」である名誉会長（名誉総裁を含む）、名誉副会長、顧問、さらに「その他」として監事、評議員、委員会委員長を男女別にカウントした。このうち、本節は、「中央競技団体・障がい者スポーツ競技団体の役員全体の構成」と「中央競技団体・障がい者スポーツ競技団体の競技別役員」から、両競技団体の意思決定機関に関わる役員構成（男女比）を把握し、そこでのジェンダー・バランスや女性リーダーの育成に関する現状をとらえようとするものである。

中央競技団体・障がい者スポーツ競技団体の役員全体の構成

（公財）日本体育協会に所属する中央競技団体には、競技別に 62 団体が加盟している（加盟団体 59 と準加盟団体 3）。また、JPSA には、登録する障がい者スポーツ競技団体協議会として、5 つの統括競技団体と 53 の競技別競技団体、6 つの準登録競技団体がある。これら 126 団体のうち、それぞれの団体が開設する公式 HP 上で、役員名簿を公開している 104 団体（中央競技団体 61 と障がい者スポーツ競技団体 43）の役員総数の男女比を図表 4-3 に示した[3]。

2016 年の中央競技団体における女性役員の割合は 8.1 ％であり、2009 年調査の 5.0 ％（日本スポーツとジェンダー学会 2010, p.31）から、3.1 ％の増加傾向が確認された。同じく、障がい者スポーツ競技団体の女性役員の割合は、2009 年の 10.4 ％から 14.9 ％となり、4.5 ％増加している。両団体の女性役員の割合を比較すると、障がい者スポーツ競技団体（14.9 ％）の方が中央競技団体（8.1 ％）よりも女性役員の割合が高い数値を示した。この結果は、2009 年の調査と同様の傾向であった。

団体の意思決定機関は理事会であるが、ここではそれ以外の役職（名誉職・その他）にも注目し、女性

図表 4-3　各スポーツ団体における役員数

（2016 年 1 月現在）

団体名	女性	男性	合計
中央競技団体（61 団体）	220（8.1 ％）	2510（91.9 ％）	2730
障がい者スポーツ団体（43 団体）	100（14.9 ％）	569（85.1 ％）	669
合計（104 団体）	320（9.4 ％）	3079（90.6 ％）	3399

（公財）日本体育協会加盟団体、および JPSA 登録団体[2]に記載の各団体サイトより
小田・和光作成

図表 4-4　中央競技団体における役職別男女比

（2016 年 1 月現在）

	役職	女性	男性	計	女性割合	男性割合	女性計	男性計	計	女性割合
名誉職	名誉会長（総裁）（n＝23）	5	18	23	21.7 ％	78.3 ％	11	214	225	4.9 ％
	名誉副会長（n＝6）	0	6	6	0.0 ％	100.0 ％				
	顧問（n＝196）	6	190	196	3.1 ％	96.9 ％				
意思決定機関	会長（n＝59）	4	55	59	6.8 ％	93.2 ％	128	1117	1245	10.3 ％
	副会長（n＝146）	13	133	146	8.9 ％	91.1 ％				
	理事（n＝1040）	111	929	1040	10.7 ％	89.3 ％				
その他	監事（n＝135）	8	127	135	5.9 ％	94.1 ％	81	1179	1260	6.4 ％
	評議員（n＝717）	33	684	717	4.6 ％	95.4 ％				
	委員会委員長（n＝408）	40	368	408	9.8 ％	90.2 ％				
全体		220	2510	2730	8.1 ％	91.9 ％				

（公財）日本体育協会加盟団体、および JPSA 登録団体に記載の各団体のサイトより小田作成

図表 4-5　障がい者スポーツ競技団体役職別男女比

(2016 年 1 月現在)

	役職	女性	男性	計	女性割合	男性割合	女性計	男性計	計	女性割合
名誉職	名誉会長（総裁）(n＝5)	1	4	5	20.0 %	80.0 %	3	72	75	4.0 %
	名誉副会長 (n＝2)	0	2	2	0.0 %	100.0 %				
	顧問 (n＝68)	2	66	68	2.9 %	97.1 %				
意思決定機関	会長 (n＝31)	1	30	31	3.2 %	96.8 %	68	357	425	16.0 %
	副会長 (n＝38)	3	35	38	7.9 %	92.1 %				
	理事 (n＝356)	64	292	356	18.0 %	82.0 %				
その他	監事 (n＝48)	7	41	48	14.6 %	85.4 %	29	140	169	17.2 %
	評議員 (n＝20)	3	17	20	15.0 %	85.0 %				
	委員会委員長 (n＝101)	19	82	101	18.8 %	81.2 %				
全体		100	569	669	14.9 %	85.1 %				

（公財）日本体育協会加盟団体、および JPSA 登録団体に記載の各団体のサイトより和光作成

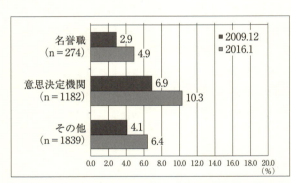

図表 4-6　中央競技団体における女性役職割合の変化

『スポーツ・ジェンダーデータブック 2010』および（公財）日本体育協会加盟団体より小田作成

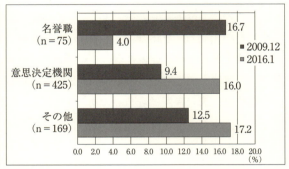

図表 4-7　障がい者スポーツ競技団体における女性役職割合の変化

『スポーツ・ジェンダーデータブック 2010』および（公財）日本体育協会加盟団体より和光作成

役員の割合を調査した。その結果を中央競技団体については図表 4-4 に、障がい者スポーツ競技団体については図表 4-5 に示した。

　中央競技団体における女性役員の割合を役職別にみると、名誉職（名誉会長、名誉副会長、顧問）は 4.9 %、意思決定機関（会長、副会長、理事）は 10.3 %、その他（監事、評議員、委員会委員長）は 6.4 % であり、意思決定機関に占める女性の割合は、理事を中心に他の役職よりも若干高くなっている。ただし、多くの競技団体組織では、理事が委員会委員長を兼任する場合も多く、重複がみられた。

　同じく障がい者スポーツ競技団体における女性役員の割合を役職名別にみると、名誉職は 4.0 %、意思決定機関は 16.0 %、その他は 17.2 % であり、その他の役職に従事している女性の割合が高いことがわかる。さらに、両団体において役職に関わる女性の割合を、2009 年調査の結果と本調査の結果で比較した（図表 4-6、図表 4-7）。各中央競技団体の名誉職は 2.9 % から 4.9 % に、意思決定機関は 6.9 % から 10.3 % に、その他は 4.1 % から 6.4 % に、いずれの役職段階でも女性の割合が増加している。一方、障がい者スポーツ競技団体でも同様に比較した結果、名誉職は 16.7 % から 4.0 % に減少したが、意思決定機関は 9.4 % から 16.0 % に、その他は 12.5 % から 17.2 % に女性役員の割合が増加している。

4 リーダーシップとジェンダー

中央競技団体の競技別役員

次に、中央競技団体（61団体）を女性役員の割合が高い順に配列し、競技団体別の役員の男女比を図表4-8に示した。女性役員の割合が最も高い団体は（公財）全日本なぎなた連盟であり、女性役員が90.5

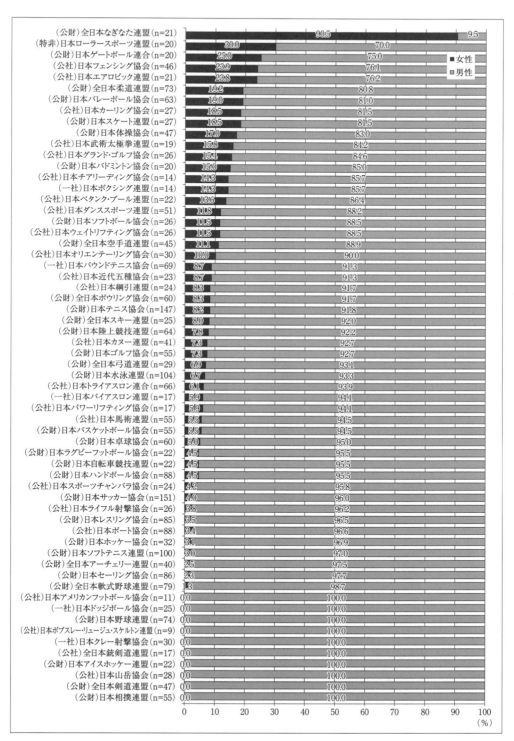

図表4-8　中央競技団体における役員の男女比

各中央競技団体の役員名簿より小田作成

％を占めている。以降は大幅に数値が下がるが、次いで（特非）日本ローラースポーツ連盟 30.0 ％、（公財）日本ゲートボール連合 25.0 ％、（公社）日本フェンシング協会 23.9 ％、（公社）日本エアロビック連盟 23.8 ％、（公財）全日本柔道連盟 19.2 ％と続いている。今回の競技団体別の結果で注目すべきは、全日本柔道連盟であろう。全日本柔道連盟は 2009 年調査の段階では女性役員 0 ％であったが、2016 年には 19.2 ％と上昇したことから、明らかな組織改造がなされていたことが推察される。一方、下位団体をみてみると、男性競技とされているアメリカンフットボールや相撲、野球、さらに武道系競技（相撲・剣道・銃剣道）は、前回調査と同様にいまだ女性役員が不在であった。以上のことから、（公財）全日本なぎなた連盟の 90.5 ％という女性役員の割合は、他の武道競技団体の役員男女比とは対極にあることがわかる。これはなぎなたが、長く女性向け武道として定着していたためであろう。

障がい者スポーツ競技団体の競技別役員

　障がい者スポーツ競技団体においては、HP を開設し組織の概要を公開している団体が、2009 年調査の段階より 15 団体増加していた。障がい者スポーツ競技団体（43 団体）における役員の男女比ついては図表 4-9 に示した。女性役員が存在する団体は 32 団体あり、女性役員の割合が最も高い団体は、日本視覚障害者卓球連盟で 57.1 ％、次いで（特非）日本車いすダンススポーツ連盟、（一社）日本知的障害者水泳連盟、（一社）日本車いすテニス協会がそれぞれ 4 割を超えている。上記 4 団体の役員については、団体実数の男女比からみても団体を統括する役員男女比のバランスがとれていると考えられる。

3）オリンピック・パラリンピック大会の日本代表選手団役員

　国際オリンピック委員会（以下、IOC とする）は、2000 年に開催された「第 2 回 IOC 世界女性スポーツ会議」の決議文において、国際スポーツ競技団体、各国オリンピック委員会、各国競技団体その他のスポーツ団体の意思決定機関における女性代表者の割合を 2005 年までに 20 ％にするという数値目標を示している。この目標値に対する日本の現状はいかなるものであろうか。

　そこで本節では、JOC および日本パラリンピック委員会（JPC）HP に掲載されているオリンピック・パラリンピック過去 3 大会分の日本代表選手団名簿[4]を用いて、大会ごとの役員数とその男女比を示し、選手団役員にみるジェンダー・バランスについて検討する。オリンピック・パラリンピック大会の日本代表選手団は、選手と役員によって構成されており、さらに役員は選手団全体の統括を行う本部役員と各競技を担当する競技役員にわかれる。本節で対象とする大会は、2004 年から 2014 年の間に開催された過去 3 大会のオリンピック・パラリンピックである。夏季大会は 2004 年アテネ大会、2008 年北京大会、2012 年ロンドン大会、冬季大会は 2006 年のトリノ大会、2010 年バンクーバー大会、2014 年ソチ大会を対象とした[5]。

オリンピック・パラリンピック大会の役員全体

　オリンピック大会に派遣された役員の男女比を図表 4-10 に示す。大会ごとに微増微減はみられるが、男女の割合は夏季・冬季大会ともに女性が 10 ％台、男性が 80 ％台を占める横ばい傾向が続いている。夏季大会における女性役員の割合は、アテネ大会 12.6 ％、北京大会 14.1 ％、ロンドン大会 16.4 ％と微増している。一方、冬季大会は、トリノ大会 15.3 ％、バンクーバー大会 15.7 ％、ソチ大会 14.8 ％であり、2014 年に開催されたソチ大会が最も低い割合になっている。『スポーツ・ジェンダーデータブック 2010』に示されている第 19 回冬季オリンピック・ソルトレークシティ大会（2003 年）の 9.2 ％と比べれば、トリノ大会における女性役員の割合は増加したといえるが、それ以降の大幅な変化はみられない。そして、いずれの大会も IOC の目標値には達していない。

　同様に、パラリンピック大会についても図表 4-11 に示した。夏季・冬季大会ともに、女性が 20 ％〜

4　リーダーシップとジェンダー

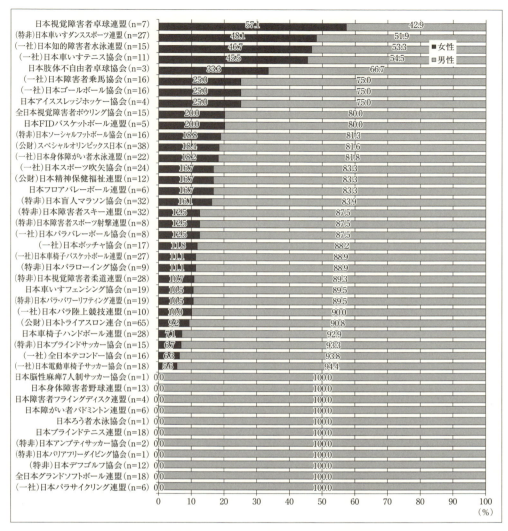

図表4-9　障がい者スポーツ競技団体における役員の男女比
各障がい者スポーツ競技団体の役員名簿より和光作成

30％台、男性が60％～70％台となっており、オリンピック大会に比べると女性役員の割合が高い傾向にある。他方で、夏季・冬季大会ともに直近に開催された大会の女性割合が最も低くなっている。夏季大会をみるとアテネ大会27.8％、北京大会33.3％、ロンドン大会25.4％であり、北京大会時に一旦増えた割合は逆戻りしている。冬季大会の場合は、トリノ大会32.0％、バンクーバー大会26.4％、ソチ大会22.2％と3大会連続して減少し続けている。ソチ大会につい

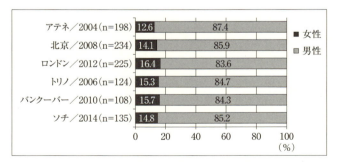

図表4-10　オリンピック日本代表選手団役員全体の男女比
JOC　オリンピック競技大会
日本代表選手団名簿より木村作成

73

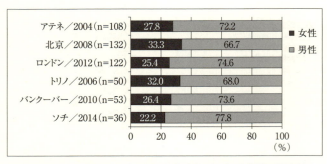

図表 4-11　パラリンピック日本代表選手団役員全体の男女比
JPC　パラリンピック競技大会日本代表選手団名簿より木村作成

ては、参加する選手数が減少したことが役員数の減少にも反映されており、またその影響は男性よりも女性役員の減少に反映されていることが読み取れる（日本代表選手団の選手数については、2 章「競技スポーツとジェンダー」〔pp.18-39〕を参照）。オリンピック・パラリンピック過去 3 大会にみる役員の派遣状況からは、男女役員のアンバランスを積極的に是正しようとする様子はみられない。

オリンピック大会における競技役員

　オリンピック大会に派遣された競技役員に焦点をあて、役員数とその男女比から競技役員にみるジェンダー・バランスについて検討する。オリンピック大会における競技役員には、各競技の監督、コーチ、ドクター、トレーナー、総務委員、渉外、専門技術者、獣医等が含まれる。紙幅の関係から、役員数については過去 3 大会、男女比については過去 2 大会を対象とした。

　① **夏季大会**　図表 4-12 にあるように、夏季大会に派遣された競技役員の総数は、アテネ大会 167 名（女性 22 名、男性 145 名）、北京大会 204 名（女性 29 名、女性 175 名）、ロンドン大会 194 名（女性 31 名、男性 163 名）である。役員総数については北京大会で一旦は増加したものの、ロンドン大会では 10 名減となった。それに対して女性役員は 2 名増加していた。図表 4-12 のうち、役員が 1 人も派遣されていない箇所をグレーに色づけした。男性役員がすべての競技に派遣されているのに対し、女性役員は全体の半数程度である。また、3 大会連続で女性役員が派遣されていない競技のうち、アーチェリー、射撃、テコンドー、フェンシング、ボート、レスリングの 6 競技は、3 大会すべてに女性選手を派遣している競技でもある。

　図表 4-13、図表 4-14 には、競技別の役員男女比を示している。図は女性役員の割合が高い順に競技を配列し、最下部には競技役員全体の男女比を示した。図内の★印は女性選手のみ、▲印は男性選手のみ、無印は男女両性の選手が出場した競技である。ここでは、北京大会とロンドン大会をとりあげる。

　日本代表選手団の競技役員をみると、北京大会は 26 競技中 13 競技（図表 4-13）、ロンドン大会では 24 競技中 12 競技（図表 4-14）が男性のみで編成されていた。図中に▲印を付した競技を除くすべての競技に女性選手が出場していることからすると、女性選手の有無や数は、競技役員を編成する際の判断材料になっているとは考えにくい。一方で、女性役員を派遣していた競技のうち、IOC の目標値である女性役員比率 20 ％に達していた競技は、北京大会では 13 競技中 7 競技；ソフトボール（66.7 ％）、トライアスロン（50.0 ％）、体操（37.5 ％）、水泳（25.9 ％）、ウェイトリフティング（25.0 ％）、バドミントン（25.0 ％）、カヌー（20.0 ％）であった。ロンドン大会では 12 競技中 8 競技；トライアスロン（50.0 ％）、体操（37.5 ％）、水泳（33.3 ％）、カヌー（28.6 ％）、バドミントン（25.0 ％）、卓球（25.0 ％）、馬術（20.0 ％）、セーリング（20.0 ％）であった。北京大会とロンドン大会では、トライアスロン、体操、水泳が継続して 30 ％超える女性役員を派遣していた。

　女性役員比率が全体の 2 割を超えていた上記の競技のうち、北京大会のすべての競技とロンドン大会のカヌーを除く 7 競技は、出場した女性選手の割合が 50 ％以上（男性と同割合かそれ以上）となっていた。すなわち、女性役員の派遣がなされていたとはいえ、オリンピックに出場した選手の男女比からすると、競技役員のジェンダー・バランスは出場する選手の割合に見合ったものとはいえない。女性選手のみが

4　リーダーシップとジェンダー

図表 4-12　オリンピック日本代表選手団の競技別役員数（夏季大会）

No	競技名	アテネ／2004			北京／2008			ロンドン／2012		
		女性	男性	計	女性	男性	計	女性	男性	計
1	アーチェリー	0	3	3	0	3	3	0	4	4
2	ウェイトリフティング	1	2	3	1	3	4	0	5	5
3	カヌー	0	2	2	1	4	5	2	5	7
4	近代五種	–	–	–	0	2	2	0	2	2
5	サッカー	2	12	14	2	12	14	2	12	14
6	自転車	0	7	7	1	7	8	1	10	11
7	射撃	0	5	5	0	6	6	0	3	3
8	柔道	2	14	16	0	17	17	2	14	16
9	水泳	7	13	20	7	20	27	9	18	27
10	セーリング	0	5	5	1	5	6	1	4	5
11	ソフトボール	3	3	6	4	2	6	–	–	–
12	体操	2	7	9	6	10	16	6	10	16
13	卓球	0	4	4	0	5	5	1	3	4
14	テコンドー	0	1	1	0	2	2	0	2	2
15	テニス	0	2	2	0	2	2	0	2	2
16	トライアスロン	0	3	3	1	1	2	2	2	4
17	馬術	1	1	2	0	7	7	1	4	5
18	バスケットボール	1	4	5	–	–	–	–	–	–
19	バドミントン	0	4	4	1	3	4	1	3	4
20	バレーボール	2	4	6	2	12	14	0	6	6
21	フェンシング	0	2	2	0	5	5	0	8	8
22	ボート	0	3	3	0	3	3	0	3	3
23	ボクシング	0	1	1	0	3	3	0	3	3
24	ホッケー	0	6	6	1	5	6	0	5	5
25	野球	0	9	9	0	9	9	–	–	–
26	陸上競技	1	19	20	1	19	20	3	22	25
27	レスリング	0	9	9	0	8	8	0	13	13
	役員数合計	22	145	167	29	175	204	31	163	194

JOC　オリンピック競技大会日本代表選手団名簿より木村作成

出場する競技（図の★印）であっても女性役員が派遣されない状況は、現在においても女性指導者が育っていないことを表している。そして競技役員全体の男女比（図最下部）をみても、女性が2割に満たない状況（北京大会14.2％、ロンドン大会16.0％）は、女性指導者の育成システムや競技役員選出の構造的な問題を示していると考えられよう。

　②　冬季大会　　夏季大会と同様に、冬季大会に派遣された競技役員の総数および男女比を、図表4-15、図表4-16、図表4-17にそれぞれ示した。派遣された役員は、トリノ大会103名（女性19名、男性84名）、バンクーバー大会90名（女性16名、男性74名）、ソチ大会117名（女性18名、男性99名）であった（図表4-15）。バンクーバー大会で一旦減少したものの、ソチ大会では女子アイスホッケーの初出場も影響し、バンクーバー大会時よりも派遣役員が27名増加していた。しかし、その内訳をみると約9割（27名中25名）が男性であった。また、役員派遣数に「0」と記されているのはすべて女性であり、カーリングを除く3つの競技（ボブスレー／スケルトン、リュージュ、バイアスロン）が3大会を通じて女性役員を派遣していない。

75

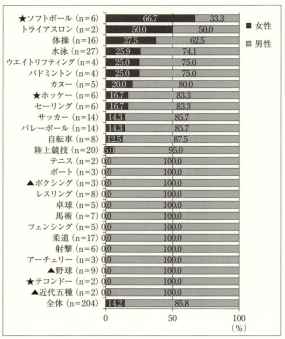

図表 4-13　オリンピック夏季大会にみる競技別の役員男女比（北京／2008）

JOC　第29回オリンピック競技大会日本代表選手団名簿より木村作成

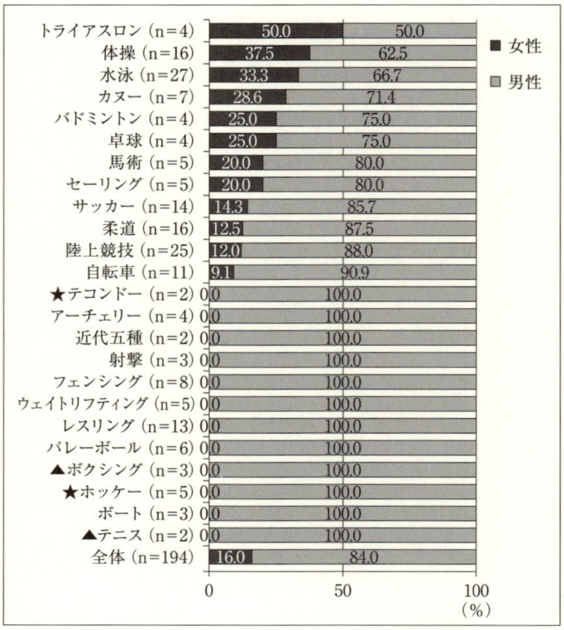

図表 4-14　オリンピック夏季大会にみる競技別の役員男女比（ロンドン／2012）

JOC　第30回オリンピック競技大会日本代表選手団名簿より木村作成

図表 4-15　オリンピック日本選手団競技別役員数（冬季大会）

No	競技名	トリノ／2006 女性	男性	計	バンクーバー／2010 女性	男性	計	ソチ／2014 女性	男性	計
1	ボブスレー／スケルトン	0	3	3	0	6	6	0	6	6
2	リュージュ	0	2	2	0	2	2	0	2	2
3	カーリング	1	2	3	1	3	4	0	3	3
4	バイアスロン	0	6	6	0	2	2	0	5	5
5	スキー	6	46	52	5	31	36	6	43	49
6	アイスホッケー	−	−	−	−	−	−	2	7	9
7	スケート	12	25	37	10	30	40	10	33	43
	役員数合計	19	84	103	16	74	90	18	99	117

JOC　オリンピック競技大会日本代表選手団名簿（トリノ・バンクーバー・ソチ）より木村作成

　図表4-16、図表4-17に、競技別の役員の男女比を示したが、バンクーバー大会では6競技中3競技、ソチ大会では7競技中4競技において女性役員がみられなかった。一方で女性役員が派遣されていたのは、バンクーバー大会では、スケート（25.0％）、カーリング（25.0％）、スキー（13.9％）の3競技、ソチ大会では、スケート（23.3％）、アイスホッケー（22.2％）、スキー（12.2％）の3競技であった。
　このうち、冬季オリンピック大会に出場した女性選手の割合が50％を上回っていたのは、バンクーバー大会のスキーを除く2競技（スケート、カーリング）、ソチ大会のスキーを除く2競技（スケート、アイスホッケー）であった。スキーは女性選手の割合が50％には及ばないものの、2大会ともに役員の女性比率を上回る選手がオリンピック大会に出場していた。その他に、女性だけが出場している競技（図の★印）であっても女性役員が派遣されていない状況があるなど、出場する選手の男女比と役員のそれと

4 リーダーシップとジェンダー

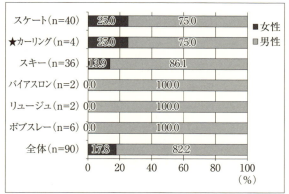

図表 4-16　オリンピック冬季大会にみる競技別の役員男女比（バンクーバー／2010）
JOC　第21回オリンピック冬季競技大会日本代表選手団名簿より木村作成

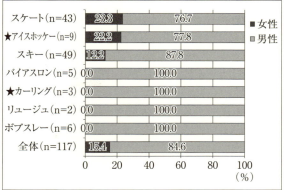

図表 4-17　オリンピック冬季大会にみる競技別の役員男女比（ソチ／2014）
JOC　第22回オリンピック冬季競技大会日本代表選手団名簿より木村作成

は大幅に違いがあることが確認された。出場した選手の男女比と比較した場合、競技役員にみるジェンダー・バランスについては、改善の余地が十分に残されている。また、女性指導者の育成にも着手していく必要があることが読み取れる。

パラリンピック大会における競技役員

　パラリンピック大会においても日本代表選手団にみる競技役員数およびその男女比から、役員のジェンダー・バランスやオリンピック大会とは異なるジェンダー問題に着目する。パラリンピック大会の競技役員には、監督・コーチ・ドクター・トレーナー・メカニック・総務・広報・通訳・その他に競技ごとの専門技術者（ガイドランナー、ガイドスキーヤー、自転車パイロットなど）が含まれる。オリンピック大会と同様に、派遣役員の実数表についてはパラリンピック過去3大会を、男女比については過去2大会をとりあげる。

　① 夏季大会　　図表4-18にパラリンピック夏季大会に参加した各競技の役員数を示した。シッティングバレーと車いすバスケットボール（以下、車いすバスケとする）については、男女で別個に競技役員名簿を作成していたため、ここではそれぞれ分けて示す。派遣された競技役員の総数は、アテネ大会84名（女性20名、男性64名）、北京大会102名（女性30名、男性72名）、ロンドン大会94名（女性20名、男性74名）である。アジア圏内での開催となった北京大会時には、両性ともに役員数が増加している。しかし、ロンドン大会では全体数が8名少なくなったにもかかわらず、男性は2名増え、女性が10名減るという結果になった。

　次に図表4-18のうち役員派遣数「0」が記されている競技についてみる。女性役員が派遣されていない競技はオリンピック大会と同様にみられるが、パラリンピック大会においては男性役員が派遣されていない競技がみられた。アテネ大会のパワーリフティングと北京大会の卓球である。パワーリフティングに出場した選手は男性であり、競技役員として派遣されていたのは女性であった。また、北京大会の卓球については男女1名ずつ計2名の選手が出場しており、派遣されていた役員は女性1名だった。男性選手に対し女性役員、男女の選手に対し女性役員という派遣パターンは、オリンピック大会にはみられないパラリンピック大会特有のパターンであった。

　3大会を通して一度も女性役員を派遣していない競技は、自転車、射撃、車いすテニス、馬術の4競技である。このうち自転車については3大会とも男性選手のみの出場であったが、他の3競技については女性選手も出場していた。射撃と車いすテニスについては、すべての大会に男女の選手が出場してい

図表 4-18　パラリンピック日本選手団競技別役員数（夏季大会）

No	競技	アテネ／2004 女性	男性	計	北京／2008 女性	男性	計	ロンドン／2012 女性	男性	計
1	アーチェリー	2	1	3	0	4	4	1	2	3
2	ウィルチェアーラグビー	3	4	7	5	4	9	4	4	8
3	ゴールボール	1	2	3	1	3	4	1	2	3
4	シッティングバレー（女子）	-	-	-	2	2	4	1	3	4
5	シッティングバレー（男子）	0	4	4	1	3	4	-	-	-
6	セーリング	0	4	4	-	-	-	1	4	5
7	パワーリフティング	1	0	1	0	1	1	0	1	1
8	ボート	-	-	-	2	7	9	0	3	3
9	ボッチャ	-	-	-	1	2	3	2	4	6
10	自転車	0	5	5	0	3	3	0	3	3
11	射撃	0	4	4	0	3	3	0	1	1
12	車いすテニス	0	4	4	0	5	5	0	5	5
13	車いすバスケ（女子）	2	2	4	2	2	4	-	-	-
14	車いすバスケ（男子）	1	3	4	1	3	4	1	3	4
15	車いすフェンシング	0	1	1	0	1	1	-	-	-
16	柔道	1	3	4	1	3	4	0	5	5
17	水泳	3	7	10	5	7	12	4	7	11
18	卓球	1	3	4	1	0	1	1	1	2
19	馬術	0	1	1	0	3	3	0	3	3
20	陸上競技	5	16	21	8	16	24	4	23	27
	役員数合計	20	64	84	30	72	102	20	74	94

JPC　パラリンピック競技大会（アテネ・北京・ロンドン）競技役員名簿より木村作成

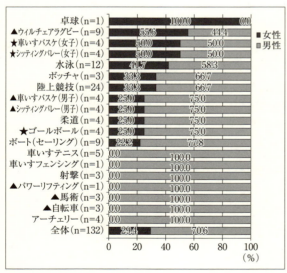

図表 4-19　パラリンピック夏季大会にみる競技別の役員男女比（北京／2008）

JPC　北京2008パラリンピック競技役員名簿より木村作成

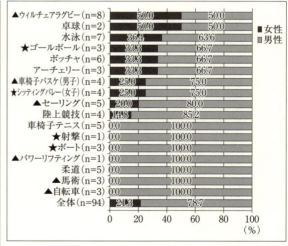

図表 4-20　パラリンピック夏季大会にみる競技別の役員男女比（ロンドン／2012）

JPC　ロンドン2012パラリンピック競技役員名簿より木村作成

図表 4-21　パラリンピック日本選手団競技別役員数（冬季大会）

No	競技名	トリノ／2006			バンクーバー／2010			ソチ／2014		
		女性	男性	計	女性	男性	計	女性	男性	計
1	アルペンスキー	4	10	14	2	10	12	2	8	10
2	ノルディックスキー	4	11	15	–	–	–	–	–	–
3	クロスカントリースキー／バイアスロン	–	–	–	2	12	14	3	10	13
4	アイススレッジホッケー	2	6	8	2	6	8	–	–	–
5	車いすカーリング	–	–	–	4	2	6			
	役員合計数	10	27	37	10	30	40	5	18	23

JPC　パラリンピック競技大会（トリノ・バンクーバー・トリノ）競技役員名簿より木村作成

たが、女性役員は派遣されていなかった[6]。

　競技役員にみる男女比を示したのが図表4-19、図表4-20である。パラリンピック大会の場合、男性選手だけが出場している競技（図内▲印）に女性役員が派遣されている事例がある。図表4-19（北京大会）のウィルチェアーラグビー、車椅子バスケ（男子）、シッティングバレー（男子）、図表4-20（ロンドン大会）の同じくウィルチェアーラグビー、車いすバスケ（男子）、そしてセーリングである。特にウィルチェアーラグビーについては、北京大会で全体の55.6％（女性5名、男性4名）、ロンドン大会では全体の50％（男女4名ずつ）を女性役員が占めていた。男性のみが出場している競技で競技役員の5割以上を女性が占めているケースは、オリンピック・パラリンピック大会を通してもウィルチェアーラグビー以外にはみられない。この背景として、派遣できるスタッフの人数が他の競技よりも多いことが挙げられる。ウィルチェアーラグビーの選手は、障がいのレベルが重度になるため、スタッフの派遣枠が他の競技よりも多い8名まで認められている。車いすバスケは4名である。また、現地での競技用の車いすへのトランス介助の他、通常は自立しているものの異なる環境下によって必要となるトイレ、お風呂などの生活介助を必要とする場面が多いため、男女のスタッフを派遣することで役割を分担しながら任務を遂行しているという。これ以外に、チームに女性スタッフが関わることが多いウィルチェアーラグビーならではの土壌があることも影響しているであろう[7]。

　ウィルチェアーラグビーの例にみるように、パラリンピック日本代表選手団における競技役員の男女比は、単純にその割合でみるのではなく、障がいの重症度という視点も加えながらその数値を読み解いていく必要があるであろう。

　②　**冬季大会**　　図表4-21は過去3大会の競技役員の派遣数である。各大会に派遣された役員総数は、トリノ大会37名（女性10名、男性27名）、バンクーバー大会40名（女性10名、男性30名）、ソチ大会23名（女性5名、男性18名）である。バンクーバー大会からソチ大会にかけて役員数が17名減っていた。この変化は派遣される選手数の減少が影響したものだと考えられる。日本選手が派遣された競技はバンクーバー大会の4競技からソチ大会では2競技に減り、選手数も41名（女性8名、男性33名）から20名（女性6名、男性14名）となった。他方、冬季大会においては日本選手が派遣されているすべての競技に男女の役員が派遣されていた。競技数の少なさも関係していると考えられるが、これまでみてきたオリンピック大会の夏季・冬季、パラリンピックの夏季大会ではみられなかった派遣状況である。

　競技役員の男女比について、図表4-22にはバンクーバー大会、図表4-23にはソチ大会をそれぞれ示した。夏季大会と同様に、男性選手のみが出場している競技（図内▲印）に女性役員が派遣されているケースをみることができる。アイススレッジホッケーである。8名中2名が女性であり、1名はトレーナーとして、もう1名はチームマネージャーとして派遣されていた。アイススレッジホッケーもトレー

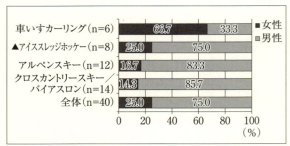

図表 4-22　パラリンピック冬季大会にみる競技別の役員男女比（バンクーバー／2010）

JPC　バンクーバー2012パラリンピック競技役員名簿より木村作成

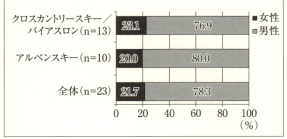

図表 4-23　パラリンピック冬季大会にみる競技別の役員男女比（ソチ／2014）

JPC　ソチ2014パラリンピック競技役員名簿より木村作成

図表 4-24　オリンピック大会本部役員の内訳および男女比

大会		団長・副団長・監督		本部役員		医療スタッフ		本部員		アタッシェ		女性		男性		計
		女性	男性	女性	男性	女性	男性	女性	男性	女性	男性	人数	%	人数	%	
夏季大会	アテネ（2004）	0	3	1	7	2	4	0	11	0	3	3	9.7 %	28	90.3 %	31
	北京（2008）	0	3	1	6	2	4	1	12	0	1	4	13.3 %	26	86.7 %	30
	ロンドン（2012）	1	2	0	9	2	4	3	9	0	1	6	19.4 %	25	80.6 %	31
冬季大会	トリノ（2006）	0	3	0	3	0	4	0	10	0	1	0	0.0 %	21	100.0 %	21
	バンクーバー（2010）	1	2	0	3	0	4	0	8	0	1	1	5.6 %	17	94.4 %	18
	ソチ（2014）	1	2	0	1	0	4	1	8	0	1	2	11.1 %	16	88.9 %	18

※バンクーバー大会（2010）の日本選手団名簿（本部）には、顔写真・氏名が公表されている18名の他に、プレスアタッシェ1名、競技・成績・記録収集及び報告書作成者2名が派遣されているとある。しかし、それら役員の氏名・性別は未発表であることから、ここでは除外した

JOC　オリンピック競技大会日本代表選手団名簿より木村作成

ナーが2名派遣されており、その内訳は男女1名ずつであった。パラリンピックの場合、スタッフやトレーナーの派遣枠が増えると女性の役員が増える傾向にある。それはウィルチェアラグビーにみたように、看護等が含まれる場合には男女で役割を分担することによって業務をより円滑に進められるからであろう。ソチ大会については選手を派遣した競技は少なかったものの、男女が出場する競技に対し両性の役員が派遣されていた。他方で、競技役員全体の派遣数が減ることによって受ける影響は、男性役員よりも女性役員に対し顕著に表れることも認された。

オリンピック・パラリンピック大会における本部役員

　オリンピック・パラリンピック大会の選手団には、選手・競技役員の他に、JOCやJPCが派遣する本部役員が含まれる。本部役員として、日本選手団の団長・副団長・ドクター・看護師・通訳・総務委員などが派遣されている。

　ここでは、オリンピック・パラリンピック大会における本部役員の男女比についてみてみる。大会ごとの本部役員数の内訳および全体の男女比を示したのが図表4-24（オリンピック）、図表4-25（パラリンピック）である。オリンピックにおける女性本部役員の割合をみると、夏季はアテネ大会9.7 %、北京大会13.3 %、ロンドン大会19.4 %、冬季ではトリノ大会0.0 %、バンクーバー大会5.6 %、ソチ大会11.1 %である。一方、パラリンピック大会では、役員全体の4割以上を女性が占める大会もある。パラリンピック夏季アテネ大会では41.7 %、北京46.7 %、冬季ではトリノ大会46.2 %が女性である。しかし、この割合は近年低くなる傾向にある。夏季ロンドン大会では39.3 %、冬季ではバンクーバー大会30.8 %、

4　リーダーシップとジェンダー

図表 4-25　パラリンピック大会本部役員の内訳および男女比

大会		団長・副団長・監督		医療スタッフ		総務（広報・輸送含）		通訳		栄養・心理		メカニック		女性		男性		計
		女性	男性	女性	男性	女性	男性	女性	男性	女性	男性	女性	男性	人数	%	人数	%	
夏季大会	アテネ（2004）	0	2	3	4	5	5	1	1	1	0	0	2	10	41.7 %	14	58.3 %	24
	北京（2008）	1	2	4	4	5	9	2	0	2	0	0	1	14	46.7 %	16	53.3 %	30
	ロンドン（2012）	0	2	4	6	4	8	–	–	3	1	–	–	11	39.3 %	17	60.7 %	28
冬季大会	トリノ（2006）	0	2	1	2	3	3	2	0	–	–	–	–	6	46.2 %	7	53.8 %	13
	バンクーバー（2010）	0	2	0	3	4	4	–	–	–	–	–	–	4	30.8 %	9	69.2 %	13
	ソチ（2014）	0	2	0	1	2	6	1	0	–	–	–	–	2	16.7 %	9	75.0 %	12

JPC　パラリンピック競技大会日本代表選手団本部・競技役員名簿より木村作成

ソチ大会では 16.7 ％まで減少している。10 年ほど前には 4 割以上の女性役員を派遣していたパラリンピック大会の日本代表選手団であるが、近年、男性中心へと変化していることがうかがえる。特に冬季大会においてはその変化が顕著である。

　以上、本章では、リーダーシップの視点から各種スポーツ統括団体およびオリンピック・パラリンピック大会の日本代表選手団におけるジェンダー・バランスとそこでの問題点を把握することを試みた。スポーツ統括・関連団体、中央競技団体、障がい者スポーツ団体の意思決定機関および役員にみる女性の割合は、全体の 10 ％～20 ％台という低い割合ではあるものの 2009 年調査と比較すると、わずかに増加する傾向が確認された。日本代表選手団の競技役員については、オリンピック大会では 10 ％台、パラリンピック大会では 20 ％台の横ばい傾向を維持し、近年ではどちらも女性役員の割合が低くなる傾向にある。昨今では、競技団体における女性登録者数が増加傾向にあり、オリンピック・パラリンピック大会に出場する女性選手の数も男性を上回る状況にある。女性選手数が増加をたどる中で、本章でみたスポーツ統括団体における役員の実態は、役員全体の割合からみても女性選手の割合からみてもその不均衡さを指摘せざるをえない。

　このように、男女がアンバランスな状況や女性が極端に少ない状況は、日本のスポーツ組織・団体において、男女が対等な構成員としていまだ認められていないことを示している。現状では、女性であるがゆえに、選手として培ってきたキャリアを引退後にスポーツ組織や団体の指導者、組織者としていかしていくという選択肢は男性よりも少ない。

　他方、スポーツ統括団体の意思決定機関や役員における男女の不均衡が改善されない背景として、役員の選出方法という構造的な問題を指摘しておきたい。多くの場合、各競技団体の代表（会長または理事長）が統括団体の役員となり、その役員の中から意思決定を担う役員が選出され理事会が構成される。本章の調査にもあるように、各競技団体の会長・副会長はそのほとんどが男性であり、各競技団体の代表者によって構成される統括団体は、必然的に男性中心の役員構成になる。こうした役員の選出方法それ自体を変革する大胆な取り組みが、スポーツ界の構造改革においては必要であろう。

　また、「女性が女性だという理由で、成長するフィールドや適切な教育が与えられてこなかった」という金井（2007）の指摘に基づけば、モデルを増やすという意味で女性を積極的に登用する「ポジティブ・アクション」を活用すること、さらに、スポーツ組織・団体が性別にかかわらずに次世代を担う指導者や組織者などの人材育成を行っていくことが、現在のスポーツ界には求められている。

コラム：「ポジティブ・アクションによって何が変わるのか？」

　女性を指導的立場に加えるための積極的改善措置（ポジティブ・アクション）に対しては、決まって「女性が入ると何が変わるのか」という声があがる。現実的に考えれば、男性と同等の仕事ができれば業務への支障はない。しかし、女性が男性と同等のポジションに入ろうとする場合には男性以上の業績が求められ、採用する男性側も、女性が思うような業績を挙げられなかった場合の風当たりの大きさを考えると、女性を推薦することはかなり勇気を要することになるという（金井 2007）。フランスのパリテ法（候補者男女同数法）について、ベルナール（男女パリテ監視委員会元事務局長）はこう指摘する。「女性が政治を担うと何が変わるのか。パリテの大きな意味は、これまで政治と無縁だった層の出身者が政治にかかわるようになったことだ。政治経験のなかった人々こそが、政界の古い体質を変えることができるからだ」（ベルナール 2013）。

　第 3 次男女共同参画基本計画（平成 22 年）において、2020 年までにあらゆる分野において指導的地位に占める女性の割合を少なくとも 30 ％程度にするための「実効性のある積極的改善措置（ポジティブ・アクション）の推進」が示された。この閣議決定を受け、日本最大の体育・スポーツ科学分野の学術組織である（一社）日本体育学会は、ポジティブ・アクションを採用した選挙制度の見直しによってアンバランスな役員男女比を是正し、上記の目標値を達成した。選挙制度の改正から 2 期目となる平成 27・28 年度は、理事 27 名中 9 名、監事 3 名中 2 名が女性であり、常務理事にも女性が選出されている。これまでほとんど関わることができなかった女性たちが、意志決定に関わっているということそれ自体が、若手の女性研究者にとってはロールモデルとなっている。

　学術組織の動きに対し、JOC をはじめとするスポーツ団体は改革を好まないようにみえる。組織の役員選考の際に「各組織・委員会等での活躍・実績」が重視されれば、おのずと女性は役員に選出されない（順天堂大学 2013）。そもそも、組織における活動の機会が与えられてこなかった女性たちにとって、活動実績がないことは当然のことである。女性選手たちの中には、現役引退後は指導者や組織者という立場でスポーツに関わりたいという人もいる。活動実績を重視する前に、女性がリーダーとして成長するためのフィールドと教育を与え、人材を育成すること、そうした意味での女性の登用が、現在のスポーツ団体には求められているのではないだろうか。2016 年 3 月、IOC の各委員会メンバーに占める女性の割合が、初めて全体の 3 分の 1 を超えた。国際的なスポーツ組織の動向に対し、日本においてもポジティブ・アクションを活用したドラスティックな組織改革が期待される。

注

注 1 ）以下に示すスポーツ統括・関連団体および健康関連研究所（計 11 団体）の公式 HP に掲載されている役員名簿を用いた。

　　（公財）日本オリンピック委員会 HP　　　http://www.joc.or.jp/

　　（公財）日本障がい者スポーツ協会 HP　　　http://www.jsad.or.jp/

　　（公財）日本体育協会 HP　　　http://www.japan-sports.or.jp/

　　（独）日本スポーツ振興センターHP　　　http://www.jpnsport.go.jp/

　　（独）日本アンチ・ドーピング機構 HP　　　http://www.playtruejapan.org/

　　（公財）日本スポーツ仲裁機構 HP　　　http://www.jsaa.jp/

　　（特非）日本オリンピアンズ協会 HP　　　http://www.oaj.jp/

　　（一社）日本パラリンピアンズ協会 HP　　　http://www.paralympians.jp/

　　（特非）日本オリンピック・アカデミーHP　　　http://olympic-academy.jp/

　　（独）理化学研究所 HP　　　http://www.riken.jp/

　　（独）国立健康・栄養研究所 HP　　　http://www.nibio.go.jp/index.html

注 2 ）本章でいう「2009 年調査」とは、日本スポーツとジェンダー学会（2010）『スポーツ・ジェンダーデータブック2010』の「第Ⅳ章リーダーシップとジェンダー」に示されている 2009 年の調査結果を指す。

注 3 ）中央競技団体については、（公財）日本体育協会の公式 HP にある加盟団体一覧（リンク集）に掲載されている中央競技団体 URL から各団体にアクセスし、HP 上で役員名簿を公開している 61 団体を対象とした。障がい者スポーツ競技団体については、JPSA の公式 HP にある障がい者スポーツ競技団体協議会に記載されている競技団体 URL か

ら各団体にアクセスし、ホームページ上で役員名簿を公開している 43 団体を対象とした。役員の男女数については、各団体の役員名簿に掲載されている写真および氏名で判断した。なお、各団体の HP、URL については、巻末にある資料集を参照されたい。

（公財）日本体育協会「加盟団体一覧」（リンク集）　http://www.japan-sports.or.jp/member/tabid/565/Default.aspx

JPSA「障がい者スポーツ競技団体協議会」（リンク集）　http://www.jsad.or.jp/about/pdf/team_conference_160310.pdf

注 4 ）オリンピック日本代表選手団については、JOC の公式 HP「オリンピック競技大会」ページにある各大会の「日本代表選手団・編成数」にある情報を用いた。パラリンピック日本代表選手団については、JPSA、日本パラリンピック委員会の公式 HP の「パラリンピックとは」にある「本部役員名簿・競技役員名簿」にある情報を用いた。典拠先の URL は以下の通りである。

JOC「オリンピック競技大会」　http://www.joc.or.jp/games/olympic/

JPSA 日本パラリンピック委員会「パラリンピックとは」　http://www.jsad.or.jp/paralympic/what/past.html

注 5 ）第 3 節で分析対象としたオリンピック・パラリンピック大会の正式大会名を以下に示す。

　　　　夏季大会：第 28 回オリンピック／第 12 回パラリンピック・アテネ大会（2004）、第 29 回オリンピック／第 13 回パラリンピック・北京大会（2008）、第 30 回オリンピック／第 14 回パラリンピック・ロンドン大会（2012）。冬季大会：第 20 回オリンピック／第 9 回パラリンピック・トリノ大会（2006）、第 21 回オリンピック／第 10 回パラリンピック・バンクーバー大会（2010）、第 22 回オリンピック／第 11 回パラリンピック・ソチ大会（2014）。

注 6 ）パラリンピック過去 3 大会を通じて 1 度も女性役員を派遣していない競技のうち、女性選手を派遣していたのは、射撃・車いすテニス・馬術の 3 競技である。それぞれの大会に出場した選手数は、射撃（アテネ：女性 4 名・男性 2 名、北京：女性 3 名・男性 2 名、ロンドン：女性 2 名）、車いすテニス（アテネ：女性 2 名・男性 6 名、北京：女性 4 名・男性 5 名、ロンドン：女性 3 名・男性 6 名）、馬術（アテネ：1 名）である。

注 7 ）ロンドンパラリンピック大会ウィルチェアーラグビー関係者に対し、メールおよび電話での調査を依頼し、他の競技と比較して女性役員が多い背景について情報提供を得た。車いすバスケに比べ選手の障がいが重度化するウィルチェアラグビーにおいては、看護師や介護福祉士などの医療従事者がスタッフとして関わる機会が多いという。日本において看護師や介護福祉士等の資格を有する者は女性に多く、必然的に競技団体役員やチームスタッフとして携わる女性が他競技よりも多くなる。また、初心者や重度障がい者の選手などでは、自分の母親や妻（彼女）がサポートのためにスタッフとして関わっているケースがよくみられるという背景があった。

【引用・参考文献】

金井篤子（2007）「日本における女性のキャリア形成とポジティブ・アクション」田村哲樹・金井篤子編『ポジティブ・アクションの可能性』ナカニシヤ出版

日本スポーツとジェンダー学会編（2010）『スポーツ・ジェンダーデータブック 2010』日本スポーツとジェンダー学会

ベルナール，クレール（2013）「候補者『男女同数』ルール　フランス政界の体質を変えた」"The Asahi Shimbun Globe" Agu.18sun-31sat.

〔ホームページサイト〕

公益財団法人日本オリンピック委員会「オリンピック・アジェンダ 2020」
　http://www.joc.or.jp/olympism/agenda2020/

順天堂大学マルチサポート事業（2013）「女性アスリートの戦略的強化支援方策レポート」pp.223-233.
　http://www.juntendo.ac.jp/athletes/albums/abm.php?f=abm00003725.pdf&n=report.pdf

5 教育とジェンダー

　本章においては、学校教育および児童・生徒・学生のスポーツへの関わりに関する基本的な量的データを収集し、学校体育ならびに青少年スポーツにおけるジェンダー課題をみることとする。学校教員、子どもの体力・運動能力、体育カリキュラム、運動部活動、体育・スポーツを専攻する学生に関するデータを対象とした。また、学校における性的マイノリティの児童・生徒への対応についても、特に体育・スポーツの観点からデータを分析した。

1）教員の男女比

教員の男女比の経年変化

　図表5-1は、1989年から2013年までの女性教員の比率の変化である。各学校種別に、本務教員全体に対する女性教員の比率の推移を示した。

　小学校では、2001年の段階では6割を越え、以降、だいたいその比率で落ち着いている。中学校、高校、大学においては、女性の比率は漸増している。全体として、学校段階が上がるにつれ、女性教員比率は少なくなっていることがわかる。

保健体育教員の男女比の経年変化

　図表5-2、5-3は、2001年から2013年までの、保健体育教員の男女比の経年変化である。この12年間に、大きくその割合が増えた様子はみられない。中学校の女性教員の比率は高校より高い。図表5-1に示された各学校種別の男女教員の比率と比較してみると、2013年の中学校においては、全教員における女性の比率が41.8％であるのに対し、保健体育教員は28.6％である。高校においては、全教員における女性の比率が30.1％であるのに対し、保健体育教員は18.3％であり、いずれ

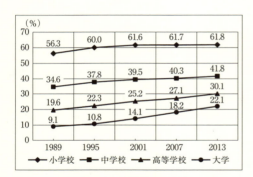

図表5-1　女性教員の比率

文部科学省（2015）学校教員統計調査（指定統計第62号）年次統計より、学校種別本務教員数・本務教員の年齢構成・本務教員の平均年齢の推移より宮本作成

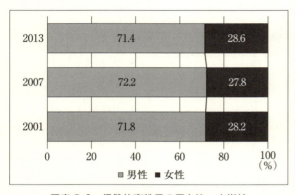

図表5-2　保健体育教員の男女比　中学校

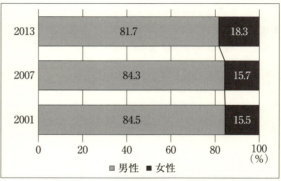

図表5-3　保健体育教員の男女比　高校

文部科学省（2015）学校教員統計調査（指定統計第62号）より、平成25、19、13年の「教員個人調査」の担任教科別教員構成および「学校調査」の全国本務教員数より宮本作成

も本務教員全体の女性比率と比較して低い。女性教員の比率が少ない背景について、井谷（2004）は、学校体育が体を鍛え、技を磨くという伝統的な男性文化としてのスポーツを中心として行われてきた影響を残している点と、体育教師が部活動指導や生徒指導役割にその存在意義を見出す傾向が強いことにより女性教師を排除していると指摘している。

2) 子どもの体力、運動能力、運動習慣

新体力テストにみる体力・運動能力の年次推移

　図表5-4と図表5-5は、11歳、13歳、16歳の各年代における新体力テストの合計点の年次推移（1998～2014年度の17年間）を、男女別にグラフで表したものである。

　近年、多方面より子どもの体力低下が指摘されているが、新体力テストの合計点はほとんどの年代で緩やかな向上傾向を示している。特に小学校女子（11歳）、中学校男女（13歳）、高校男女（16歳）は2014年度に過去最高の合計点を示している。

　これをもって体力の低下に歯止めがかかったとする見方がある一方で、握力および走、跳、投能力にかかる項目のほとんどは、体力水準が高かった1985年ごろと比較して低い水準にある。特に、小学校男子（11歳）のソフトボール投げの平均記録（2014年度）は27.89mと、1985年度の33.98mを約6mも下回っている（図表5-6）。走、跳、投能力はすべての運動の基礎となる能力であり、各スポーツの専門

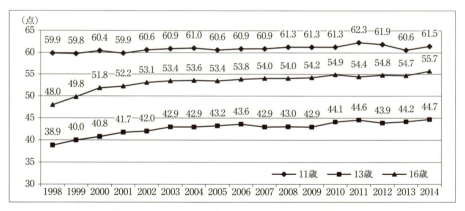

図表5-4　新体力テストの合計点の年次推移（男子）

文部科学省（2014a）より波多野作成

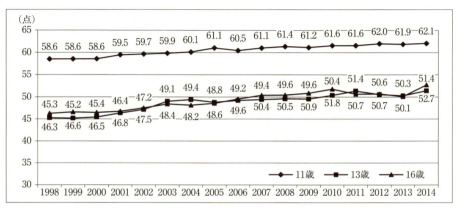

図表5-5　新体力テストの合計点の年次推移（女子）

文部科学省（2014a）より波多野作成

図表 5-6　握力、50 m走、ソフトボール投げにおける平均記録の比較（小学校）

	男子		女子	
	1985	2014	1985	2014
握力（kg）	21.08	19.8	20.49	19.42
50 m走（秒）	8.75	8.85	9.00	9.16
ソフトボール投げ（m）	33.98	27.89	20.52	16.38

文部科学省（2014b）より波多野作成

的な技術の習得にも関わるものである。とりわけ、投能力はさまざまな球技系種目で必要とされる能力であり、健康的な生活を送るための体力を確保するという観点からだけでなく、生涯にわたってスポーツに親しむという観点からも習得が望まれるものである。

近年は、児童・生徒の投能力の向上を目的に、各学校や地域においてさまざまな取り組みが実施されている。例えば、茨城県利根町立布川小学校では、「投力アッププラン」と題した取り組みを実施しており、的当てや紙鉄砲などの投動作を含んだ遊びを通じて、投げる運動への意欲と投能力の向上を図っている（文部科学省 2014b, pp.70-71）。

運動習慣

図表 5-7 は、中学校男女を対象に各曜日の保健体育の授業以外で運動（体を動かす遊びを含む）やスポーツにあてる時間をたずね、曜日ごとの時間を合算したものを「1 週間の総運動時間」としたうえで、その内訳を男女別にグラフ化したものである。

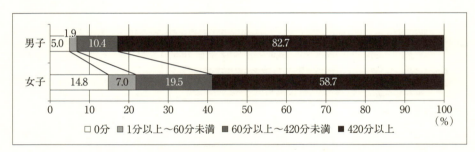

図表 5-7　1 週間の総運動時間の内訳（2014 年度；中学校）
文部科学省（2014b）より波多野作成

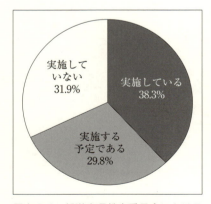

図表 5-8　都道府県教育委員会における中学校女子の運動・スポーツ実施の意欲喚起、実施促進の取り組みについて

文部科学省（2014b）より波多野作成

中学校女子の 21.8 %が「総運動時間 60 分未満」であり、全体に占める「総運動時間 0 分」の割合は 14.8 %となっている。一方、同年代の男子は「総運動時間 60 分未満」が 6.9 %、「総運動時間 0 分」が 5.0 %であり、女子に運動習慣のない生徒が多いことがわかる。同様の傾向は小学校にもみてとれるが、「総運動時間 0 分」の割合は男子 2.9 %、女子 5.0 %とその差は小さい。このことから、女子は男子に比べて中学校への入学とともに運動・スポーツから離れる傾向にあることがわかる。

図表 5-8 は、都道府県教育委員会において、中学校女子を対象にした運動・スポーツ実施の意欲喚起や実施促進のための取り組みについてたずねた質問に対する回答をグラフで示したものである。

38.3 %の都道府県教育委員会が中学校女子の運動離れを改善するための取り組みを実施しており、「実施する予定である」の 29.8 %を加えれば、7 割近い都道府県教育委員会が中学校女

子の運動離れを今日的な課題としてとらえ、その改善策を企図していることが理解できる。

そうした取り組みの成果もあってか、2009年度以降、中学校女子における「1週間の総運動時間60分未満」の割合は緩やかに減少している（図表5-9）。しかし、それでもなお2割以上の女子生徒が総運動時間60分未満であり、保健体育の授業以外ではほとんど運動・スポーツを行っていない。

中学校女子の運動離れが改善されてきた背景には、前述の都道府県教育委員会などによる取り組みの他に、2008年の中学校学習指導要領の改訂によってダンスが武道とともに必修化されたことも影響していると考えられる。図表5-10は、ダンス領域の授業における楽しさについてたずねた質問に対する回答を男女別にグラフ化したものであり、図表5-11はダンスを保健体育の授業でもう一度行いたいかたずねた質問に対する回答を男女別にグラフ化したものである。昨今のダンスパフォーマンスを得意と

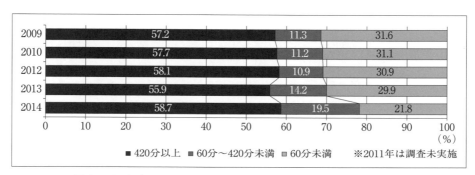

図表5-9　年度ごとにおける1週間の総運動時間の内訳（中学校女子）

文部科学省（2014b）より波多野作成

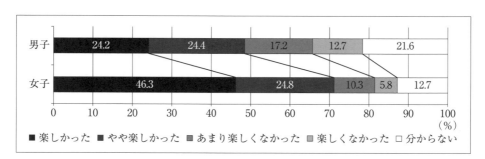

図表5-10　ダンスの授業の楽しさ（中学校）

文部科学省（2014b）より波多野作成

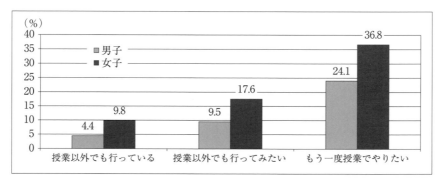

図表5-11　ダンスを保健体育の授業でもう一度やりたいか（中学校）

文部科学省（2014b）より波多野作成

する女性アーティストの活躍もあってか、保健体育の授業においてダンスを「楽しかった・やや楽しかった」と回答した中学校女子の割合は71.1％と男子の48.6％を大きく上回り、「授業以外でも行っている・行ってみたい」「もう一度授業でやりたい」と回答した割合も男子を上回っている。そのような回答の傾向は他の領域にはみられず、ダンスが中学校女子にとって親しみのある領域であることが理解できる。

　ダンスはその特性上、他者と競争することを直接の目的にしておらず、体力面に不安を抱える生徒であっても身体を動かす喜びを体感しやすい運動である。それまで運動・スポーツに苦手意識を持っていた生徒が、ダンスの授業で身体を動かす喜びを経験し、それを1つのきっかけとして日常的に運動をするようになることは十分に考えられることである。その意味でダンスは女子の運動離れを改善する契機になりうる領域であるといえ、教育委員会等による取り組みにおいてもダンスを有効的に活用する事例が報告されている（文部科学省 2014b, pp.92-93）。

　学校を卒業した後も自主的に運動やスポーツをしようと思う割合は、体育の授業に肯定的な意識を持つほどその割合が高い（文部科学省 2014b, pp.62-65）。したがって、体育においては身体を動かす楽しさや喜びを味わえるよう工夫された授業が期待され、学校や地域単位においても運動やスポーツをする意欲を高めるための取り組みが今後より一層求められていくであろう。

3）体育授業で経験したスポーツ種目

　2014年4月から7月にかけて、大学生（1006名）を対象として、高校の体育授業において経験したスポーツ種目などを調べる調査が行われた。調査結果の中から、「スポーツとジェンダー」の観点からみて特徴的な調査結果を本節において紹介する（なお、本節において紹介する調査の詳細は、井谷惠子（2016）「『競争―協同』『体つくり運動』の学習場面における体育カリキュラムのポリティクス」（平成25〜27年度科学研究費補助金報告書・資料集）に掲載されている）。

【被調査者（大学生1006名）の属性】
・男性42.0％、女性57.8％、無記入0.2％。
・18歳（1年生）が82.0％、卒業年が調査年と同年（2014年）である学生が約8割（79.7％）を占めている。高校卒業時からさほど時間を経ていない被調査者が多く、体育授業におけるカリキュラムの直近の状況を調査することができた。
・出身高校の約7割（68.3％）が公立高校、約3割（29.2％）が私立高校である。国立高校出身者が2.2％であった。
・9割（90.0％）の学生が男女共学校の卒業生である。男子校卒業生が2.5％、女子校卒業生が7.0％。体育の授業が「男女混合」「男女別」であったのかを正確に調査するためには男女共学校における状況を調査する必要があるが、同調査においては十分な数（9割）の男女共学校出身者から調査をすることができた。

【調査実施・協力者（五十音順）】
井谷惠子（京都教育大学）、岩佐直樹（中京大学大学院）、近江望（京都教育大学）
木村華織（東海学園大学）、熊安貴美江（大阪府立大学）、高峰修（明治大学）

調査結果1：体育授業で経験したスポーツ種目の単元数

　図表5-12は、高校の体育授業で経験したスポーツ種目を単元数で調査した結果である（1つの学期で連続して行われた授業を1単元とカウントし、高校3年間で経験した単元数を調査した）。

5　教育とジェンダー

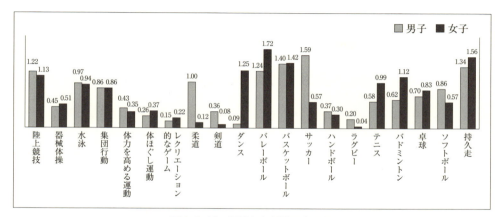

図表 5-12　経験した授業の単元数
松宮作成

　カリキュラムによく取り入れられ、男女差が少ない種目は、陸上競技、水泳、集団行動、バスケットボール、卓球、持久走などである。
　男子に比べ女子が多く経験している種目としては、ダンス（女：1.25、男 0.09）が特に顕著である。バレーボール（女子：1.72、男子 1.24）、テニス（女子：0.99、男子 0.58）、バドミントン（女子：1.12、男子：0.62）も女子の方が多く経験している。
　女子に比べ男子が多く経験している種目としては、柔道が代表的である（男子：1.00、女子：0.12）。剣道（男子：0.36、女子：0.08）、サッカー（男子：1.59、女子：0.57）も男子が経験する単元数が特に多い種目である。
　高校では種目の選択制が実施されており、この調査の結果は、個人による選択の結果であるのか、学校による男女別のカリキュラム設定によるのかは明らかではないが、男女差が特に著しいダンスと武道については、男子がダンスを、女子が武道を選択できないカリキュラム編成であることが次項の調査結果から明らかになっている（次項において詳述）。
　一般的な傾向としては、女子は、ボディコンタクトがないネット型の種目（バレーボール、テニス、バドミントン）を男子に比べて多く経験しており、逆に男子は、武道やサッカーなど、コンタクトが相対的に多い種目を女子よりも多く経験している様子がうかがわれる。

調査結果 2：男女別カリキュラム（ダンスと武道）

　1989 年の学習指導要領の改訂から、保健体育のカリキュラムにおける男女差が撤廃され、かつて「主に男子」「主に女子」という記載のあった武道（格技）とダンスに関しては、性別によらず自由に選択できることになった。しかし、学校での実際のカリキュラムでは、今なお選択制の導入が不十分で、男女で異なるカリキュラムが用いられている。

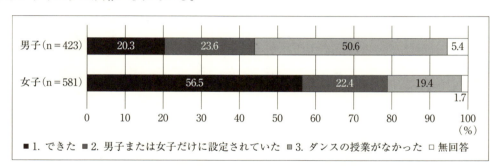

図表 5-13　高校の体育授業で「ダンス」を選択できた割合
松宮作成

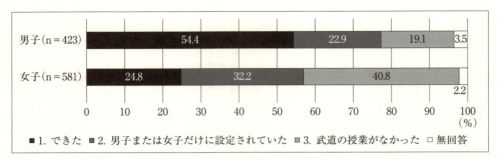

図表 5-14　高校の体育授業で「武道」を選択できた割合

松宮作成

　図表 5-13、図表 5-14 は、ダンスと武道に関して、高校の体育授業で選択することができたかどうか（選択が可能であったかどうか）を調査した結果である。

　ダンスの授業についてみると、女子では、選択「できた」学生は半数を超えるが（56.5 %）、男子では約 2 割（20.3 %）にとどまる。一方、武道についてみると、男子では、選択「できた」生徒は半数を超えるが（54.4 %）、女子では約 4 分の 1（24.8 %）にすぎない。

　このことは、ダンス・武道については、1989 年の学習指導要領改訂による同一カリキュラムの導入後も、依然として、性別に関わりなく自由な選択ができるカリキュラム編成にはなっていないことを示している。

　なお、この傾向は、公立学校よりも私立学校、また共学校よりも男子校・女子校において著しいことがみてとれた。私立学校の出身者（n = 294）の回答では、「ダンスの授業がなかった」と答えた学生が 43.9 %、「武道の授業がなかった」と答えた学生が 52.0 %に及び、特に男子校（n = 25）ではほとんどダンスの授業が行われておらず（「授業がなかった」92.0 %）、逆に女子校（n = 70）では武道の授業が行われていない（「授業がなかった」91.4 %）実態が明らかになった。

調査結果 3：好きな運動・スポーツ種目

　体育授業で経験した中で、好きな運動・スポーツ種目（3 つ以内）を調査した結果、全体での回答数の上位は、バスケットボール（403）、バドミントン（388）、バレーボール（365）、サッカー（278）、卓球（226）、テニス（201）、ソフトボール（188）の順であった。図表 5-12 で示した、授業で多く実施されているゲーム・スポーツが上位を占めている。

　図表 5-15 は、好きな運動・スポーツ種目の調査結果を男女別にみたものである。

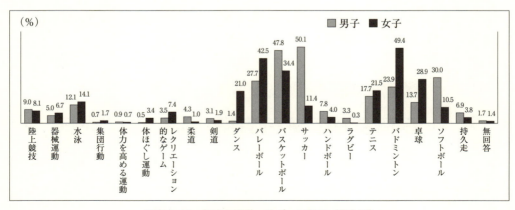

図表 5-15　好きな運動・スポーツ種目（男女別）

松宮作成

好きな種目として男女差が特に大きい種目は、次の6つである。
① 女子の人気が高い種目
　・ダンス（女子：21.0％＞男子：1.4％）
　・バレーボール（女子：42.5＞男子：27.7）
　・バドミントン（女子：49.4＞男子：23.9）
　・卓球（女子：28.9％＞男子：13.7）
② 男子の人気が高い種目
　・サッカー（男子：50.1＞女子：11.4）
　・ソフトボール（男子：30.0＞女子：10.5）

ダンス、バレーボール、バドミントン、サッカーなど、授業で経験した単元数（図表5-12）に大きな男女差がある種目では、好きな種目においても同様の男女差がみられる。

調査結果4：男女共学校における男女混合の体育授業の割合

多くのスポーツ競技においては、男女別の種目が採用されている。しかし、「スポーツとジェンダー」という視点からみると、男女二元制を当然の前提としながら、女性アスリートを男性アスリートに比べて二流・亜流の競技者とみなしがちなスポーツのあり方は、社会におけるジェンダー・バイアスを再生産している可能性がある。また、典型的な男女ではない性的マイノリティのアスリート・生徒・学生が、男女二元制のもとでは、自らのアイデンティティに肯定的に向き合えない場合も考えられる。

性別によらず自由に身体・スポーツ活動を行うことができるようになるための一つの方途としては、男女混合がある。図表5-16は、男女共学校の学校体育において、現在どの程度、男女混合の授業が行われているのかを調査した結果である。

男女共学校において、男女混合で実施されている上位5種目をみると、「集団行動」「レクリエーション的なゲーム」「体力を高める運動」「体ほぐし運動」など、競争をともなわない種目と「持久走」である。しかし、残念ながら、これらは人気が高くない種目である（図表5-15参照）。

競技スポーツにおいては、多くが男女別で実施されている。特に、体格差がパフォーマンスに直接的に影響するラグビー、ハンドボール、サッカー、ソフトボール、柔道、バスケットボール、バレーボール等は7割以上が男女別である。またダンスや器械体操も、男女で異なる動きを求めるためか、さらに、ダンスはそもそも自由に選択できない場合があることもあって（89～90頁を参照）、多くの場合、男女別で授業が行われている。

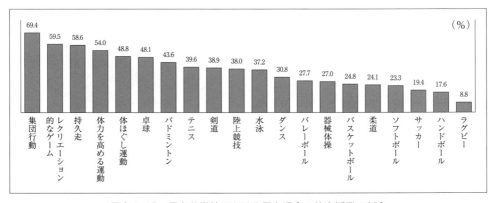

図表5-16　男女共学校における男女混合の体育授業の割合

松宮作成

一方、卓球、バドミントン、テニスなど、ボディコンタクトをともなわないネット型の種目は、男女混合授業の割合が相対的に高い。約4割から5割程度の学生が男女混合授業においてこれらの種目を経験しており、また学生の人気が高いことは注目に値する。

4）運動部登録者数の経年変化

わが国における青少年のスポーツ参加の促進は、学校教育における運動部活動が主に担ってきた。近年、地域のクラブチームやプロのユースチームにおける活動なども増え、青少年期におけるスポーツ活動のあり方は多様化してきているが、現在でもなお、中学・高校期のスポーツ参加状況を把握するには、運動部活動への参加率が1つの大きな指標となる。本節においては、（公財）日本中学校体育連盟、（公財）全国高等学校体育連盟、（公財）全国高等学校野球連盟に加盟する生徒数から、運動部活動に参加する生徒の参加率を算出し、それらの経年変化をみる（上記3連盟すべてのHPにデータが掲載されている2003年以降のデータを整理した）。

図表5-17は、中学校における運動部活動の参加率である。

図表5-18にあるように、少子化による生徒数減少にともない、中学校において運動部活動に参加している生徒数は減少しているが、運動部活動参加率はほぼ横ばいで推移している（全体：63.3～65.9％、男子：73.2～76.2％、女子：52.4～55.0％）。

図表5-19は、高校における運動部活動の参加率である。

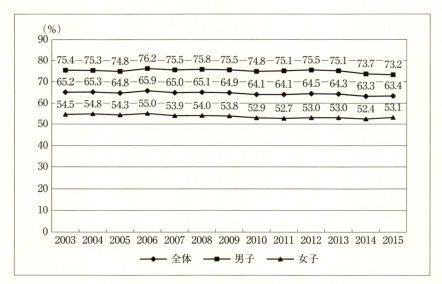

図表5-17　中学校における運動部活動の参加率
※全国中学校体育大会種目を合計
（公財）日本中学校体育連盟の記録より松宮作成

図表5-18　中学校における運動部活動の参加者数（単位：人）

年	2003	2006	2009	2012	2015
全　体	2,442,774	2,372,004	2,336,048	2,290,633	2,207,854
男　子	1,443,169	1,403,607	1,388,368	1,370,359	1,304,300
女　子	999,605	968,397	947,680	920,274	903,554

※全国中学校体育大会種目を合計
（公財）日本中学校体育連盟の記録より松宮作成

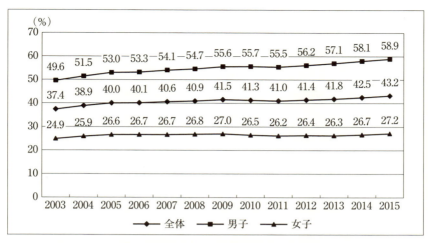

図表 5-19　高校における運動部活動の参加率

※インターハイ種目と硬式野球・軟式野球を合計
（公財）全国高等学校体育連盟、日本高等学校野球連盟の記録より松宮作成

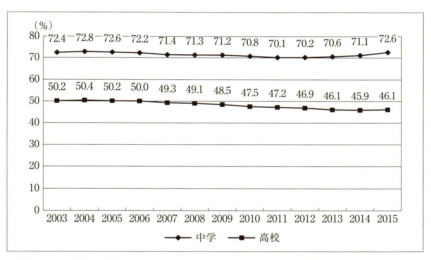

図表 5-20　中学・高校における男子の運動部加入率を 100 とした場合の女子の加入率

（公財）日本中学校体育連盟、（公財）全国高等学校体育連盟、（公財）日本高等学校野球連盟の記録より松宮作成

　高校における参加率は、男子に緩やかな増加傾向がみられるが（2003 年：49.6 %→2015 年：58.9 %）、女子はほぼ横ばいで推移している（24.9〜27.2 %）。

　図表 5-20 は、中学・高校における男子の加入率を 100 とした場合の女子の比率を示している。運動部活動の女子の加入率は、中学生では男子の約 70 %、高校生では約 50 %で推移している。

　高校においては、2004 年の 50.4 %以来、微減傾向がみられ、2013 年から 3 年間は、46 %前後の値を示している。これは、女子の参加率が減少したわけではなく、男子の参加率の微増によるものである。

　女性トップアスリートの活躍などにより、学校においても女子のスポーツ活動がさらに活発に行われていると認識されているかもしれないが、必ずしもそうとはいえない。運動部活動に参加する女子生徒は、現在まで、一定の割合で男子よりも少なく、近年その差はやや拡大する兆しがあるといえる。

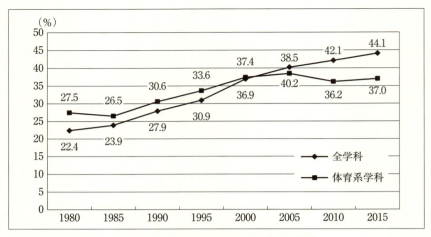

図表 5-21　学生数に占める女子学生の割合

文部科学省（2015a）から松宮作成

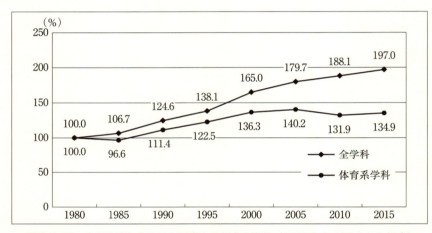

図表 5-22　全学生数に占める女子学生の割合の推移（1980 年を 100 とした場合）

文部科学省（2015a）から松宮作成

5）体育・スポーツを専攻する大学生

　本節では、体育・スポーツを専攻する学科に在籍する大学生数を「学校基本調査」から算出し、その男女比を経年調査した。また、体育・スポーツ系学科と全学科（全体）とを比較し、体育・スポーツ系学科における傾向を検討した。

　図表 5-21 は、全学科と体育・スポーツ系学科における女子学生の割合である。1980 年においては、体育・スポーツ系学科における女子学生の割合は 27.5 ％であり、全学科の 22.4 ％に比しても若干高い割合であったが、その後、全学科においては、女子学生の割合が一定の割合で増加しているのに対し、体育・スポーツ系学科においては、2005 年以降、横ばい状態にあり、直近のデータでは、体育・スポーツ系学科における女子学生の割合（37.0 ％）は、全学科における割合（44.1 ％）に比してやや低いレベルにとどまっている。

　なお、図表 5-22 は、1980 年時点での女子学生の割合を 100 とした場合の推移である。全学科においては、ここ 35 年間で女子学生の割合が倍増しているが、体育・スポーツ系学科においては、2005 年に約 40 ％増となって以来、頭打ち状態であることがわかる。

6) 学校における性的マイノリティにかかる対応（体育・スポーツの視点から）

学校における性同一性障害に係る対応に関する状況調査

2014年6月13日、文部科学省は、学校における性同一性障害への対応に関する現状を把握し、性同一性障害の児童・生徒への対応を充実させるため、全体的な状況および配慮の具体的内容などの情報を得ることを目的とした調査の結果を発表した（調査対象期間：2013年4〜12月）。

この調査における「性同一性障害に関する教育相談等」とは、児童・生徒本人が性別違和感を持ち、かつ児童・生徒本人または保護者が性同一性障害であると認識しており、児童・生徒または保護者がその本人の自己認識を学校の教職員に開示している場合である。また、この調査は、学校においてすでに把握している事例のみを調査対象としたもので、新たに児童・生徒や保護者に対して調査を行ったものではない。すなわち、性同一性障害の当事者を網羅的に調べた調査ではなく、実数を反映しているものではないことに留意されたい。

性同一性障害をはじめとする性的マイノリティの人たちが一定の割合で身近にいるにもかかわらず、これまではその存在が不可視化されてきた。しかし、近年、性的マイノリティの存在が認識されるようになり、彼・彼女らの人権を制限するような従来の制度・社会環境が問題視されるようになってきた。そのような状況下にあって、文部科学省が学校における現状調査を実施したことの意義は非常に大きい。この調査は、性的マイノリティの中でも対象が性同一性障害に限られ、また調査で明らかになった報告件数も多いとはいえないが、当事者に対する配慮事例をレポートすることで、今後、学校現場において児童・生徒に適切な配慮をしていくうえでの参考になる。

また、体育・スポーツは身体が直接関与する活動であるため、身体と心の性別に違和感を持つ当事者が自らのアイデンティティに肯定的に向かい合えない事態も起こりやすい。体育・スポーツの場では、適切な配慮が特に求められると考えられる。

① **調査結果**（件数）

・報告のあった件数　合計606件（戸籍上男・女の両方を含む）

・戸籍上の性別　男：39.1 %（237件）、女：60.4 %（366件）、無回答：0.5 %（3件）

・学校段階

　ⅰ）小学校低学年：4.3 %（26件）

　ⅱ）小学校中学年：4.5 %（27件）

　ⅲ）小学校高学年：6.6 %（40件）

　ⅳ）中学校：18.2 %（110件）

　ⅴ）高校：66.5 %（403件）

② **配慮の事例と課題**（体育・スポーツ以外）　　配慮の事例は、服装、髪型、更衣室、通称の使用など多岐にわたり（事例の詳細は9章「スポーツとセクシュアリティ」を参照）、相談件数全体の約6割について何らかの配慮がなされていた。配慮がなされていない事例について、理由は問われていないが、児童・生徒本人が公表を求めず、特別な配慮を望んでいないことなどもふまえて、あえて配慮していない事例もあることがうかがえる（相談件数のうち「秘匿している」が43.1 %、「ごく一部を除いて秘匿している」が14.4 %であり、「秘匿していない」は22.4 %にとどまる）。

自由記述をみると、性同一性障害の児童・生徒が学校生活を送るうえで「問題なし」とする学校においては、「周囲も受け入れており、特に問題なく生活している」「家庭の理解を得ている」「完全に自認する性別として生活し周りも疑わない」「本人のありのままの姿を受け止めてくれる友人がいるため友

人関係で悩むことはない」「服装について特別の配慮を行って以来、本人も明るくのびのびとした感じを受けるようになった」など、周囲の理解を得ることによって、本人が心の負担を感じることなく学校生活を送ることができているとする報告がある。

他方、「問題あり」とする学校においては、「不登校状態となっている。保健室に通うことが多い」「家庭の理解が得られない、もしくは、理解するも受け止めるまでには至っていない」「本人は他の生徒等へ明かすことなく過ごすことを希望しており、保護者もそれを望んでいるが、周囲の生徒は気付いており指導が難しい場面もある」など、周囲との関係が良好ではない事例も報告されている。中には、「気持ちの浮き沈みがあり、自傷行為をしている」という事例もある。

児童・生徒によって、心身の状況や周囲との関係はさまざまである。個別の事情が強いため、対応のマニュアル化が困難であり、また現場では、どこまで配慮すべきかの判断（どこまで踏み込んだ対応をとることが適当かの判断）に迷うことが多い、という課題がある。

③　**体育・保健体育・運動部活動における配慮**　　図表 5-23 は、体育・保健体育・運動部活動における配慮の事例である。

図表 5-23　体育・保健体育・運動部活動における配慮の事例

・体育：自認する性別のグループに入れるようにする。
・体育：本人用に別メニューを設定する。
・水泳：上半身が隠れる水着の着用を認める。（戸籍上男）
・水泳：補習として別日に実施する。
・水泳：レポート提出で代替する。
・運動部活動：自認する性別の活動に参加することを認める。

学校における体育・スポーツ以外の活動に関しては、本人が自認する性別を尊重する他に、「男女分けをできるだけ避ける」「男女混合グループをつくる」など、性別によるグループわけに関する対応をしている。対応にあたっては、性別によるグループ分けがそもそも必要なのかどうかも検討されているであろう。

しかし、体育の授業や運動部活動においては、スポーツにおける男女の二元制そのものを問うような取り組みはまだ十分になされていないと考えられる。ほとんどのスポーツ競技は、種目が男女で分かれており、二元制が自明のこととされやすい。身体活動である体育・スポーツにおいては、身体の違いが強調されがちであるが、性的マイノリティへの配慮という視点から考えても、今後は男女共修の体育・スポーツ活動のあり方がさらに検討される必要があるであろう。

学校生活においては、体育のみならず、男女で二分されているものが多くある（例えば、制服、音楽などのパートわけ、名簿、席順など）。二元制を前提にした教育は、保健や性教育、あるいは、家庭科や道徳などにおいても、課題となることが考えられる。そういった課題が想定される中で、身体活動である体育が他の科目や活動にとっても指針となるような適正な配慮のあり方を示すことが求められる。

性同一性障害に係る児童生徒に対するきめ細かな対応の実施等について（2015 年 4 月 30 日・27 文科初児生第 3 号）

この通知は、前項 2014 年の調査を受けて出されたものである。学校生活には男女別の規則や活動も多いため、服装、髪形、授業などでの配慮や支援の具体例を提示したものである。「先入観を持たず、児童生徒の状況に応じた支援を行うことが必要」と強調した。

2014 年前掲調査では、対象が性同一性障害の児童・生徒に限られていたが、本通知では、広く性的マイノリティ（LGBT：レズビアン、ゲイ、両性愛者、トランスジェンダー）の児童・生徒への対応についても

初めて言及された。

学級・ホームルームにおいては、いじめや差別を許さない生徒指導・人権教育等を推進すること、それによって、悩みや不安を抱える児童・生徒に対する支援の基礎をつくることが求められている。

コラム：不可視化されてきた存在

9章「スポーツとセクシュアリティ」でも紹介されているが、藤山ほか（2014）が体育・スポーツ関連の大学生・大学院生約3200名を対象に行った調査によると、心の性別と身体の性別に違和を抱える学生の割合は約2％、同性愛・両性愛の学生の割合は約6％であった。この値が2015年に発表された別の調査（電通2015）における数値（LGBTの割合：7.6％）と近似であることから、性的マイノリティが身近にいることは当然のことであることが明らかになっている。

しかし、彼・彼女らの存在は、これまでスポーツの世界では不可視化されてきた。藤山ほか（2014）は、身近に性的マイノリティがいると回答した学生の割合が女子学生では約半数（51.3％）にとどまり、男子学生では2割にも満たない割合（16.8％）であったことから、特に男性のスポーツ領域において性的マイノリティの存在が不可視化されている現状を指摘している。

また、同文献におけるホモ・フォビア（同性愛嫌悪）とトランス・フォビア（性別違和嫌悪）に関する調査によると、女子学生よりも男子学生の方が性的マイノリティに対する嫌悪感が強いことが明らかになった。また、性的マイノリティに関する一般的知識についても、男子学生の性的マイノリティに関する知識が女子学生に比べて相対的に乏しいことも示された[※]。

さて、これらの調査結果を総合してみると、各調査結果間における関連を推測できるのではないだろうか。例えば、男性のスポーツ領域にはフォビアが強いため、性的マイノリティがカミングアウトできず、女性のスポーツ領域に比べて不可視化されやすいということ。逆にいうと、身近に性的マイノリティの存在を認識していれば、偏見やステレオタイプなイメージが少なくなり、フォビアが弱くなり、知識が高まること、またあるいは、性的マイノリティに関する正しい知識を持てば、フォビアが弱まり、マイノリティの存在を認識しやすくなることにもつながること、などである。

どの要因が起点となるかはともかく、性的マイノリティに対するフォビアは、彼・彼女らについての正しい理解によって減じられることは相当程度推測できる。存在の認識、フォビア、知識のそれぞれは相互に関連し、どの部分から改善するにしても、循環的に影響が及ぶのではないだろうか（図表コラム）。

この調査の対象となった大学生、大学院生の7割以上（73.3％）が指導者になることを志向していることをふまえて、藤山ほか（2014）は、「性的マイノリティに関する正確な知識の伝達は急務」であると指摘する。学校やスポーツの現場において、自らの性的アイデンティティに安住できるマジョリティは、遅まきながら、性的マイノリティの存在を偏見なく認識・理解するという当然のことから始めなければならない。

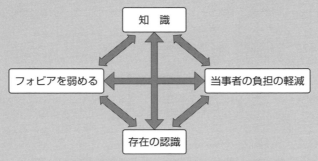

図表コラム　存在の認識・知識・包摂（⇔フォビア）の相関・循環
松宮　2016, p.79

[※]藤山ほか（2014）の調査におけるこれらの男女別分析法が性別二元制を再生産する危険があり、性的マイノリティの問題をとりあげる研究の目的と相容れないとの見方もあるが、当コラムでは、性的マイノリティに対する認識の現状を示す興味深い調査結果として紹介したい。

性的マイノリティの児童・生徒は、自分の状態を秘匿しておきたい場合が多いことをふまえ、学校では、児童生徒が相談しやすい環境を整えていくこと、そのために教職員が性的マイノリティについての心ない言動を慎むこと、また、服装や髪型などについても、性同一性障害等を理由としている可能性を考慮し、そのことを一方的に否定したり揶揄しないなどの配慮も挙げている。教職員が児童・生徒から相談を受けた際は、まずは悩みや不安を聞く姿勢を示すことが重要であるとしている。

　性的マイノリティは一定の割合で身近に存在する。電通ダイバーシティ・ラボの調査（2015）によれば、性的マイノリティは7.6％、すなわち13人に1人程度存在することが明らかになっている。前述の性同一性障害の調査における報告件数は約600件であったが、その数字は性的マイノリティのごく一部にすぎない。その背後に、多くの児童・生徒がいることを認識したうえで、学校・教育環境の改善を図ることが肝要である。

　特に体育・スポーツの世界においては、ホモ・フォビア（同性愛嫌悪）、トランス・フォビア（性別違和嫌悪）が強いことが指摘されており、中でも男性のスポーツ領域においてその傾向が強いことが明らかにされている（藤山ほか 2014）。体育・スポーツ教育に携わる者が性的マイノリティを正しく理解し、偏見をなくしていくことで、児童・生徒の心の負担の軽減が図られることが必要であろう（コラム参照）。

【引用・参考文献】

井谷惠子（2004）「学校体育とジェンダー」飯田貴子・井谷惠子編著『スポーツ・ジェンダー学への招待』明石書店、pp.181-184

井谷惠子（2016）「『競争─協同』『体つくり運動』の学習場面における体育カリキュラムのポリティクス」（平成25〜27年度科学研究費補助金報告書・資料集）pp.60-74

藤山新・飯田貴子・風間孝・藤原直子・吉川康夫・來田亨子（2014）「体育・スポーツ関連学部の大学生を対象としたスポーツと性的マイノリティに関する調査結果」『スポーツとジェンダー研究』12、pp.68-79、日本スポーツとジェンダー学会

松宮智生（2016）「スポーツにおける性的マイノリティ：『知ること』と『受け入れること』」国士舘大学アジア・日本研究センター『ワーキングペーパー2015』pp.73-80

〔ホームページサイト〕

公益財団法人全国高等学校体育連盟「統計資料」
　http://www.zen-koutairen.com/f_regist.html

公益財団法人日本高等学校野球連盟「資料」
　http://www.jhbf.or.jp/data/statistical/index_koushiki.html

公益財団法人日本中学校体育連盟「加盟校調査集計」
　http://njpa.sakura.ne.jp/kamei.html

電通（2015）「電通ダイバーシティ・ラボが『LGBT調査2015』を実施─LGBT市場規模を約5.9兆円と算出」
　http://www.dentsu.co.jp/news/release/2015/0423-004032.html

文部科学省（2013）「学校教員統計調査（指定統計第62号）」
　http://www.e-stat.go.jp/SG1/estat/NewList.do?tid=000001016172

文部科学省（2014a）「平成26年度体力・運動能力調査結果の概要及び報告書について」
　http://www.mext.go.jp/b_menu/toukei/chousa04/tairyoku/kekka/k_detail/1362690.htm
　http://www.e-stat.go.jp/SG1/estat/List.do?bid=000001054955&cycode=0（統計数値）

文部科学省（2014b）「平成26年度全国体力・運動能力、運動習慣等調査　報告書」
　http://www.mext.go.jp/a_menu/sports/kodomo/zencyo/1353812.htm

文部科学省（2014c）「学校における性同一性障害に係る対応に関する状況調査について」
　http://www.mext.go.jp/component/a_menu/education/micro_detail/__icsFiles/afieldfile/2014/06/20/1322368_01.pdf

文部科学省（2015a）「学校基本調査」
　http://www.e-stat.go.jp/SG1/estat/NewList.do?tid=000001011528

文部科学省（2015b）「性同一性障害に係る児童生徒に対するきめ細かな対応の実施等について」
　http://www.mext.go.jp/b_menu/houdou/27/04/1357468.htm

6 研究とジェンダー

わが国において、研究者に占める女性の割合は緩やかな増加傾向にある。しかし、『男女共同参画白書　平成27年版』(2015) によると、2014年3月31日現在での女性研究者の割合は、14.6％にとどまり、EU加盟国、アメリカ、韓国と比べて最も低い割合となっている（ポルトガル45.0％、イギリス37.8％、アメリカ33.6％、ドイツ26.8％、韓国18.2％、日本14.6％）。また、研究者の所属機関や専攻分野には男女で偏りがあることも明らかになっている（内閣府 2015a）。

そこで、本章では、まず、体育・スポーツ分野の研究者におけるジェンダー・バランスを量的データで示す。体育・スポーツ分野と、全分野の状況を比較することによって、前者の特徴をみていきたい。次に、質的データから現実にあるジェンダー上の課題を概観する。女性研究者の実際の声をもとに、現場にある問題点をみていくこととする。

1）大学・大学院におけるジェンダー・バランス

2000年、国立大学協会は、2010年までに国立大学女性教員比を20％にするとの量的目標を掲げ、その後、各大学における独自の男女共同参画の動きも本格化した。2010年の第3次男女共同参画基本計画があらゆる分野における女性の比率を30％とする目標「2020年30％」を掲げ、学術分野の自然科学系を中心に具体的な目標が設定された。2015年の第4次男女共同参画基本計画においても、自然科学系や日本学術会議における女性研究者の割合を30％とする目標を掲げている。

体育・スポーツ分野についてみてみると、近年、大学に体育・スポーツ系学部・学科が新たに創設されたため、それらの学部・学科の大学教員数は増加している（図表6-1）。ここでは、このような状況下、体育・スポーツ分野の研究者（教員、大学院生）の人数、割合、キャリア等に関するジェンダー・バランスの変化について概観する。

体育・スポーツ系学部・学科の教員

図表6-1は、体育・スポーツ系学部・学科の教員数と男女比の推移を表したものである。上述のよう

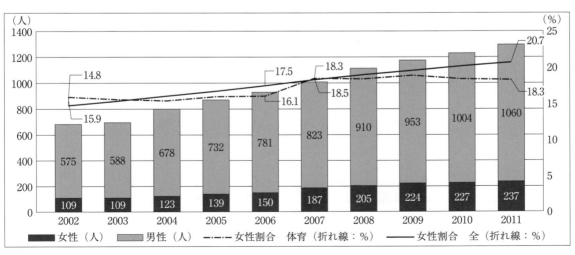

図表6-1　体育・スポーツ系学部・学科の教員数の推移

※名称に「体育」または「スポーツ」の語を含む学部・学科に所属する教員数
文部科学省「学校基本調査」より松宮作成

に、体育・スポーツ系学部・学科の教員数が増加する中で、それらに占める女性教員の割合をみると、全学部における女性教員の割合が2002年以降、14.8％から20.7％まで、一定の割合で増加しているのに対して、体育・スポーツ系学部・学科では、上昇率が低く、実際、2002年から2006年の間、また、続く2007年から2011年の間はほとんど変化がみられない。全学部においては、国公私立を問わず、2010年時点での目標とされていた女性教員比20％を達成しているにもかかわらず、体育・スポーツ系学部・学科においては停滞している状況にある。2007年においては、前年から2.4％（16.1％→18.5％）上昇したが、これは教員の職階制度の改正により、同年に多くの「助手」職に女性が採用されたことが影響したものと考えられる（図表6-2参照）。

すなわち、体育・スポーツ系学部・学科においては、他の学部に比べて、制度上の改変やインパクトがなければ（あるいは、それらがあっても）、ジェンダー・バランスが改善されにくい環境であることがうかがわれる。

体育・スポーツ系学部・学科における教員の職階

図表6-2は、2002年以降の体育・スポーツ系学部・学科における女性教員の職階、図表6-3は男性教員の職階を示したものである。上述した2007年の職階制度の改正にともない、女性の「助手」「助教」の割合が急増した。これは男性教員よりも顕著な傾向である。

男性教員においては、「教授」の職階が突出して多く、50％以上を占めるに対して（図表6-3）、女性の職階の分布は、比較的バランスがとれた人数配置になっている（図表6-2）。研究初期の職階である「助

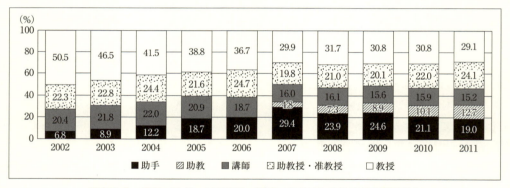

図表6-2　体育・スポーツ系学部・学科における女性教員の職階別割合

※名称に「体育」または「スポーツ」の語を含む学部・学科に所属する教員数
文部科学省「学校基本調査」より松宮作成

図表6-3　体育・スポーツ系学部・学科における男性教員の職階別割合

※名称に「体育」または「スポーツ」の語を含む学部・学科に所属する教員数
文部科学省「学校基本調査」より松宮作成

6　研究とジェンダー

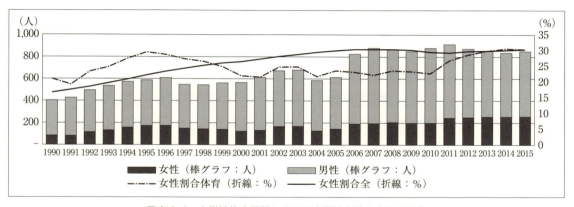

図表6-4　大学院修士課程における大学院生数と女性の割合
※「体育学」「体育専門学群」に分類された大学院生数
文部科学省「学校基本調査」より松宮作成

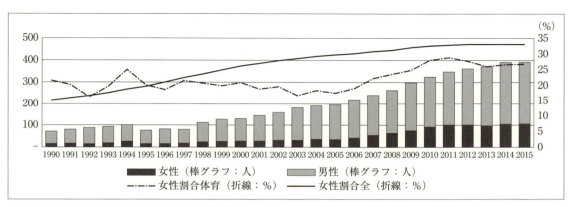

図表6-5　大学院博士課程における大学院生数と女性の割合
※「体育学」「体育専門学群」に分類された大学院生数
文部科学省「学校基本調査」より松宮作成

手」「助教」に、女性研究者が多く採用されている現状を反映している。このこと自体は、今後の大学教員におけるジェンダー・バランスの改善に向けてよい兆候を示しているが、これらの職階に近年採用された女性研究者たちが、以降も順調にキャリアアップしていけるのかどうかについては予断を許さない状況であり、そのための環境が整っているとは言い難い現状がある。そのような現状については、次節以降の質的データにおいて検証することとする。

大学院生

　図表6-4は、大学院修士課程における大学院生数と女性割合の推移、図表6-5は、大学院博士課程における推移を示したものである。将来の研究者をめざす大学院生のジェンダー・バランスの変化について概観すると、全研究科における女性の割合は、1990年以降、ほぼ一定の割合で増加傾向にあり、現在では、修士・博士両課程とも30％を超える。
　体育・スポーツ系研究科についてみると、修士課程においては、1998年以前は全研究科よりも女性の割合が高い水準にあったが、1999年以降、2012年まで全研究科よりも低い水準で推移してきた。2011年に前年の22.7％から26.9％と急増し、2013年になってようやく全研究科と同じ水準に復した。
　博士課程においては、1990年から1995年までは全研究科よりも高い水準か同水準であったが、1996年以降は、全研究科に比べて低い水準の状態が続いており、2005年には12.3％も低い割合となり（全

29.7％、体育・スポーツ 17.4％）、直近（2015 年）のデータでも 6.3％低い（全 33.1％、体育・スポーツ 26.8％）。

このように、将来の研究者たる大学院生のジェンダー・バランスの状況をみても、体育・スポーツ系研究科においては女性の割合が相対的に低く、今後、研究者のジェンダー・バランスの改善に向けても、全研究科に比べて鈍い傾向が続くことが懸念される。

体育・スポーツ系学部等において研究に従事する人たちのジェンダー・バランス

直近の時点での、体育・スポーツ系学部・学科および研究科の各キャリアにおける女性の割合は、修士課程 30.3％（2015 年）、博士課程 26.8％（2015 年）、教員全体 18.3％（2011 年）、教授 11.3％（2011 年）である。全学部における割合が修士課程 30.4％、博士課程 33.1％、教員全体 20.7％、教授 13.0％（いずれも 2015 年）に比べると、体育・スポーツ分野の研究者には、キャリアアップしていくにつれて女性の割合が減少していく傾向がやや強くみられる。

「2020 年 30％」の目標が掲げられる中で、若手の研究職である「助手」職に占める女性研究者の割合は、2011 年の時点で、体育・スポーツ系学部・学科においては 46.9％であり、大学院生に占める女性割合（修士課程 30.3％、博士課程 26.8％）よりも高くなっている。なお、全学部・学科における「助手」職に占める女性の割合は、2011 年で 54.2％、2015 年で 56.4％であることからみれば、体育・スポーツ系学部・学科の数値がことさら高いわけではない。このことは、現在の大学・研究機関全体にわたって、男性研究者よりも女性研究者を積極的に採用しようとするポジティブ・アクション（あるいは一種のアファーマティブ・アクション）が働いているとみることができる。体育・スポーツ系学部・学科においても、このようなアクションがやや鈍いとはいえ、ジェンダー・バランスが改善されつつあるようにみえる。しかし、この現状が将来のジェンダー・バランスの改善に結びつくのか、それとも一過性の変化に終わってしまうのかは、今後の研究・教育環境の改善にかかっているといえよう。

そこで次節からは、現在の体育・スポーツ分野の女性研究者が直面している研究環境上の問題点をみていくこととする。

2) 女性研究者の育成と男女共同参画

本節では、日本学術会議 健康・生活科学委員会 健康・スポーツ科学分科会による調査結果をもとに、体育・スポーツ系の女性研究者が直面する問題点とその解決策について整理する。

女性研究者の育成を妨げている理由

図表 6-6 は、女性研究者の育成を妨げている要因についてたずねた質問に対する回答を、男女別にグラフ化したものである。

両性ともに第 1 位は「家庭（家事・育児・介護）と仕事の両立が困難」であった。しかし、男性の 53.9％に対して女性は 70.7％と数値自体には大きな開きがある。女性は第 2 位「男性の意識」（56.1％）、第 3 位「女性の意識」（48.8％）と続くのに対し、男性は第 2 位「女性の意識」（46.9％）、第 3 位「職場環境」（45.3％）となっている。女性が「男性の意識」を第 2 位に挙げているのに対し、男性は「女性の意識」を第 2 位に挙げ、「男性の意識」が第 6 位に後退しているのは注目すべき点であろう。

男女の回答間には χ^2 検定によって有意差が確認され、特に「ロールモデルが少ない」における差は大きく、「評価者に男性を優先する意識がある」「性役割についての社会の偏見・慣習」もそれに続く大きさとなっている。男性の回答の方が多かったのは「男女の適性の差」のみであり、女性研究者の育成を妨げている理由の認識に関して、男女間に相違があることが理解できる。

以下は「家庭（家事・育児・介護）と仕事の両立が困難」に関する自由記述であり、男女共同参画を数字のみで進めるのではなく、その団体などの裾野を広げ、かつその実体をしっかりと把握したうえで推

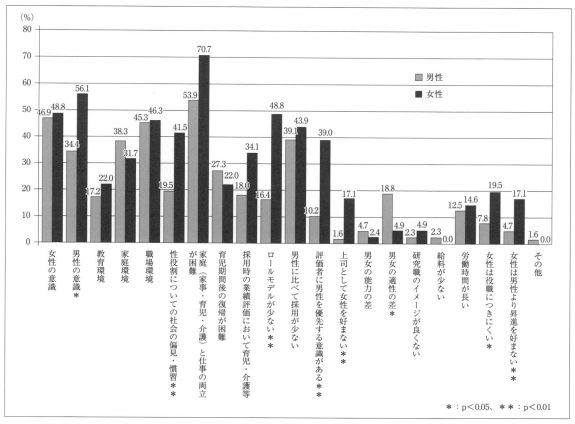

図表 6-6 健康スポーツ関連分野において女性研究者の育成を妨げている理由
日本学術会議 健康・生活科学委員会健康・スポーツ科学分科会（2011）より

進しなくては、一部の女性に負担がかかりすぎることを指摘している。また、ライフステージで異なる育児の大変さをとりあげ、女性の声を拾い上げることの重要性も指摘している。

> 今、小学生と保育園児をもつ母です。男女共同参画を数字のみで評価する傾向が強く、地域の委員や学会等ほとんど女性のいない中で、女性を参画させようとすると2桁の地域の委員に学会理事、幹事等私自身は息つく暇もありません。学会にせよ地域の活動にせよ、学会員あるいは会員等の裾野を広げて、女性数を確認して、その何パーセントかという指標もないと……と思います。学会も大学院生には若い女性がたくさんいますが、就職の時点、育児に入った時点で人数が減っていき、実際に学会理事になる年齢になると非常に女性の人数が少ないというのが私の周囲の実態です。特に、産前・産後・3歳までの子育て、小学校低学年の子育てはたいへんさの種類が違います。是非、女性の声をしっかりと聞き取り調査をしていただき、適切な社会的支援制度を希望します。（40代、女性）

また、「女性のロールモデルが少ない」に関しては、以下のような記述があり、体育・スポーツ科学関連分野において女性教員（研究者）が少ないことが特定の競技における指導者像の偏りの原因となっていることを指摘し、学生の性別割合に基づいて両性の指導者を配置することが望ましいとしている。

> 体育・スポーツ科学関連分野の研究者は、研究機関において、実技系科目担当教員として任用されるケースが多い。女子大学等を除き、実技系科目の担当者のうち、いくつかの競技（特に球技系）では、女性教員（研究者）を採用する率が非常に低いと考えられる。体育系大学では特にこの傾向が強い。そのため特定の競技における指導者像に大きな偏りがある。少なくとも学生の性別割合に見合った指導者の性別割合になる

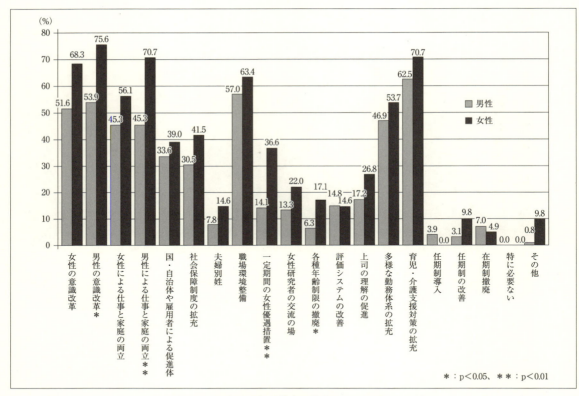

図表 6-7　男女共同参画社会を推進するのに必要なこと

日本学術会議 健康・生活科学委員会健康・スポーツ科学分科会（2011）より

ことが、ロールモデルの呈示等の教育効果の点でも望ましいと考えられる。（40代、女性）

男女共同参画を推進するために必要なこと

　図表 6-7 は、男女共同参画を進めるために必要なことについてたずねた質問に対する回答を男女別にグラフ化したものである。

　女性においては、「男性の意識改革」(75.6%)、「男性による仕事と家庭の両立」(70.7%)、「育児・介護支援対策の拡充」(70.7%) が上位3項目であった。それに対して、男性は「育児・介護支援対策の拡充」(62.5%)、「職場環境整備」(57.0%)、「男性の意識改革」(53.9%) が上位3項目であった。女性は、男性の家庭や仕事に対する意識の変革やそれに対する具体的な行動を期待しているが、男性は女性が育児や介護に負担を感じないための対策や環境整備が必要だと考えている。女性研究者の育成を妨げている理由同様、男女共同参画を推進するうえで必要とされることについても、両性の間に大きな相違がみられる。

　χ^2 検定によって確認された有意差は4項目あり、すべて女性の回答割合が高い。そのうち男女で20％以上の差があったのは「男性による仕事と家庭の両立」「一定期間の女性優遇措置」「男性の意識改革」であり、これらの項目を女性がより強く望んでいることがわかる。

　以下は、女性による「仕事と家庭の両立」（ワーク・ライフ・バランス）に関する記述であり、環境面の改善だけでなく労働や家庭に対する意識改革を求めていることがわかる。

　　法的、制度的改善が図られてきた10年ですが、保育所や託児所の設置に加えて、労働に対する意識改革

が必要です。財政面ではなく、家庭生活の豊かさを人間の幸せの指標に掲げる価値体系を書（ママ）いていることが欧米の先進国と異なる事情であるように思われます。男性が生活時間の多くを労働に割いている現実が変わらない以上、家庭を女性に預けるという性役割の改善はなされません。（40代、女性）

また、女性が成果を挙げるための環境整備を求める記述には以下のようなものがある。

学会として特に女性を排除していないが、現実に女性に研究成果を上げる十分な時間、環境がないことが原因となり、役員などへの登用が少なくなっている。社会的に女性が仕事を男性と同様に十分成果が上げられる、環境整備が必要であろう。（50代、男性）

男性の意識改革については、伝統的性別役割分業意識の払拭が必要であり、そのための教育が必要であることを指摘する記述もある。

健康スポーツ科学分野の学術団体に複数所属していますが、ジェンダーの名称の含まれていないほうの団体では、女性の役員は極めて少数でジェンダー・セクシュアリティに関する部会も活気が少なく、周縁に追いやられている印象を受けます。役員・会員男性の意識をジェンダー・センシティブなものに変えていくこと、そして具体的な女性参画の数値を設定した制度導入が、学術団体の男女共同参画において最も即効性のある方法だと思います。〈中略〉ただし大人になってからの意識改革は困難です。幼少期から、学校教育・地域での教育の中で、男女共同参画や人権、平等について学ぶことが必要です。（30代、女性）

男女共同参画推進に関しては、女性が強い関心を持っており、特に男性の家庭や労働に対する意識や性役割に関する慣習を正すことを求めている。また、育児や介護への支援対策の拡充、職場の環境整備なども期待される。さまざまな場面におけるジェンダー・バイアスを解消し、機会の平等、結果の平等をもたらす環境整備および教育体制の構築が急務である。

3) 体育・スポーツ系若手女性研究者を取り巻く環境

本章第1節では、体育・スポーツ系学部・学科におけるジェンダー・バランスの改善の必要性と女性研究者のキャリアアップを阻害する環境が示唆された。では、実際に、体育・スポーツ系の女性研究者を取り巻く環境はどのようなものであろうか。本節では、体育・スポーツ系の若手女性研究者が抱える悩み・不安・不満の声を通して、彼女たちを取り巻く研究・教育環境をみていく。

2014年11月1日〜12月31日に（一社）日本体育学会は、40歳未満の正会員2035名のうち1500名（73.3％）を対象に「体育系若手研究者の教育・研究・生活・就職・労働環境の実態と意識に関する調査」を実施した。同調査の質問紙には、「女性の研究者ならではの悩みや不安・不満」等について自由に記述するよう女性会員のみに求める質問が設定されており、140名中81名（57.9％）がこれに回答した。同調査の報告書では、これらの回答を「悩みや不安・不満」と「悩みや不安・不満を改善するための要望」からとらえ、おおむね、前者を6項目、後者を4項目に分類できるとしている（図表6-8）。

以下では、図表6-8の右列に示した略称ごとに「女性の研究者ならではの悩みや不安・不満」を枠内に示す。分類が難しいものは、「その他」に示した。なお、1つの意見が2つ以上の項目にまたがる場合には、初出のみ原文を記し、それ以降は分類される項目の最後にその番号のみを記した。

性別役割分業意識の根強い日本でライフイベントとキャリアの両立が難しいこと

「ライフイベントとキャリアの両立が難しいこと」を悩みや不安・不満として挙げたのは延べ39名であった。39名には、実際にライフイベント（結婚・妊娠・出産・育児）を経験している者もいれば、経験していない者も含まれる。まず、ライフイベントを経験している者の意見には多様な問題が見て取れる

図表 6-8　若手女性研究者の悩みや不安・不満とそれを改善するための要望

内　容		内容の略称
悩みや不安・不満	性別役割分業意識の根強いわが国の中で、女性のライフイベント（結婚・妊娠・出産・育児）と研究職としてのキャリアを積むこと（研究職としての採用・継続）の両立の困難性	性別役割分業意識の根強い日本でライフイベントとキャリアの両立が難しいこと
	体育系の中では女性研究者が絶対的に少なく、また、女性研究者には独身者が多いため、周囲にキャリアのモデルとなる身近な研究者がいないこと	少数の女性研究者及び多数の独身女性研究者の中、身近にキャリアのモデルとなる研究者がいないこと
	体育学分野におけるセクハラ・パワハラ・マタハラ	セクハラ・パワハラ・マタハラ
	若い頃に短期間で研究業績が求められるが、男性に比べて研究時間が確保できないこと	男性に比べて研究時間の確保が難しいこと
	非常勤講師や任期付教員の場合は、結婚・出産と研究職の継続のどちらかを選択する必要に迫られてしまうこと	非常勤・任期付の教員は結婚・出産か研究職かの選択を迫られること
	身分が不安定なままで、私費負担で学会発表や論文投稿を続けなくてはならないこと	不安定な身分で学会発表や論文投稿の費用を自己負担すること
悩みや不安・不満を改善するための要望	女性の活躍の場を増やし、女性研究者の人数を増やすこと	女性研究者の養成と女性の活躍の場の充実
	女性研究者同士の定期的な情報交換や先輩女性研究者の体験を共有する機会の設定（「女性の会」の設置）	女性研究者の定期的な情報交換の機会の設定
	学会費等での経済的サポート（一時的な会費免除制度）	学会費等の一時的免除制度の導入
	研究機関等での「女性枠」の拡充	研究機関等における女性枠の拡充

が（6、15、19、24、26、28、37、40、41、52、55、59、60、72、73、74）、中でも子育てに関する悩みや不安・不満が目立つ。例えば、子どもを預ける場所探しに悩み（19、24、59）、子育て中に家を空けることの難しさを強調する意見（26、28、37）がある。また、子育てのために勤務を早めに切り上げなければならず、「家庭の用事等で早めの帰宅を強いられる際の周囲の目」（41）や「夜間の授業であり、全体から就業時間等の理解を得るために肩身が狭くなること」（60）といった悩みも見受けられる。さらに、体育・スポーツ系の女性研究者独自の悩みや不安・不満としては、妊娠・出産の時期に実技を担当することの難しさ（24、60）や、コーチ業における産休・育休制度の整備（40）を訴える。

　一方、ライフイベントを経験していない者の意見は、さらにライフイベントとキャリアのどちらに軸足を置いているかによって異なる。まず、キャリアに軸足を置く者の代表的な意見には、ライフイベントを迎えることによってキャリアを絶たれることへの懸念（1、3、25）をはじめ、将来迎えるキャリア選択（博士学位の取得および研究職への就職）とライフイベントとの兼ね合いの難しさ（32、39）、若手研究者の中でもベテラン組が抱える出産のタイミングとタイムリミットへの焦り（33、36、62、77、80）などがある。一方、ライフイベントに軸足を置く者の代表的な意見には、将来迎えるライフイベントを考えると研究の道へ二の足を踏んだり（10、14）、研究の継続に自信が持てなかったり（38）、さらにはライフイベントとキャリアの両立を不可能と判断し、研究（博士課程への進学）の道を諦めた（4）というものがある。

　以上のように、ライフイベントとキャリアの両立が難しいと一口にいっても、その悩みや不安・不満は、実際にライフイベント（結婚、妊娠、出産、育児）を経験しているか否かによって傾向が異なる。

1　妊娠、出産の際に現在の職場で続けられるか不透明である事。
3　今後、出産・育児をする上で、大学職と両立していけるのか。どの様にして、先輩女性体育人（ママ）はそれをやり遂げてこられたのか？と不安になります。
4　来年、入籍します。それと同時に今の職を辞します。修士に入学したときから4年間、学校教員になるか大学教員になるか悩んでいました。結局、結婚が決まって腹が決まりました。「結婚生活、妊娠出産育児」と「博士課程への進学、研究、就活」が私には両立できないと思ったからです。両立している方

6　研究とジェンダー

も沢山いますが、その数がこれからもっと増えたらいいなと願っています。

6　育児と仕事（研究・教育）の両立が難しい。今の日本は厳しい。

10　将来、家庭を持つことを考えると、博士後期課程への進学→研究者という道は、ハードルが高く、いまいち踏ん切りがつきません。興味はあるのですが。

11　体育分野に限らず、女性研究者が結婚・出産・子育てをしながら現在の職を継続していけるよう、配慮や理解、整備の必要性を感じています。大学や体育の世界で、まだ男尊女卑の傾向が根強いことを実感しております。

12　やはり結婚を機に自分のキャリアと妊娠・出産などのライフプランのバランスをどう図っていくかは悩むところです。院の時の指導教員（女性）からは「女は男性の3倍の業績がないと認められない」と聞かされていました。1年、2年の短い期間ではなく、10年、15年…ぐらいの長い目で見て研究を続けていける（→評価される）環境が必要と思います。

14　研究者としてこの先を考えると、もしかしたら結婚によって職を手渡す（ママ）ことがあるかもしれません。理由は、配偶者と勤務地が離れる可能性が高いことと、家庭と仕事の両立です。これは研究者に限ったことではないかもしれませんが、出張や研究のフィールドワーク等を考えると、継続は困難なようにもあります（ママ）。

15　育休が取りにくい状況。子どもがいると、学会等も参加しにくい。体育は男性社会なので、セクハラやパワハラ等も多いイメージ。

18　学位をとるタイミングや、出産など、現状はかなり厳しいと感じています。

19　結婚した際に姓名の変更があっても、過去の旧姓分の論文との使い分けができないため、多くが旧姓のまま研究を続けていることについて何かと不便を感じる。また、保育園が見つからないなど問題はあると思う。

22　ロールモデルの女性の先輩が身近に全くいないので、今後、大学教員になるための道すじ（育児や家庭との両立も含めて）が描きにくい。

23　婚期が遅くなる。

24　結婚を機に旦那の実家のある地方に来ました。大学数が限られており、現在、非常勤で細々と研究を続けている状態です。公募やいくつかの大学から声をかけていただいたりしますが、子どもが小さく（2歳）、異動することもできず、もどかしい毎日です。非常勤という身分ですので、産休・育休はありません。授業ができないといえば、首（ママ）ですので、臨月ギリギリまで授業をして、8月の夏休みに子どもを産み、10月の後期から復帰しました。8月に出産できるようにバースコントロールもしました（ちなみに担当は実技科目です）。現在、仕事の日は保育園に一時保育で預けています。保育園は基本フルタイム勤務でしか入園できないので、非常勤の勤務時間だけでは入園対象になりません（授業の準備や研究時間は勤務としてカウントしてもらえない）。とりあえず、県内でもし公募が出た時に、応募できるよう、研究歴・教育歴だけは切らさないようにと思い、私費で、学会発表や論文投稿を続けています。しかし、県内で公募が出るという確証はなく、このまま身をけずって研究を続けても、一生このままなのではないかと悔しく思ってしまうこともあります。

25　ライフスタイルの変化に伴う仕事の継続への確実な保証がなく、結婚や子育てと仕事の両立へ踏みこめない。

26　（もともと研究ができる時間・環境があまりないのですが、）子どもがいることで全て制約されてしまうこと。（研究をすること・論文作ること・学会参加すること…宿泊なんてありえない状態です…）

28　科研費等の申請用紙が男性目線で作られているように感じる。例えば業績欄。産休・育休で休むとブランクができ、まるで研究をせずさぼっているように見られる。だから子どもを産みづらい。（常に業績に追われているので産むタイミングがみつからない）年配の女性研究者には独身者も多く、理解が得られないし、子育てをしていない男性には絶対に理解できない。（と思っています。）仕事でいえば、小さい子がいるにも関わらず2泊3日や3泊4日の実習に行かされる。ベビーシッター代を負担してくれる大学もあるようだが、子どもは誰でもいいわけではないし、昨日も"ママがいなくてないちゃったの〜"と言っていた。家を空けるのが難しいので学会にも行きづらい。みんなどうしているのか知りたい。

32　就職をしながら博士をとるタイミングが難しい。（婚期や子育てのことを考えると）

33　就業年齢が結婚、出産期と重なっており、任期付きで研究をしたいけれど、結婚、出産、育児をしたい願望との葛藤がある。周りの女性研究者は独身が多く、なかなか相談できる相手もいない。

36　女性のライフステージごとに様々な問題があると思います。例えば、出産適齢期の女性が、任期切れで

107

就職先を探そうとすると、とてもストレスフルな状態になります。妊娠中でも実技の授業を滞りなくできるシステムや、非常勤講師のシステムがあると道が開けます。

37 出産、育児をしながら非常勤講師＋大学院でできるだけのことはやろうとしているが、時間がなかなか取れなかったり、学会、研究会への参加は子どもがいるために断念することも多く、論文を書く作業に集中できないという悩みは持ち続けている。

38 今は結婚もしてないので特に思うことはありませんが、子どもができると数年参加できなくなるのを見てると、私はここに戻ってこようと思うかな？と疑問を持つことがあります。

39 まだ職を得ている身分ではありませんが、博士学位取得後にポスドク、任期ありの職を得ていくことになると思うと、生活面（結婚、出産）との兼ね合いがとても不安です。

40 本来であれば30歳ぐらいで出産をしたかったが、非常勤から任期付きになり、制度は存在するが、事実上は産休、育休が取れない立場ということで辛い。博士課程をストレートに出ても27歳、その後定職につけるのは（任期なし）やはり早くて5～6年、高齢出産の年齢になることになる。これからに不安がある。体育系の研究者は、現場と兼任のケースが多いが、産休、育休に対して研究支援等の制度が職場で出来つつあるのに、現場（コーチ業）に対しての支援は期待できないので、現場からも研究からも離れなければならなくなる。女性研究者のみならず、女性指導者のあり方にも目が向けばと願っている。

41 結婚や出産により、研究作業の離脱が生じること。家庭の用事等で早めの帰宅を強いられる際の周囲の目。

52 出産・育児との両立。結婚しているから生活には困らないという考えを持たれる。

55 結婚をして子供も2人いるので、部活も含めて研究する時間が非常に少なく、確実に男性研究者のように研究に時間を費やすことができない。どうしても家庭を優先しなくてはいけない。

56 なかなか研究をするための時間を確保できず、そこが悩みのたねです。教育と研究とをつなげて（日々の教育の成果を発表）ということでも続けていかねばと思っています。

57 妊娠・出産・子育てを女性研究者が行うことは、家庭、大学、同僚など周囲の理解がなければ不可能に近いと思われます。日常業務の多さに加え、家庭では時間を自分の為に使うことが難しい中、研究も男性同様に求められます。研究者であっても、産み育てやすい社会であるためには、研究者ならではの悩みに対する支援が必要と思いますが現状が十分とは思えません。

59 子育てと仕事（研究・授業）の両立はとても難しい。両方きちんとやりたいのに、できていない。また、仕事に集中できる環境が整っていない。休日祝日出勤が多いが、子どもをどこに預ければいいのか？預け先を見つけるのに毎回困っている。

60 妊娠・出産の際に実技が困難であること。男性中心の職場、又、夜間の授業であり、全体から就業時間等の理解を得るために肩身が狭くなること。

62 就職した年齢が一般（企業等）より高く、キャリアを考えるとしばらくは産休などとらずに働きたいが、年齢的にあまりゆうよもなくタイミングが（出産の）難しいこと。

69 将来的に仕事を続けていける気がしない。

72 家事・育児・仕事・研究それぞれをすべて行うための時間の調整が難しい。

73 子育ても頑張りたいが、なかなか育児と仕事を両立できない。学会で託児ルームがあるのはありがたいが、交通費の事を考えると一緒に連れていくコトは難しい。結局無い物ねだりですので、現状維持、頑張ります！！

74 子どもが小さいうちは、学会（特に地方）に参加することが難しくなります。仕方のないことと、わりきってはいますが、研究ができないことへの不満や焦りは感じています。少し大きくなって再び活動を広げていこうと思った時に、勉強・研究できる場があるといいと思っています。

77 時間に追われている間に、どんどん年齢を重ねてしまっている。出産のタイムリミットを考えると、正直焦りや悩みもある。理解が少ない（出産経験者の研究者に聞くと）。

78 女性研究者の数は圧倒的に少なく、知り合うことがむずかしい。また研究職を目指す上で常に、出産・育児などのライフイベントとの両立には不安がつきまとう。そのため、ロールモデルとなるような諸先輩方の話を伺う機会があればと思う。

80 研究活動のための時間を考えると、結婚や出産、子育てのために休職することになると思うと、なかなか決断できない気持ちがある。同じ専門領域のベテランの先生方も独身者が多いことを見ると、仕事が優先してしまうのが（ママ）と思ってしまいます。でも、最終的には、自身の気持ち次第で、出産、子育てと研究活動の両立も可能ではないかと考えています。

少数の女性研究者及び多数の独身女性研究者の中、身近にキャリアのモデルとなる研究者がいないこと

　「少数の女性研究者及び多数の独身女性研究者の中、身近にキャリアのモデルとなる研究者がいないこと」を悩みや不安・不満として挙げたのは延べ8名であった。8名の意見をみてみると、①ライフイベントとキャリアの両立を目指しているあるいはその両立に奮闘している若手女性研究者は相談相手として既婚の女性研究者を欲していること、②体育・スポーツ系の女性研究者育成の促進による体育・スポーツ系の女性研究者の地位向上とライフイベントのサポート環境整備を期待していることがうかがえる。

　5　体育は女性研究者が少ないこと。（また、ベテラン女性研究者は気が強く近よりがたいこと）
　35　大学内の女性率が低い。育児とかがサポートできるような環境を整えてほしい。女子大なので特に思う。
　48　男性の割合が多いため、女性の立場が弱いのではないかと思います。
　66　結婚すると研究時間がとれなくなると女性の研究者の先生に伺いました。また、未婚率が高いので仕事をつづけたまま結婚できないのではないかと考えてしまいます。
　　（22、28、33、78）

セクハラ・パワハラ・マタハラ

　「セクハラ・パワハラ・マタハラ」を悩みや不安・不満として挙げたのは延べ9名であった。うち5名が、セクハラ、パワハラあるいはマタハラの原因に「男性社会」「男性優位な領域」あるいは「男性の多い」というように体育・スポーツ領域が男性社会であること（15、20、46、53、76）を挙げている。中には、男女雇用機会均等法等に反する事例に該当すると考えられる（53、16、27、46、76）ものも見受けられる。体育・スポーツ領域が男性社会であることから、セクハラ・パワハラ・マタハラが生じているとすれば、「男性社会」という環境は改善されるべきであろう。

　9　任期付の場合、なかなか結婚・妊娠にふみだせない。女性が働くことについて、まだまだ理解されていない（たて前では理解を示すが、本音のところは理解されていないと感じる）。セクハラ、パワハラ、マタハラはよく耳にする。
　16　妊娠を理由に契約を切られたことがある。「つわりくらいで休むな」と言われて、がんばりすぎて死産したことがある。「大変」です。
　20　男性社会・年功序列の古い慣習・文化の領域であると思う。研究倫理・モラルの意識の低い方が多くみられると思う（男女問わず）
　27　今後の進路（就職など）を決める際に"女性枠"という枠を設けて下さる先生方もおられます。大変嬉しいです。活躍できる場をあたえて下さるという意味では大変恐縮です。ただ、それとひきかえに、「飲みに行く、一緒に…」といった傾向はかわらないようです。私は、こういうことが、少し嫌で、このまま研究職に残るのか否か、決めかねております。でも、どうすれば、こういうことが減るのかはわかりません。このように、聞いて下さる、はけ口があれば、少しは心につっかえるものも減ると思います。
　46　男性社会のため、女性に対する配慮がほとんどない。出産の際にはパワハラで辞めさせられ、トイレで搾乳はあたりまえ。
　53　研究職に就きたい気持ちはあるが、結婚・出産のことを考えると、自ら歓んで（ママ）公募への応募をしにくい時がある。以前、面接で結婚や出産の予定を聞かれた経験もあり、大学側にとって結婚・出産を期に勤務形態が変わる予定のある女性教員は戦力とみなされていない、まだまだ男性優位な領域であると感じる。実際に、これまでセクハラを受けたこともあり、研究職へ就きたい気持ちがだんだん薄れてきた。
　58　女性ならではの仕事があると感じているものの、働き口が少なすぎる。同じ程度の能力がある男女がいるとすると、男性上司は男性の方を選びがち。理由としては使いやすいから、セクハラなどを気にすることが少ないから、数年で仕事をやめることがないから（結婚、出産などで）
　76　男性の多い学会なので、孤立しやすく色めがねで見られる場合が多いように思う。同じ学会員として学

会に参加し研究発表をしているので、平等に扱ってほしい。女性の座長や役員が少数あるいは分野がかたよっているので、大変残念に思う。大学院（博士課程）在学時に女性だからそんなにがんばる必要はない、昨年度女性院生が問題をおこしたから、今年は女性は研究室に採らないといっている大学教員がいた。又、国立の大学教員の飲み会で、うちの大学は女性は採らないと言っているのを聞いた。女性であるから職業の選択が狭くなるような言動はやめてほしい。
(15)

男性に比べて研究時間の確保が難しいこと

「男性に比べて研究時間の確保が難しいこと」を悩みや不安・不満として挙げたのは延べ10名であった。10名すべてが男性に比べて研究時間の確保が難しい理由にライフイベント、とりわけ妊娠、出産、育児を挙げている。例えば、「（常に業績に追われているので産むタイミングがみつからない）年配の女性研究者には独身者も多く、理解が得られないし、子育てをしていない男性には絶対に理解できない（と思っています。）」(28) との記述から、実際にライフイベントとキャリアとの間で葛藤し、苦しんでいる様子がうかがえる。また、家事や育児・子育てをこなしながら男性と同じように研究業績を求められることに悩み、焦り、不満などを感じている様子が、複数の意見 (13、54、55、74) からうがかえる。一方、ライフイベントを経験していない女性研究者は、「院の時の指導教員（女性）からは『女は男性の3倍の業績がないと認められない』と聞かされていました」(12) とか、「結婚すると研究時間がとれなくなると女性の研究者の先生に伺いました」(66) という記述から、先輩である女性研究者の話を通じて男性に比べて研究時間の確保が難しいことを理解していることがうかがえる。

13　任期なしのポストに就いているのでぜい沢な悩みかも知れませんが家事育児授業、会議委員会で研究の時間はありません。子どもが体調を崩した時など、困ってばかりいます。
54　女性を対象とした研究が少ないにも関わらず、女性対象とした論文に関心が薄いように感じます。時間がない（残業できるほど余裕がない）家庭も担うためいつまでもこの状態であると、時間のある男性や独身の研究時間等にはおいつかないと考えると、信頼されないのではないかと思う。
65　子供が出来た時の研究の中断
　　（12、28、55、56、57、66、74）

非常勤・任期付の教員は結婚・出産か研究職かの選択を迫られること

「非常勤・任期付の教員は結婚・出産か研究職かの選択を迫られること」を悩みや不安・不満として挙げたのは延べ12名であった。ライフイベント（結婚・妊娠・出産・育児）とキャリアのどちらかを選択しなければならない原因の1つは、産休・育休制度があっても、非常勤や任期付きの教員の間ではその制度が機能していないから (40、67) である。一方、「非常勤という身分ですので、産休・育休はありません。授業ができないといえば、首（ママ）ですので、臨月ギリギリまで授業をして、8月の夏休みに子どもを産み、10月の後期から復帰しました。8月に出産できるようにバースコントロールもしました（ちなみに担当は実技科目です）」(24) という意見から、産休・育休制度がない中で、妊娠・出産・育児をこなし、「出産か研究職か」の選択さえできない者もいることがわかる。このような状況の中、非常勤・任期付きの女性研究者の多くが「任期付の場合、なかなか結婚・妊娠にふみだせない」(9) とか、「迷惑をかけないためには、出産・子育てという選択肢はないのかナ…」(67) というように、ライフイベントに躊躇したり、諦めを感じていたりするならば、「女性研究者の出産後のキャリアサポート」(8) を検討してもよいのではないだろうか。

8　現在、任期付きの常勤職だが、任期切れ、結婚、出産のタイミングがここ2年間のうちにすべてきそう

6　研究とジェンダー

なため不安です。女性研究者の出産後のキャリアサポートを（学振の助成のようなものを含め）体育学会でも考えていただきたいです。
47　任期制で雇用されている間に産休、育休等に入った場合、更新（時期）に不利にならないのか不安です。
67　勤務校は専任教員の数が少なく、地域的に非常勤講師の確保も難しいため、産休に伴う授業の穴を埋める方法が考えられず、結局「迷惑をかけないためには、出産・子育てという選択肢はないのかナ…」と思ってしまいます。
68　博士取得後、任期付などの職が多いため女性としてのライフステージを進もうとすると弊害が多いと思われます。
　　（1、9、18、23、24、25、40、69）

不安定な身分で学会発表や論文投稿の費用を自己負担すること

　「不安定な身分で学会発表や論文投稿の費用を自己負担すること」を悩みや不安・不満として挙げたのは延べ1名であった（24）。

悩みや不安・不満を改善するための要望

　「悩みや不安・不満を改善するための要望」は以下のように大きく4つに分類される。まず、「女性研究者の養成と女性の活躍の場の充実」に分類された意見を集約すると、男性研究者の割合が圧倒的に高い体育・スポーツ領域はそのイメージが権力的で女性研究者の地位が低いととらえられることから、そのイメージを払拭するために女性研究者の割合を高め、女性の活躍の場を充実させることが求められているといえる。次に「女性研究者の定期的な情報交換の機会の設定」に分類された意見を集約すると、女性のライフイベントとキャリアの両立に悩んだときに相談できる、いわゆるロールモデルとなる女性研究者や仲間および女性研究員の情報交換の場・会・シンポジウムなどが求められているといえる。また、「学会費等の一時的会費免除制度の導入」に分類された意見を集約すると、日本体育学会が産後・育休期間の会費免除制度および産後のキャリアサポートの導入を検討することが求められているといえる。最後に「研究機関等における女性枠の拡充」に分類された意見を集約すると、女性枠の趣旨を周知させるとともに女性枠を拡充することが求められているといえる。

---

①　女性研究者の養成と女性の活躍の場の充実
　　43　体育となると、男性が権力的にも強いイメージがあるため、もっと女性の活躍の場があるといいと思う。
　　51　特にありませんが、やはり体育は男性が多いので、女性の研究者や院生の方と悩みなど（プライベートなども）打ち明けられるような環境になってほしいと思います。女性の仲間を増やしたい！
　　　　（48、74）
②　女性研究者の定期的な情報交換の機会の設定
　　2　色んな女性研究者の話を聞いてみたいです。研究者としてではなく、一女性としての悩みをどうのりこえただとかを聞きたいです。
　　29　女性同士での議論の場が少ないと感じる。
　　42　女性研究者がういた感じになる時がある。女子体育の事をもっと広げるセッションなどを作るべきだ。（学会やシンポジウム）今年はパッとしなかった。
　　63　特にありませんが、女性だけのシンポジウムなどがあれば参加してみたいとは思います。
　　64　女性研究員の会があってもいい。
　　　　（28、51、78）
③　学会費等の一時的免除制度の導入
　　44　年会費が高額であるため、例えば産後、育児休暇中の一時的な会費免除制度があるとよい。休暇中は大幅に給与ダウンのため、タイミングによっては痛手であるため。（私費負担の場合）
　　　　（8）
④　研究機関等における女性枠の拡充

111

30 「これからは就職でも、昇格でも女性だから有利で良いね」とよく言われます。"もしかしたら、実力で評価されないのでは"と考えている人が多いのかなと思います（実際のところ分かりませんが…）。このことが、「逆差別」のようになってしまわないか、少し不安はあります。（27）

その他

「悩みや不安・不満」および「悩みや不安・不満を改善するための要望」に分類されなかったのは延べ14名である。日本体育学会大会開催中の託児所設置を評価する意見 (7、34) やライフイベント (結婚・妊娠・出産・育児) をサポートする環境整備を要望する意見 (21、71、79、81) などがみられるが、ここで注目したいのは、女性が差別あるいは軽視されていると感じていることである (45、50、75)。とりわけ、「未だに『体育』は女性教員では頼りないといった風潮が体育学全体にあるように思う。『体育』という名称が古いイメージを堅持させている気もする。研究者というよりは、大学における体育教員として、女性が軽視されている気はする」(50) という意見は、先述のセクハラ、パワハラあるいはマタハラの原因として挙げた「体育・スポーツ領域が男性社会であること」と関連していると考えられる。

7 不満ではないですが、学会の大会での託児所を設置することについて、評価いたします。これからも設置することで、大会に参加しやすくなると思います。次回もしありましたら、利用したいと思います。

17 人間関係、ライバル

21 女性の社会における様々な死角があるように感じています。結婚や子育てなどの方に向けて、何かサポートをして頂くことが必要に思います。

31 女性ならではの悩みや不安等を感じたことは今のところ一度もありません。

34 子どもができて、日本体育学会は託児があるとうかがっているため、次年度は参加したいと考えています。

45 学部に女性研究者が少ない為、実習授業（宿泊）への参加を常に求められ、研究活動に最も集中できるはずの長期休業中に、ほとんど研究の為の時間が取れない。若い女というだけでものすごく軽んじられる事があるが、これは研究職に限ったことではないとも思う。

49 将来のことを考えると職場を変えることが大変だと感じてしまう。研究職だけに限らず、次に踏み込めない。

50 未だに「体育」は女性教員では頼りないといった風潮が体育学全体にあるように思う。「体育」という名称が古いイメージを堅持させている気もする。研究者というよりは、大学における体育教員として、女性が軽視されている気はする。

61 女性優遇とか男女平等とか言われていますが、実際どうなんだろね（ママ）と思います。

70 研究室からの情報や結果発進（配信）が全てではないと思うので研究室、大学だけに就職を求めなくてもいいと思います。スポーツ関連企業からも現場データを発表できるはずです。女性研究者は就職が難しいと考えがちですが…。

71 出産・育児へのサポート体制が整っていないこと。

75 男性の教員が女性の競技種目について、差別することがある。

79 産休代替のシステムがあれば大変嬉しいです。学生の指導、プロジェクト研究、セミナーやフォーラム準備等、一時期休んでも間をつないで頂ける専門職があればと願っています。

81 結婚や子育てになり、研究から離れなくてはならい（ママ）状況をもう少し、社会がサポートしてくれる環境になってくれたら嬉しいです。例えば24時間体制の保育所や小児医療。

体育・スポーツ系の女性研究者を取り巻く研究・教育環境

体育・スポーツ系の若手女性研究者を取り巻く研究・教育環境は厳しい。男性研究者と同じように研究業績を積んでいく中で、ライフイベント (結婚・妊娠・出産・育児) を経験した者は子育てとキャリア (研究業・実技を含む授業・コーチ業) の両立に苦悩し、ライフイベントを経験していない者はライフイベントとキャリアの両立の道を模索し、非常勤講師および任期付教員は産休・育休制度が機能しない中でライ

6　研究とジェンダー

フイベントかキャリアかいずれかの道の選択を迫られる。これに加えて、セクハラ・パワハラ・マタハラを被ることもある。このような状況の中、若手女性研究者は相談相手に既婚女性研究者の先輩・仲間を求めているが、体育・スポーツ系の女性研究者率は他分野に比べて低く、加えて、育児・子育てに追われる先輩・仲間は学会大会などへの参加を控えることから、身近にロールモデルや相談相手をみつけられないでいる。このような現状を視野に入れながら、女性研究者の育成をはじめ、研究機関などにおける女性枠の拡充、ライフイベントのサポート環境整備、学会費の一時的免除などの経済的なサポート制度の導入、女性研究者の定期的な情報交換のための機会の設定などが求められている。

コラム：さんきゅうパパプロジェクト、イクメンプロジェクト

　「平成27年度仕事と家庭の両立に関する実態把握のための調査」によると、男性の育児休業取得率は女性の86.6％に対して2.3％であった。一方で、実際に育児休業を取得したくてもできなかった男性は30％であり、その理由に、育児休業制度が利用しにくい職場の雰囲気（26％）や、残業が多い、業務が繁忙である（21.2％）ことを挙げる。この調査結果から、男性は育児休業に意欲を持っていることがわかる。このような男性の背中を後押しするべく、現在、わが国で展開されている2つのプロジェクトを紹介したい。

　2009年6月にいわゆる「育児介護休業法」が改正され、一部を除いて2010年6月から施行された。この法改正により、男性の配偶者が育児休業をとりやすい環境づくりがスタートした。その1つが「さんきゅうパパプロジェクト」である。このプロジェクトは、出産後8週間以内の男性配偶者の休暇取得を普及・推進するために内閣府が打ち出した啓発活動である。「さんきゅうパパ」とは、産後に休暇をとるパパを言い表し、「さんきゅう」は"thank you"を示す。そして子を抱く父と母をイメージしたロゴマークには、「パパが休暇を取ることで、産んでくれた妻に、生まれてきた我が子に感謝をし、結びつきを強くしよう」という思いが込められているという。2015年3月20日に内閣府が閣議決定した『少子化社会対策大綱〜結婚、妊娠、子供・子育てに温かい社会の実現をめざして〜』によると、2019年度末までに「配偶者の出産後2ヶ月以内に半日または1日以上の休み（年次有給休暇、配偶者出産時等に係る特別休暇、育児休業等）を取得した男性の割合」を80％にすることが、施策目標の1つとなっており、「さんきゅうパパプロジェクト」はこの目標を達成するための一方策といえる。

　もう1つは、男性配偶者の育児休業取得を応援する「育MEN（イクメン）プロジェクト」である。これは、男性がより積極的に育児に関わることができる社会を目指して、2016年6月に厚生労働省が発足させたプロジェクトである。「育MEN」は、「子育てを楽しみ、自分自身も成長する男性」あるいは、「将来そんな人生を送ろうと考えている男性」を意味し、イクメンが増えれば、配偶者である「女性の生き方」「子どもたちの可能性」「家族のあり方」が変わり、そして社会もより豊かになっていくというビジョンを掲げている。プロジェクトの内容には、プロジェクトのHPにイクメンとそのサポーターの登録の推進をはじめ、企業の事例や関連資料の公開、育休体験談の掲載、イベント告知、セミナーやシンポジウムなどの企画・運営、地域発信型のイクメン普及活動のサポート、参画企画との連携活動等が含まれている。

　これらのプロジェクトが、今後、体育・スポーツ系の研究・教育機関にも浸透し、「体育・スポーツ系さんきゅうパパ」「体育・スポーツ系イクメン」が増えることを楽しみにしている。

【引用・参考文献】

一般社団法人日本体育学会政策検討・諮問委員会「若手研究者」小委員会（2015）『体育系若手研究者の生活・研究・就職および職場環境に関する現状と課題：日本体育学会若手会員への調査報告書』一般社団法人日本体育学会

日本学術会議　健康・生活科学委員会健康・スポーツ科学分科会（2011）『記録　健康・スポーツ科学関連分野の学術研究団体における男女共同参画に関する調査結果（第2報）』

三菱UFJリサーチ＆コンサルティング（2015）『平成27年度仕事と家庭の両立支援に関する実態把握のための調査研究事業報告書労働者アンケート調査結果』厚生労働省

〔ホームページサイト〕

厚生労働省「イクメンプロジェクト」

http://ikumen-project.jp/index.html

内閣府「さんきゅうパパプロジェクトについて（啓発ツールイベント等）」

http://www8.cao.go.jp/shoushi/shoushika/sankyu_papa.html

内閣府（2015）「さんきゅうパパ準備 BOOK」

http://www8.cao.go.jp/shoushi/shoushika/etc/project/pdf/book/print_all.pdf

内閣府（2015）「男女共同参画白書　平成 27 年版」

http://www.gender.go.jp/about_danjo/whitepaper/h27/zentai/index.html

http://www.mhlw.go.jp/stf/seisakunitsuite/bunya/0000103114.html

文部科学省「学校基本調査」

http://www.e-stat.go.jp/SG1/estat/NewList.do?tid=000001011528

7 スポーツメディアとジェンダー

　本章では、メディアとスポーツの関係について、ジェンダーの視点でとらえたデータを紹介し、そこから読み取れる内容を概観する。本章は、「メディアの中のアスリート」「ニュースメディアが提示する『スポーツとジェンダー』」「スポーツメディアのまなざし」「スポーツメディアの送り手」の4節で構成される。「メディアの中のアスリート」においては、特にテレビでの報道、コマーシャルにおいてアスリートがどのように扱われているかを検討する。「ニュースメディアが提示する『スポーツとジェンダー』」においては、私たちが社会を知る手がかりとして機能している「ニュース」に着目し、ニュースメディアではどのようなジェンダー・バランスに基づいてスポーツが伝えられているのかを把握し、分析する。「スポーツメディアのまなざし」においては、特にスポーツを専門とするメディアのプログラム構成や紙媒体のスポーツ専門メディアの特徴などをとらえる。「スポーツメディアの送り手」においては、新聞社や放送局の従業員や管理職の性別構成状況から、組織としてどのようなジェンダー・バランスが構築されているのかを検証する。

1) メディアの中のアスリート

　図表7-1はニホンモニター（2015, p.30-61）による、2014年1月1日から12月31日までのテレビにおける報道時間のアスリート別ランキングである。ここでの「報道」とは、地上波テレビのニュース、情報ワイドショー、スポーツ情報番組を指し、スポーツ中継番組、ダイジェスト中継は除外している。2014年はソチ冬季五輪、およびサッカーW杯ブラジル大会が開催されたこともあってか、上位10人のうち、フィギュアスケート選手が4人、サッカー選手が3人を占めている。この他のアスリートも、世界ランキングを5位まで上げた錦織圭（テニス）やMLBで活躍する田中将大（野球）など、世界を舞台にして活躍するアスリートが名を連ねており、アスリートとしての活躍度の高さと報道量の多さとが、ある程度は関連しているとみることができる。

　一方、女性アスリートで上位10人に入っているのは、いずれもフィギュアスケートの浅田真央と鈴木明子の2人である。上位30人にまで視野を広げると、高梨沙羅（スキージャンプ）、吉田沙保里（レスリング）、横峯さくら（ゴルフ）、石川佳純（卓球）を加えて6人となるが、その他の24人は男性アスリートが上位を占めている（ニホンモニター2015, p.30）。また、男性のサッカー選手が上位10人のうち3人を占めているのに対し、世界レベルでの大会での実績では決して劣っていない女性のサッカー選手が上位30人に入っていないことに、大きなギャップを指摘することができるだろう。こうしたことから、メディアでの報道量という点では、現時点でジェンダー差が存在するということができる。

　ただし、その理由を単に報道する側

図表7-1　アスリート報道量

順位	選手名	性別	種目	報道量
1	羽生結弦	男性	フィギュアスケート	138時間37分
2	本田圭佑	男性	サッカー	119時間31分
3	浅田真央	女性	フィギュアスケート	113時間59分
4	錦織圭	男性	テニス	113時間27分
5	田中将大	男性	野球	81時間38分
6	葛西紀明	男性	スキー	78時間30分
7	香川真司	男性	サッカー	68時間13分
8	高橋大輔	男性	フィギュアスケート	64時間 5分
9	長友佑都	男性	サッカー	54時間13分
10	鈴木明子	女性	フィギュアスケート	44時間30分

ニホンモニター（2015）より藤山作成

図表 7-2　アスリート別 CM 起用企業件数

起用件数	選手名	性別	種目
11 社	松岡修造※	男性	テニス
10 社	本田圭佑	男性	サッカー
8 社	香川真司	男性	サッカー
	石川遼	男性	ゴルフ
6 社	松木安太郎※	男性	サッカー
	羽生結弦	男性	フィギュアスケート
5 社	柿谷曜一朗	男性	サッカー
	クリスチアーノ・ロナウド	男性	サッカー
	ネイマール	男性	サッカー
	アルベルト・ザッケローニ※	男性	サッカー
	中山雅史※	男性	サッカー
	イチロー	男性	野球
	浅田真央	女性	フィギュアスケート
	錦織圭	男性	テニス

※印は元アスリート
ニホンモニター（2015）より藤山作成

図表 7-3　競技種目別テレビ CM 起用人数

起用人数	種目
64 名（4 団体含む）	サッカー（男子）
55 名（1 団体含む）	野球
34 名	ゴルフ（男子）
31 名	プロレス（男子）
15 名	ゴルフ（女子）
8 名	陸上（女子）
	競馬
7 名	陸上（男子）
	フィギュアスケート（女子）
	相撲
6 名	ボクシング（男子）

ニホンモニター（2015）より藤山作成

のジェンダー・バイアスによるものと断定することは早計であろう。ソチ冬季五輪で活躍したフィギュアスケートやスキー選手をはじめ、上位 30 人に入った女性アスリートは、基本的に世界を舞台にして活躍しているアスリートが多く、その実力に見合った報道量が確保されているとみることもできる。したがって、現状の報道量に存在するジェンダー差は、報道する側にジェンダー・バイアスがあるために生じているというだけではなく、世界で活躍する女性アスリートの人数が男性アスリートに比べて少ない点や、サッカーや野球など、男性が中心となって行われる競技の人気や実力が高い点などにも、その要因を求めることができるのではないだろうか。

　図表 7-2 はニホンモニター（2015, p.68–75）による、2014 年 1 月 1 日から 12 月 31 日までのアスリート別のテレビ CM 起用企業件数をまとめたものである。やはりサッカー W 杯ブラジル大会が開催されたことの影響もあってか、元選手を含めてサッカー選手の起用件数が非常に目立つ結果となっており、5 社以上の CM に起用されたサッカー選手は元選手や監督を含めて 8 人となっている。

　元テニスプレイヤーの松岡修造がトップの 11 社に起用されたことに象徴されるように、報道とは異なって、CM の出演者にはアスリートとしての実力だけでなく、知名度やカリスマ性、親しみやすさなどといったタレント性が必要とされているということができる。しかし、基本的には報道されるアスリートと同様に、世界を舞台に活躍しているアスリートが多く起用されていることがみてとれる。

　女性アスリートは浅田真央（フィギュアスケート）の 5 社が最多で、上位に入っているのは浅田のみとなっている。

　図表 7-3 はニホンモニター（2015, p.82–89）が、2014 年 1 月 1 日から 12 月 31 日までの競技種目別テレビ CM 起用人数をまとめたものである。引用元では各競技は男女別にわけられていないが、本データブックの趣旨に見合うよう、筆者が男女にわけてまとめ直した。

　競技種目別でみると、圧倒的にサッカー選手の起用人数が多い。以下、野球、ゴルフと続いており、いわゆるプロスポーツが上位を占めている。これらの競技は、本章の第 2 節で示すように、テレビでの中継が多い競技でもある。テレビでの中継が多いということは、それだけ多くのスポンサーがついている競技だということができるため、これらの競技に携わるアスリートの CM 起用が多くなるのは、あ

る意味では当然の結果ともいえるであろう。また、CM である以上、プロスポーツに携わるアスリートがアマチュアよりも多く出演することも、自然なことといえよう。

女性アスリートに関していえば、ゴルフの CM 起用人数が 15 人と最多となっている。このことは、やはり本章第 2 節で示すように、テレビでのスポーツ中継において、女性の競技の中継時間はゴルフが大部分を占めていることと関連があると考えられる。その一方で、フィギュアスケートにおいては、競技の中継時間は男女ともほぼ同じ程度であるものの、CM の起用人数においては、女性が浅田真央を筆頭に 7 人が起用されたのに対して、男性は羽生結弦、高橋大輔、織田信成の 3 人にとどまっている。

これまで、アスリートを起用した CM においては、男性アスリートはスポーツをする主体として、また、力強さ、たくましさを表す存在として描かれ、女性アスリートはスポーツをみる・応援する存在として、また、アイコンやアイキャッチャーとして描かれるという傾向があった（平川 2002, 2004）。しかし近年では、例えば、工場で仕事中の男性が、浅田真央の競技姿を思い出してやる気を呼び起こすという設定の住友生命の CM「僕たちの冬・工場編」(2013 年) や、サッカー女子日本代表選手が空港で架空のボールを男の子にパスする設定の JAL の CM「チャレンジ JAL なでしこジャパン編」(2015 年) など、女性アスリートが競技場面を通じて「世界と戦う存在」や「みている私たちに勇気をくれる存在」「次世代の目標となる存在」として描かれるケースが増えており、必ずしも表現上にジェンダーによる分節がみられるわけではなくなりつつある。したがって、フィギュアスケート選手の CM 起用における人数の男女差が何に起因しているのかを判断するためには、その CM にどのようなメッセージが込められているのか、アスリートがどのような意図で起用されたのかなど、CM の内容についての分析も必要になってくるといえよう。

2) ニュースメディアが提示する「スポーツとジェンダー」

新聞やテレビなどのニュースは、1 日がどのような日であったかを伝える役割を担っており、オーディエンスである新聞の読者やテレビの視聴者にとっては世界で今何が起きているか、私たちの社会とはどんなものかを知る手がかりとなる。したがって、ニュースの内容は私たちの世界観や社会に対する認識に多大な影響を与えており、ジェンダーやスポーツに対する考え方もメディアの報道の仕方と密接に関係している。そこで本節では、ニュースメディアとスポーツに関するデータを紹介し、ジェンダーの視点から「スポーツ」をとらえ直す一助としたい。

ここでは Global Media Monitoring Project（以下、GMMP）による調査結果を示す。このプロジェクトは、メディア問題に取り組む NGO、World Association for Christian Communication（WACC）が中心となって、メディアが提示するジェンダーの不平等を明らかにしようという目的で 1995 年から 5 年ごとに実施されており、世界中のメディア研究者や市民グループが同日のニュースメディアをジェンダーの視点で一斉に分析するものである。4 回目の GMMP2015 は世界 114 カ国が参加し、2015 年 3 月 25 日に行われた。日本も 1995 年の第 1 回 GMMP から NPO 法人 FCT メディア・リテラシー研究所が日本のコーディネーターとして参加している。

GMMP では、ラジオ、新聞、テレビ、インターネットのニュースメディアが日常をどのように映し出しているかを示すために、特別なイベントが設定されていない普通の日のニュースを分析対象としている。また、より多くの人に影響を与えているニュースを対象とするため、スポーツ専門のニュース番組やチャンネルは除外されている。なお、インターネットの発達にともない、2010 年の第 3 回 GMMP からネットニュースも分析対象に加えているが、ここでは経年変化をみるために、新聞、ラジオ、テレビの 3 つの媒体の調査結果のみを紹介する[1]。

GMMPの調査では、主にニュースメディアに登場する人物の男女比を明らかにしている。登場する人物は2つに大別されており、一方はニュースを報道するレポーターやキャスター、もう一方は事故・事件の被害者や加害者、街頭インタビューされる人や会見で見解を述べる人など、ニュースの中でとりあげられている人物である。ここでは前者を「報道する人物」、後者を「ニュースの登場人物」とする。なお、2010年の調査より登場人物を分析する際に多様な性も考慮に入れた分類が行われているが、数字にはまだ反映されていないようである。

報道する人物の男女比

GMMPでは、テーマを「スポーツ」に限定せず、ニュース全体のジェンダー・バランスを調査している。ここではまず、世界のニュースメディアが提示するジェンダーの全体像を示し、次に「スポーツ」に焦点をあてた結果を紹介したい。なお、GMMPの調査報告書では結果の値について小数点以下の数字を示していないため、ここでも同様に表示する。

図表7-4は報道する人物のうち、世界のラジオ・テレビのニュースに登場する女性キャスターの割合である[2]。ラジオは、2000年が41%、2005年が49%、2010年が45%、2015年が41%と常に4割を超えており、比較的男女のバランスがとられている。テレビの女性キャスターの割合はより高く、2000年が56%、2005年が57%、2010年が52%、2015年が57%といずれの調査においても5割を超えており、キャスターは男性よりも女性の方がより多く登場している。ラジオとテレビの合計をみると、1995年が51%、2000年が49%、2005年が53%、2010年および2015年がともに49%とあり、常に5割前後を推移している。したがって、調査を開始した1995年当初からホストとして番組を仕切るキャスターは男女のバランスがとられていたといえるだろう。

図表7-5は、新聞、ラジオ・テレビのニュース番組に登場する女性記者・レポーターの割合である。まず、新聞の女性記者の割合をみると、1995年が25%、2000年が26%、2005年が29%、2010年が33%、2015年が35%であり、1995年より一貫して上昇しているが、2015年の時点でも35%と3割強にとどまっており、依然として男性中心であることがわかる。ラジオは、2000年が28%、2005年が45%、2010年が37%、2015年が41%である。2000年は3割に満たないが、2005年以降は4割前後を推移している。またテレビも同様に、2000年が36%、2005年42%、2010年が44%、2015年が38

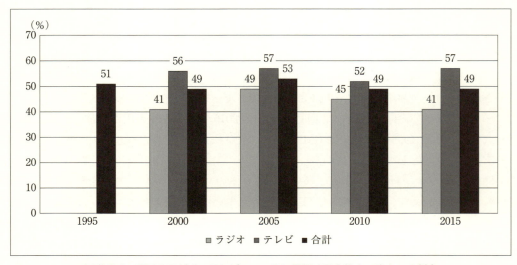

図表7-4　世界のラジオ・テレビニュースに登場する女性キャスターの割合

Macharia et al（2015）より登丸作成

118

7　スポーツメディアとジェンダー

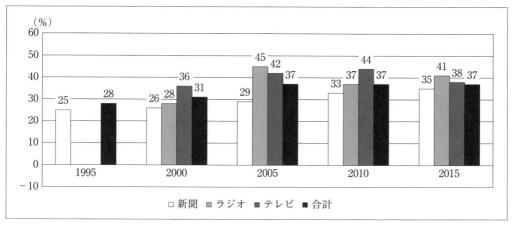

図表7-5　世界の新聞、ラジオ・テレビニュースに登場する女性記者・レポーターの割合
Macharia et al（2015）より登丸作成

図表7-6　世界の新聞、ラジオ・テレビニュースのテーマ別にみる登場人物の男女比（GMMP1995-2015）

	1995 女性	1995 男性	2000 女性	2000 男性	2005 女性	2005 男性	2010 女性	2010 男性	2015 女性	2015 男性
科学、健康	27 %	73 %	21 %	79 %	22 %	78 %	32 %	68 %	35 %	65 %
社会、法律	19 %	81 %	21 %	79 %	28 %	72 %	30 %	70 %	28 %	72 %
犯罪、暴力	21 %	79 %	18 %	82 %	22 %	78 %	24 %	76 %	28 %	72 %
著名人、芸術、スポーツ	24 %	76 %	23 %	77 %	28 %	72 %	26 %	74 %	23 %	77 %
経済	10 %	90 %	18 %	82 %	20 %	80 %	20 %	80 %	21 %	79 %
政治、政府機関	7 %	93 %	12 %	88 %	14 %	86 %	19 %	81 %	16 %	84 %
計	17 %	83 %	18 %	82 %	21 %	79 %	24 %	76 %	24 %	76 %

Macharia et al（2015）より登丸作成

％と4割前後の数字が並んでいる。合計をみると、1995年が28％、2000年が31％、2005年および2010年、2015年がいずれも37％と続く。全体的には上昇傾向ではあるものの、先述の女性キャスターの割合がほぼ5割であったことを考慮すれば、女性記者の割合は4割弱にとどまっており、男女のバランスがとれているとは言い難い。

なお、ここでとりあげた図表7-4と図表7-5は世界のニュースメディア全体の調査結果であるが、さらに本章第4節「スポーツメディアの送り手」にある日本のメディアで働く女性の数およびスポーツ記者の女性比率も参照し、世界および日本のデータを比較しながら報道する側のジェンダー・バランスについて検討する必要がある。

ニュースの登場人物

図表7-6は、ニュースのテーマ別にみる登場人物の男女比である。まず合計をみると、1995年の調査では女性17％、男性83％、2000年では女性18％、男性82％、2005年では女性21％、男性79％、2010年では女性24％、男性76％、2015年では同じく女性24％、男性76％とあり、ニュースでとりあげられる人物はその大半が男性であることがわかる。調査開始の1995年から20年を経ても女性の割合は17％から24％と7％しか上昇しておらず、男女の差は依然として著しい。

次にテーマ別の女性の割合をみると、1995年では「科学、健康」が27％と最も高く、次いで「著名人、芸術、スポーツ」が24％であり、「犯罪、暴力」が21％、「社会、法律」が19％、「経済」が10％、「政治、政府機関」が7％と続く。「経済」と「政治、政府機関」が1割程度と突出して低く、政治や経済

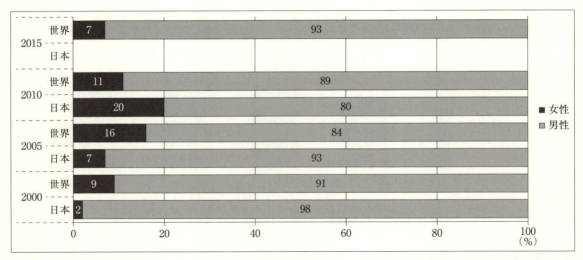

図表7-7　世界・日本の新聞、ラジオ・テレビニュースに登場するスポーツ愛好家、選手、コーチ、審判の男女比（GMMP2000-2015）
Macharia et al（2015）より登丸作成

といった「ハードニュース」に登場する女性の割合が低いことがわかる。この割合は調査を経るごとに上昇し、2015年ではそれぞれ21％、16％まで増加している。

一方、スポーツのニュースは「著名人、芸術、スポーツ」に含まれ、これらのテーマのニュースに登場する人物の女性比率が、1995年の調査で24％、2000年で23％、2005年で28％、2010年で26％、2015年で23％と一貫して20％台であり、女性の登場する割合は低い。ただし、著名人として女性芸能人や文化人がとりあげられることも多く、この分類ではスポーツニュースにおける女性の比率を把握することは難しい。

そこで、テーマにかかわらずニュース全体を通して登場する「スポーツ愛好家、選手、コーチ、審判」の男女比を図表7-7に示す。なお、1995年の調査結果および2015年の国別データはGMMP2015の報告書で示されていないため、2015年の日本の部分は空欄となっている。図表7-7をみると、2000年の調査では、女性の比率は世界のニュースで9％、日本で2％といずれも著しく低い。さらに2005年では世界のニュースで16％、日本で7％、2010年では世界で11％、日本で20％、2015年では世界で7％である。いずれも2割以下にとどまり、ニュースメディアに登場するスポーツ愛好家らはそのほとんどが男性であるといえる。

日本のニュースでは、オリンピックなどの特別なスポーツイベントの時期を除けば、日常的にはプロ野球やJリーグなどのプロスポーツの試合結果を報じることが多い。世界および日本のニュースメディアにおける「スポーツ」が男性中心である点について、なぜプロスポーツが中心的に報道されるのか、ニュースメディアのスポンサーは誰かなどを考慮に入れながら、メディアが伝える「スポーツ」とは何か、どうあるべきかを検討する必要があるだろう。

3）スポーツメディアのまなざし

図表7-8、7-9は2015年11月29日（日）～12月5日（土）の1週間、地上波テレビ、およびBS放送でのスポーツ中継の放送時間を、性別ならびに競技別にとりまとめたものである。「スポーツ中継」として集計の対象としたのは、競技の放送（録画、再放送、ダイジェスト、総集編含む）に限り、ゴルフのレッスン番組や登山紀行など、娯楽・情報的要素が主体の番組は含まない。対象としたチャンネルは、地上

7　スポーツメディアとジェンダー

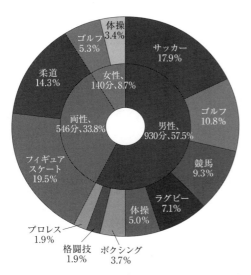

図表7-8　地上波テレビでの性別・競技別スポーツ放送時間
※2015年11月29日（日）〜12月5日（土）　藤山調べ

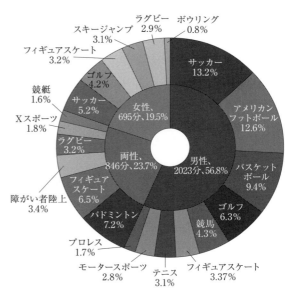

図表7-9　BS放送での性別・競技別スポーツ放送時間
※2015年11月29日（日）〜12月5日（土）　藤山調べ

波はほぼ全国をカバーしているNHK総合、NHK教育、日本テレビ、テレビ朝日、TBSテレビ、テレビ東京、フジテレビの7チャンネル、BS放送は地上波に準じて、NHK-BS1、NHK-BSプレミアム、BS日テレ、BS朝日、BS-TBS、BSジャパン、BSフジの7チャンネルとした。放送時間は、各日の番組表の記載に基づいて、放送開始時刻から次の番組の放送開始時刻までをカウントしている。集計にあたっては、競馬を「男性」カテゴリーに組み込んだ。これは、騎手の性別を判断の基準にしたことに由来している。日本中央競馬会では、性別による騎手の制限はなく、性別にかかわらず騎手となることができるが、調査を実施した時期には女性の騎手はおらず、実質的に男性の騎手のみで争われていることから、「男性」にカテゴライズしている。また、モータースポーツについても同様に、レギュレーション上は男女の区別はないものの、今回の調査対象となった競技ではすべて女性レーサーの出場はなく、実態として男性レーサーのみによる競技が放送されているため、「男性」にカテゴライズしている。このことは、後に示すスポーツ専門チャンネルでも同様の扱いとしている。なお、フィギュアスケートなど、同一の大会で男性・女性それぞれの部門が開催されている競技については、同一の放送枠の中で男性・女性の競技が両方とも放送された場合は「両性」に、それ以外の場合は、それぞれの性別カテゴリーに分類している。

地上波テレビの性別・競技別スポーツ放送時間

　まず、図表7-8に示した地上波の方からみていくと、最も放送時間が長かったのがフィギュアスケートで、男子サッカーがわずかの差でこれに続く。これはちょうどこの期間に、グランプリシリーズの1つであるNHK杯が開催されていたという事情によるものと考えられる。また、この大会の模様は、総集編も含めてNHK総合で2日間放送されたが、いずれも男女両方の競技を放送している点に特徴があるといえる。2000年代前半までは、当時の国際大会での日本人選手の競技成績という点において、女性選手が男性選手よりもよい結果を収めていたという事情もあって、日本におけるフィギュアスケートの放送は、女性の競技が中心であった。放送時間が女性選手の競技に偏っていること、また、フィギュアスケートが採点系の競技であることもあり、当時の多くの人々にとって、フィギュアスケートは女性のスポーツという印象があったことは否めない。しかし、2000年代中盤以降、男性選手もレベルが急

速に向上し、国際大会での競技成績が向上したことを受け、フィギュアスケートのテレビ放送時間において、男性選手と女性選手の差が少なくなってきている。テレビの放送時間数に差が少なくなることで、これまでのフィギュアスケートに対する多くの人のジェンダーイメージが変化しているのか、興味深いところである。

　地上波における放送時間を性別にみると、男性の競技の放送時間が57.5％、両性の競技が33.8％、女性の競技は8.7％となっており、男性の競技がスポーツ放送の中心であることがみてとれる。競技種目とクロスさせてみると、男性の競技が多岐にわたっているのに対し、テレビで放送される女性の競技は、先に挙げたフィギュアスケートと柔道に加え、ゴルフと体操の計4種目にすぎない。体操については、この時期に全日本団体選手権が行われたもので、男子団体は当日に生中継で、女子団体は当日深夜に録画でそれぞれ放送されている。

BS放送の性別・競技別スポーツ放送時間

　図表7-9に示すBS放送においては、NHK-BS1を筆頭に、地上波より多様な競技が放送されており、総放送時間も地上波の約2倍となっている。競技ごとにみていくと、男子サッカーとフィギュアスケートがほぼ同じ放送時間となっている点は、地上波と共通している。BS放送のフィギュアスケートは、男性・女性にわかれた放送も行われているが、それぞれの放送時間はほぼ等しい。また、バドミントンや障がい者陸上など、地上波では放送されることがきわめて少ない競技が放送されている点も、BS放送の特徴として指摘される。

　BS放送の放送時間を性別にみると、男性の競技の放送時間が56.8％、両性の競技が23.7％、女性の競技は19.5％となっており、やはり男性の競技が中心となってはいるが、地上波に比べると、女性の競技の放送割合が高くなっていることがわかる。女性の競技においては、地上波でも放送時間の長かったゴルフが上位に入っているが、女子サッカーの皇后杯トーナメントや女子ラグビーW杯予選なども放送されており、この点からもBS放送におけるコンテンツの多様性を垣間みることができる。

スポーツ専門チャンネルの性別・競技別スポーツ放送時間

　図表7-10は、2015年11月29日（日）～12月5日（土）の1週間、CS放送の代表的なスポーツ専門チャンネルとして、日テレジータス、GAORA、スカイ・A、J SPORTS1、2、3の6チャンネルでのスポーツ中継の放送時間を、性別ならびに競技別にとりまとめたものである。集計の対象、放送時間のカウント方法は、地上波、BS放送と同様である。

　競技別でみると、男子サッカーの放送が最も長く、全体の18.5％を占めている。男子サッカーは、地上波で17.9％、BS放送で13.2％となっており、どのチャンネル種別においても長時間放送されている有力なコンテンツとなっている。また、シーズンオフにもかかわらず野球が11.5％と

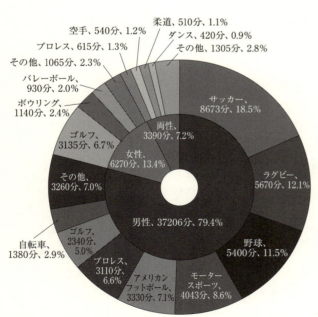

図表7-10　スポーツ専門チャンネルでの性別・競技別スポーツ放送時間
※2015年11月29日（日）～12月5日（土）　藤山調べ

122

なっており、有料放送における中心的なコンテンツとしての位置づけがうかがえる結果となっている。スポーツ専門チャンネルだけに、BS放送以上に多様な競技が放送されているが、競技ごとの放送時間を詳細にみると、男子サッカーを筆頭に、上位10件の競技で放送時間全体の約80％を占めており、残りの20％足らずの放送時間を22の競技がわけ合うという構図になっている。これは、再放送が多いというスポーツ専門チャンネルの特徴も関連していると考えられる。

　性別にみると、男性の競技の放送時間が79.4％、女性の競技は13.4％、両性の競技が7.2％となっており、地上波、BS放送に比べ、特に両性の競技の放送比率が減少し、男性の競技の放送比率が高くなっていることがわかる。これは、地上波やBS放送で両性の競技として放送されることが多かったフィギュアスケートや柔道が、スポット的なイベントであったことと関係していると考えられる。つまり、スポーツ専門チャンネルにおいては、スポット的なイベントよりも、定期的に放送している競技の方が圧倒的に多くの放送時間を占めているために、男性の競技の放送比率がきわめて高い結果となったといえよう。この点から考えを進めると、地上波やBS放送においても、例えばフィギュアスケートのシーズンオフで野球の盛んな7月ごろに調査を実施すれば、男性の競技の放送比率がさらに高い結果になるとも考えられる。

　この図表7-10からは、女性で最も放送時間が長い競技が、地上波と同じくゴルフとなっているとともに、スポーツ専門チャンネルにおいては、女子ゴルフの放送時間が男子ゴルフの放送時間を上回っていることがみえてくる。

　スポーツ専門チャンネルは基本的に有料であり、視聴者層としては熱心なスポーツファンの存在が想定される。また、チャンネルの価値を創造するためにも、スポンサーがつきにくいような競技でも中継が行われる可能性が、地上波やBS放送よりも高いといえるだろう。こうしたことから、スポーツ専門チャンネルにおいては、無料で視聴できる地上波やBS放送とは異なったチャンネル編成の原理が働くと考えられる。例えば女性プロボウラーによるボウリングのリーグ戦「Pリーグ」や、自転車のロードレースなどの定期的な放送のように、スポーツ専門チャンネルにはニッチながら根強いニーズを満たす役割を果たしている側面がある。また、クリフダイブやスラックライン[3]などのいわゆるXスポーツやダーツなど、「スポーツ」のカテゴリーに入るのかどうか、判断が難しい競技の放送が含まれている点も、スポーツ専門チャンネルの特徴として指摘することができ、スポーツの概念に多様性をもたらす働きをしているということができる。現状では、放送時間の男女比には大きな差があるものの、スポーツ専門チャンネルのこうした特質の活用方法によっては、スポーツとジェンダーに関するステレオタイプ的なイメージの変革につながる可能性も考えられるだろう。

　しかしその一方で、スポーツ専門チャンネルにおいても、地上波やBS放送と同じくサッカーやゴルフの放送が多いことや、シーズンオフにもかかわらず、野球の放送が多くあったことからは、ノエル＝ノイマン（2013）のいう「沈黙のらせん」さながらに、人気のある競技は放送機会が多くあり、それゆえに人気を保つ一方で、人気の低い競技や注目度の低い競技は放送機会が少なく、それゆえに多くの人の目につく機会も少なくなって、人気や注目度が一層低くなるというスパイラルに陥る危険性を指摘することができるのではないだろうか。

スポーツ専門誌のまなざし

　図表7-11、7-12は、スポーツ総合誌『Sports Graphic Number』（隔週刊・文藝春秋社）の表紙に掲載されたアスリートの性別と競技種目についてとりまとめたものである。調査の範囲は2010年1月8日発売号（745号）から2015年11月19日発売号（890号）までの140冊を対象とした[4]。臨時増刊や『Number PLUS』などの号外は含まず、通常発行の号のみを対象とした。『Sports Graphic Number』は、1980

図表 7-11 『Number』誌表紙に掲載された競技

サッカー	84
野球	36
ラグビー	1
テニス	3
フィギュアスケート	9
モータースポーツ	3
プロレス	1
フェンシング	1
バスケットボール	1
体操	1
競馬	1

※野球はそのうち1回、テニスとともに掲載されている。
745号〜890号まで、藤山調べ（2015）

図表 7-12 『Number』誌表紙に掲載
されたアスリートの性別

女性	9
男性	129
両方	2

※745号〜890号まで、藤山調べ（2015）

年4月に創刊されたスポーツ総合誌で、スポーツ・ノンフィクションというジャンルを開拓するとともに、その認知度を向上させてきた。同ジャンルの後発誌として、『スポーツ・ヤァ！』（角川書店・サンケイスポーツ）、『VS』（光文社）、『Sportiva』（集英社）等が発行されたが、現在、日本で定期的に刊行されているスポーツ総合誌は『Sports Graphic Number』の一誌のみである。出版不況といわれる現在でも毎号15万部程度の発行部数を記録しており[5]、同誌が現在の日本において代表的なスポーツ専門メディアとして、幅広い読者から継続的に受容されていることが理解される。そうした意味において、同誌は日本のメディアの送り手と受け手がスポーツをどのようにみているのかを示す、象徴的な存在ということができる。もちろん、表紙だけですべての見方を判断することはできないが、表紙はその雑誌を代表する「顔」として位置づけられており、今、どのようなスポーツに、どのような注目が集まっているかを示すシンボルとしてとらえることができる。

　図表 7-11 で示すように、競技別にみると、サッカーが84回、野球が36回表紙に掲載されており、この2競技だけで全体の約85％を占めている。また、図表 7-12 で示すように、性別では男性アスリートのみが129回、女性アスリートのみが9回、男女両方のアスリートが掲載されたケースが2回となっている。また、女性アスリートが表紙になった際の競技は、フィギュアスケートが6回、サッカーが女性単独で2回、男性と女性の両者が掲載されているケースで2回、フェンシングが1回となっている。競技にしても性別にしても、扱いに極端なまでの偏りがあることが容易に見て取れる結果となった。

　表紙にとりあげられる競技として、サッカーと野球の回数が飛び抜けて多く、またアスリートの性別としても男性が圧倒的に多いという現状は、地上波、BS放送、スポーツ専門チャンネルにおけるスポーツの放送時間の傾向とほぼ一致している。その一方で、テレビ放送において女性の競技で最も放送時間の長いゴルフに関しては、表紙に起用されるケースはなかった。この点に、放送メディアと雑誌メディアの間のギャップを見出すことができる。また、女性アスリートが表紙に掲載されたケースの過半数がフィギュアスケートであるという点も、1つの特徴として指摘することができる。

　図表 7-13 は調査対象誌の表紙掲載写真とメインタイトルをテーマタイプ別に分類し、その代表的なタイトルをまとめたものである[6]。また、図表 7-14 は女性アスリートが表紙写真に掲載されたケースをまとめたものである。図表 7-13 に示すように、男性の競技が表紙になっている場合は、サンプル数が多いこともあり、1人のアスリートに焦点をあてたものから国際大会での展望やレポート、競技における技術の検討、歴史的な視点からのストーリーづくりなど、その内容と表現に多様性を見出すことが

図表 7-13 『Number』誌表紙掲載写真とメインタイトル（テーマタイプ別・抜粋）

テーマタイプ	No	性別	Sport	メインタイトル
歴史（19）	839	男性	サッカー	ドーハの悲劇、20 年目の真実
	877	男性	野球	すべては野茂英雄からはじまった。〜日本人メジャーリーガー 20 年史〜
	883	男性	野球	夏の甲子園　百年の青春
	824・825	男性	バスケットボール	追憶の 90's
アスリート（16）	793	男性	サッカー	誰も知らないキング・カズ。
	836	男性	野球	〈完全保存版〉イチロー不滅の 4000 本。〜最強打者と数値の美しい関係〜
	868	男性	フィギュアスケート	羽生結弦「闘争本能」
	869	男性	テニス	錦織圭のすべて。
アスリート（複数）（16）	752	男性	F1	Last SAMURAI of Formula 1　可夢偉のすべて、琢磨のいま。
	801	男性	野球	〈メジャーリーグ開幕特集〉運命に挑む 9 人のサムライ。
	821	男性	サッカー	メッシ vs. ロナウド〜世界最強はどっち〜
	861	男性	野球・テニス	革命を見逃すな。〜大谷翔平と錦織圭〜
シーン（15）	746	男性	ラグビー	大学ラグビー新時代。伝統校と新興校の未来
	814	男性	サッカー	プレミア最前線。〜世界最強リーグを見逃すな〜
	822	男性	フィギュアスケート	美しき日本のフィギュア。〜Figure Skating 2013〜
	888	男性	競馬	翔けよ、世界へ〜日本競馬　最強への軌跡〜
国際大会プレビュー（12）	747	女性	フィギュアスケート	バンクーバー五輪特集　あなたの知らないフィギュアの世界
	842	男性	サッカー	W 杯出場 32 カ国を格付する。〜WORLD CUP BRAZIL 2014〜
	846	女性	フィギュアスケート	〈ソチ五輪直前総力特集〉浅田真央ラストダンス
提言（11）	760	男性	サッカー	日本サッカーの未来を語る。
	826	男性	サッカー	〈緊急特集〉こんな日本代表が見たい。
	874	男性	サッカー	〈創刊 35 周年記念号〉日本サッカーへの提言。
国際大会レポート（8）	806	男性	サッカー	〈特集　ブラジル W 杯最終予選〉日本代表「アジアを超えて」
	848	女性	フィギュアスケート	ソチ冬季五輪総集編
シーズンレポート（8）	841	男性	野球	Baseball Final 2013〜東北楽天、9 年目の結実〜
	843	男性	サッカー	J リーグには俺たちがいる〜J. League Final 2013〜
指導者（7）	753	男性	サッカー	サッカー総力特集　名将バイブル 2010
	782	男性	野球	答えは過去にあり。〜ニッポンの名将特集〜
シーズンプレビュー（4）	748	男性	サッカー	欧州チャンピオンズリーグ　バルサを撃て！
	873	男性	サッカー	逆襲。〜J. LEAGUE 2015〜
技術（4）	791	男性	サッカー	世界で戦えるサムライの作り方。〜日本サッカー育成最前線〜
	832	男性	野球	やっぱりホームランが見たい。
チーム（3）	797	男性	サッカー	〈総力特集 FC バルセロナ〉バルサはなぜ、史上最強なのか。
	885	男性	野球	〈阪神タイガース八十周年特集〉猛虎、神撃。
チーム作り（3）	745	男性	野球	勝つ組織。最強チームのつくり方
	796	男性	サッカー	GM に学べ。〜強い組織を築く 10 の法則〜
年間総集編（3）	769	男性	サッカー	甦る死闘 2010
	867	女性	フィギュアスケート	Face of 2014〜写真で振り返る 2014 年総集編〜
大会レポート（2）	807	男性	サッカー	EURO2012FINAL〜スペイン無敵の 2 連覇〜
その他（9）	761	男性	サッカー	アスリートの本棚。読書が彼らを強くする
	770	男性	野球	僕はこんなものを食べてきた。アスリート最強の食卓。
	781	男性	サッカー	メンタル・バイブル〜20 人のアスリートが明かす心の整理術〜
	818	男性	体操	心が震える 99 の言葉〜Words of Athlete 2012〜
	820	男性	サッカー	選択の人間学。〜僕はこんな道を選んできた〜

※ 745 号〜890 号まで、藤山調べ（2015）

図表 7-14　『Number』誌表紙掲載写真とメインタイトル（女性アスリート掲載分）

テーマタイプ	No	性別	Sport	メインタイトル
国際大会 プレビュー（3）	747	女性	フィギュアスケート	バンクーバー五輪特集　あなたの知らないフィギュアの世界
	808	男女	サッカー	〈ロンドン五輪総力特集〉やまとなでしこロンドンに咲け。
	846	女性	フィギュアスケート	〈ソチ五輪直前総力特集〉浅田真央ラストダンス
国際大会 レポート（3）	749	女性	フィギュアスケート	バンクーバー五輪総集編
	784	女性	サッカー	〈完全保存版〉女子ワールドカップ優勝記念　なでしこ激闘録
	848	女性	フィギュアスケート	ソチ冬季五輪総集編
年間総集編（2）	794	女性	サッカー	〈2011 年総集編〉日本の誇り。
	867	女性	フィギュアスケート	Face of 2014〜写真で振り返る 2014 年総集編〜
アスリート（1）	890	女性	フィギュアスケート	浅田真央　スマイルアゲイン
アスリート （複数）（1）	872	女性	フェンシング	ヒロインを探せ！〜2015▶2020〜
提言（1）	812	男女	サッカー	〈日本サッカー総力特集〉ロンドン五輪代表と考える　男と女の未来図

※ 745 号〜890 号まで、藤山調べ（2015）

できる。一方、男性とともに掲載されている場合も含めて女性が表紙になっているケース（図表 7-14）をみてみると、全 11 回のうち、国際大会のプレビューが 3 回、国際大会のレポートが 3 回、年間総集編が 2 回、1 人のアスリートに焦点をあてたもの、複数のアスリートに焦点をあてたもの、提言がそれぞれ 1 回となっている。このことから、男性の競技が表紙になっている場合の切り口の多様性に比べ、女性のアスリートが注目されるのは、国際大会が開催され、しかもそこで好成績を残した場合や、好成績が期待される場合に限定されている現状が浮かび上がってくる。こうした現状は、男性の競技がさまざまな視点から語られるだけの蓄積がある一方で、女性の競技やアスリートに関しては、まだそれだけの視点を伝える側が持てておらず、メディアの受け手においても、そうした視点が共有ないしは熟成されていないことを示しているのかもしれない。

4）スポーツメディアの送り手

　図表 7-15 は日本の新聞社・通信社の全従業員における女性の割合、および記者総数における女性割合の推移をまとめたものである。どちらの数字も、この 15 年ほどの間に緩やかに上昇を続け、女性従業員、および記者の割合は 15 ％を超えて 20 ％に届きそうな気配をみせている。新聞社・通信社全体の従業員数、新規採用数が減少を続ける中で、女性の比率が高まっているということは、新規採用における女性の割合が上昇しているということでもあり、日本新聞協会労務委員会（2015, p.82）によれば、新規採用者数に占める女性の割合は、10 年前から 6.8 ポイント上昇したという。

　また、図表 7-16 は新聞社・通信社におけるスポーツ記者の性別割合を明らかにした 2005 年の調査結果である。スポーツ記者数が 9 名以下の会社においては、女性スポーツ記者の比率は 15.0 ％となっているが、10 名以上の規模になると 7 ％台に減少し、全体では 9.0 ％となっている。

　一方、2015 年現在、新聞社・通信社において「広義の管理職」にある女性の割合は、図表 7-17 に示す通り全体の 7.1 ％となっており、図表 7-15 の全従業員に占める女性の割合（16.3%）と比べると、大きなギャップがあるといえる。また、日本新聞協会労務委員会（2015, p.83）によれば、男性は全男性従業員 3 万 5095 人のうち 36.3 ％にあたる 1 万 2738 人が広義の管理職にあるのに対し、女性は全女性従業員 6821 人のうち 14.2 ％にあたる 967 人が広義の管理職についており、この点にも男女間のギャップを見出すことができる。なお、ここで「広義の管理職」としているのは、「課以上の組織の管理・監督す

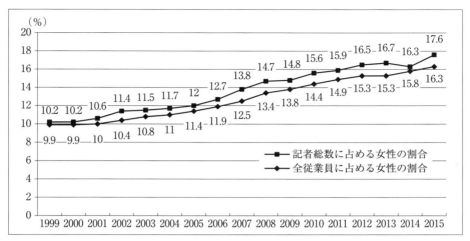

図表7-15　新聞社・通信社の全従業員および記者における女性の割合

日本新聞協会労務委員会（2015）および内閣府（2015）より藤山作成

図表7-16　新聞社・通信社におけるスポーツ記者の性別割合（2005年、飯田調べ）

スポーツ記者数	新聞社数	男性記者	女性記者	合計	女性比率
9名以下	24	104	18	122	15.0 %
10〜19名	8	123	10	133	7.5 %
20名以上	9	390	33	423	7.8 %
合計	41	617	61	678	9.0 %

飯田（2008）より転載

る仕事に従事」する立場のほか、「部下を持つ職務以上の者、部下を持たなくてもそれと同等の地位にある者や、デスクやキャップなど社内において指導・教育的立場にある従業員」を意味している（日本新聞協会労務委員会 2015, p.83）。

図表7-18は日本の放送局における従業員、および管理職の女性割合の推移を、民間放送局と日本放送協会に分類してまとめたものである。民間放送局の全従業員に占める女性の割合は、およそ20％程度で横ばい状態が続いており、女性管理職の割合も15年前に比べるとほぼ2倍近い割合になってはいるものの、2011年以降は12％台でほぼ横ばいの状態となっている。一方、日本放送協会においては、女性従業員の割合は着実に増加を続け、2014年には15％を超え、15年前の倍近くとなっている。管理職の女性割合も、わずかながらも上昇を続け、2014年には5％を

図表7-17　新聞社・通信社の「広義の管理職」の性別比

日本新聞協会労務委員会（2015）より藤山作成

超えている。民間放送局と日本放送協会とを比較してみると、女性の従業員割合、管理職割合とも民間放送局の方が高い数値を示しているが、女性の従業員割合については、民間放送局がこの15年、ほぼ横ばい傾向であることもあって、両者の格差は12ポイントから5.7ポイントにまで縮まっている。これに対して管理職割合については、両者とも女性比率を伸ばしてはいるものの、その速度に大きな相違があり、1999年には両者の格差が4.5ポイントだったものが、2014年には7.3ポイントにまで拡大している。

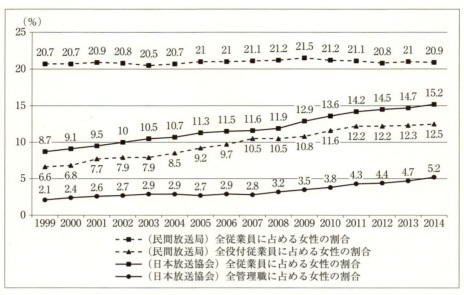

図表7-18　放送局の全従業員および管理職における女性の割合
内閣府（2015）より藤山作成

　以上のように、日本の新聞社・通信社、および放送局においては、女性の従業員の割合は男性よりも少なく、なかんずく意思決定に関わる管理職の女性は少ない状況にあるものの、いずれも緩やかながら増加傾向にあることがみえる。ただし、民間放送局においては、女性の従業員割合、管理職割合とも、増加率が鈍っているといえる。また、管理職の女性の割合と従業員における女性の割合との間には、依然として大きなギャップがあることも理解される。新聞社・通信社、および放送局において、意思決定にかかわる管理職の女性が少ないということは、新聞紙面やテレビ・ラジオの番組づくりにおいて、女性の意向が反映されにくい状況を生んでいるとみることができる。新聞社・通信社、放送局といったマスメディアは、特に組織全体として幅広い視点や価値観を持つ必要があるといえよう。女性を増やすことがすべての課題を解決するわけではないが、少なくとも、組織としての視点や価値観の多様性を保証する1つの手段として、従業員、管理職の男女比が著しく不均衡な現状を改善する必要があるだろう。

コラム：ロンドン五輪のインターネット中継がもたらした「多様性」

　2012年に開催されたロンドン五輪において、日本では初めて、インターネットを通じた競技の中継が行われた。NHKは特設サイト内において、8チャンネルで計913時間の生中継を実施した。日本民間放送連盟も特設サイト「gorin.jp」において、2チャンネル、405時間の生中継を実施した。この他にも、NHK、民放連とも特設サイト内でハイライト動画を配信し、それぞれのサイトへの総アクセス数は、NHKが約3億3936万件（7月27日～8月13日）、民放連は約4460万件（7月25日～8月20日）に達したという（2012年8月27日『産経新聞』）。インターネットで生中継されたのは、アーチェリーや自転車ロードレース、馬術など、いずれもテレビでの生中継が行われなかった競技で、従来であれば映像を通じて観戦することのできなかった競技が多かった。また、当然のことながら、インターネット中継はPCやタブレット端末など、テレビ以外のデバイスでの視聴を可能にする。こうしたことから、ロンドン五輪のインターネット中継は、観戦する競技の選択肢とその視聴方法に多様性をもたらしたといえよう。
　NHKでは、2016年に行われるリオデジャネイロ五輪において、競技の生中継を放送と同時にインターネットでもみられるようにする「同時配信」を行う予定があるという（2016年1月4日『読売新聞』）。必

ずしもテレビというデバイスだけがテレビ放送の受信機ではない現在のメディア状況において、インターネット中継は今後、多様なコンテンツの配信方法の1つとして、その重要性を増し、五輪以外の場面においても一般化していくであろう。そうなれば、地上波、BS放送、CS放送のスポーツ専門チャンネルと、いずれの形態においても男性に比して女性の競技の放送時間が非常に少ないというスポーツ放送の現状を、インターネット中継が変えることも期待される。インターネット中継によってもたらされる視聴環境とコンテンツの多様化は、単なる選択肢の増加にとどまらず、これまでは放送されることが少なかった、いわゆるマイナー競技や女性の競技の中継機会が増えることで、受け手のスポーツに対する視野を広げ、男性中心のスポーツ中継の現状を変える可能性を持っているという意味において、スポーツ文化の成熟をもたらすことにつながるといえるのではないだろうか。

　しかし、五輪競技のインターネット中継がますます本格化することが予測される一方で、テレビ放送との「同時配信」は、結局のところ、テレビと同じ競技をテレビ以外のデバイスでもみることができるサービスであり、それだけに終始すると、ロンドン五輪のインターネット中継で垣間みえた、多様な競技の中継という特性を失いかねない。現在のメディア環境を考えれば、「同時配信」の取り組みは必要だが、インターネット中継の特性をスポーツ文化の成熟につなげることもまた、メディアとスポーツをジェンダーの視点からとらえたときに、意味のあることであろう。

注

注1）GMMP2015の調査結果はネット上で公開されている。詳細は、WACCのサイトを参照のこと（http://whomakesthenews.org/gmmp/gmmp-reports/gmmp-2015-reports）。

注2）GMMPの1995年の調査ではラジオとテレビのキャスターおよびレポーターの男女比が示されていないため、図表7-4および図表7-5の該当箇所には数値が表示されていない。

注3）「クリフダイブ」は自然の崖や人工的につくられた飛び込み台から水面に飛び込み、その際の姿勢や技を採点する競技。エナジー飲料のレッドブルが冠スポンサーとなり、「レッドブル・クリフダイビング・ワールドシリーズ」として世界各国をサーキットする形で開催されている。「スラックライン」はベルト状のロープ（ライン）を用いた綱渡りのような競技で、ライン上でジャンプや宙返りなどの技を採点する形式で行われていることが多い。

注4）合併号があるため、冊数と号数は一致しない。

注5）（一社）日本雑誌協会調べによる印刷部数。部数算定期間は2014年10月1日〜2015年9月30日。　　http://www.j-magazine.or.jp/data_002/m2.html

注6）「テーマタイプ」はメインタイトルが示している記事内容を分類したものである。「歴史」はその競技の過去のできごとなどをとりあげたもの、「アスリート」はアスリート個人に焦点化したもの、「シーン」はその競技やリーグなどの現状に関する話題、「提言」は主にサッカー日本代表チームをテーマにした議論、「指導者」は指導者個人に焦点化したもの、「技術」はその競技に関する技術的側面に焦点化したもの、「チーム」は1つのチームに焦点化したものを意味している。

【引用・参考文献】

飯田貴子（2008）「スポーツジャーナリズムにおける『女性』の不在」『スポーツとジェンダー研究』6、pp.15-29、日本スポーツとジェンダー学会

内閣府（2015）『平成27年度版男女共同参画白書』内閣府

日本新聞協会労務委員会（2015）「新聞・通信社の従業員数・労務構成調査（2015年4月）」『新聞研究』770、p.82-85、日本新聞協会

ニホンモニター（2015）『テレビスポーツデータ年鑑2015』ニホンモニター

ノエル＝ノイマン，E. 著、池田謙一・安野智子訳（2013）『沈黙の螺旋理論（改訂復刻版）』北大路書房

平川澄子（2002）「スポーツ、ジェンダー、メディア・イメージ─スポーツCFに描かれるジェンダー」橋本純一編『現代メディアスポーツ論』世界思想社、pp.91-115

平川澄子（2004）「スポーツ・コマーシャリズムとジェンダー」飯田貴子・井谷惠子編著『スポーツ・ジェンダー学への招待』明石書店、pp.71-79

Macharia, S. et al.（2015）Who Makes the News: Global Media Monitoring Project 2015, *World Association for Christian. Communication: London.*

8 暴力とセクシュアル・ハラスメント

　本章では、スポーツ活動や指導にともなって発生する暴力やセクシュアル・ハラスメントの問題をとりあげる。暴力やセクシュアル・ハラスメントの問題は、その加害者に責任があることはいうまでもないが、特にスポーツ環境においてはそうした加害者自身の問題に加えて、暴力やセクシュアル・ハラスメント行為自体を問題視しない、あるいは受容したり容認せざるをえない構造があると思われる。ここでは既存のデータを使って、そうした構造の一端を把握することを試みたい。またこれらの問題に対する国内外のスポーツ関連組織による取り組みの現状について紹介する。

1) スポーツにおける暴力の問題

　スポーツ領域における暴力の問題はその文脈によって整理することができる。1つ目は競技者間のプレー中のラフプレーや暴言、暴力行為の問題、2つ目はフーリガニズムと呼ばれる主にヨーロッパのフットボールを舞台とする観客同士の暴力の問題、3つ目が指導者から競技者に対する「体罰」の問題である。本節では、近年社会問題となっている3つ目の体罰についてジェンダーの視点から考察する。

体育・スポーツの文脈における暴力経験に関する先行研究

　図表8-1に、主に学校内のスポーツ指導時に受けた暴力[1]経験について調べた先行研究のうち、男女別の経験率を報告したものの要点をまとめた。まず男女別の被暴力経験を確認すると、楠本ほか (1998) は男子 (84.0 %) が女子 (68.4 %) よりも暴力を多く受けていると報告するが、宮田 (1994) は逆の傾向 (男子73.3 %、女子81.3 %) を報告している。ただし暴力を受けた文脈に注目すると、宮田 (1994) では「スポーツ場面の体罰」、楠本ほか (1998) では特に限定されておらず、いずれにせよ暴力を受けた時期などについて限定されていないので、これら2つの先行研究から確かな傾向を導き出すことは難しい。もう1つの冨江 (2008) は女子体育大学と共学体育大学、体育系以外の大学の各学部生を対象として、中学校から高校にかけての運動部活動中の被暴力経験を質問している。そして男女の被暴力経験率を中学校と高校に分けて報告しているが、中学校では女子の経験率 (40.8 %) が男子 (35.2 %) よりも高く、高校では反対に、男子の経験率 (49.7 %) が女子 (41.2 %) よりも高くなっており、男女の被暴力の経験率が学校期によって異なる可能性を示唆している。しかしいずれにせよ、これらの先行研究からは、学校運動部活動におけるスポーツ指導において、中学時代と高校時代どちらにおいても、少なからずの生徒が男

図表8-1　体育・スポーツにおける被暴力経験の先行研究にみられる男女別の経験率

著者	発行年 (調査実施年)	対象	被暴力の文脈	経験率 (男女別)
宮田	1994 (1991)	大学の体育専攻学生 46 名 女子 16 名、男子 30 名	スポーツ場面の体罰 (授業中などの回答もあり)	・女子 81.3 %、男子 73.3 %
楠本ほか	1998 (1996)	体育専攻の大学生 706 名 女子 275 名、男子 431 名	限定せず	・女子 68.4 %、男子 84.0 %
冨江	2008 (2006-07)	①女子体育大学 ②共学体育大学 ③一般大学の学生計 564 名 うち、中学と高校時代に運動部所属者を対象	中学校から高校までの学校で体罰を受けた経験	・中学：女子 40.8 % 　　　男子 35.2 % ・高校：女子 41.2 % 　　　男子 49.7 %

高峰作成

子か女子かにはかかわらず暴力を経験していることを確認できる。

女子大学生だけを対象とした調査からわかること

　体育・スポーツにおける被暴力経験に関する先行研究の中には、女子大学生のみを対象としたものがいくつかある。それらの先行研究から得られる要点を図表8-2にまとめた。

　女子大学生が過去の運動部活動中に暴力を受けた経験率については、西坂ほか（2007）の28.8％から佐々木（2015）の52.7％まで幅がある。この背景には、暴力を受けた経験に含まれる言動の違いと、暴力を受けた時期に関する制限の違いがあると思われる。暴力に含まれる言動の基準については、西坂ほか（2007）は言葉の暴力や罰を経験に含めておらず、阿江（2000）は物を使った暴力や言葉の暴力、また殴られた回数が1～5回までは含めていないのに対して、佐々木（2015）は暴言や怒鳴られる、話しかけてもらえないなども含めている。

　学校期別の経験率については阿江（1990, 2000）が示している。1990年の論文では中学校時代36.4％、高校時代37.9％であるが、2000年の論文では中学校時代58％、高校時代72％と報告しており、中学校時代よりも高校時代の経験率が高い傾向が表れた。さらに過去の暴力体験で一番ひどかった時期について質問したところ、62％が「高校時代」と回答している。

　競技レベル別の経験率については西坂ほか（2007）と佐々木（2015）が報告している。西坂ほか（2007）は高いレベルの競技会に出場経験を持つ者ほど暴力を経験していると報告しているが、佐々木（2015）は県大会までの出場レベルの群において暴力を高頻度で経験している者が多いことを示している。競技レベルと暴力を受ける経験の関係はより複雑だと思われ、佐々木（2015）が示すように、指導者と競技者間の社会心理要因などを考慮しながら検討する必要があるだろう。

　種目別の経験率は阿江（2000）と西坂ほか（2007）、佐々木（2015）が求めており、いずれもバレーボール、バスケットボール、ハンドボールなど集団競技において高い被暴力経験が報告されている。一方で佐々木（2015）では、ソフトテニスや水泳などの競技も経験率の上位に挙がっている。集団競技と個人競技に大別した場合、両者の指導の場における暴力的行為の意味や作用が異なる可能性があり、そうした点

図表8-2　女子だけを対象とした体育・スポーツにおける被暴力経験の先行研究の主要結果

著者	発行年（調査実施年）	対象	体罰の文脈	経験率	経験率（その他）	加害者
阿江	1990（1989）	私立体育短期大学所属の女子学生1年生268名	小・中・高校の運動部の指導者から「殴られた」	・小学校22.2％ ・中学校36.4％ ・高校37.9％		加害者の80％以上は男性、54％は保健体育教師
阿江	2000（1994-95）	私立体育大学所属の女子学生596名	中学・高校の部活動中に殴られた	・全体37.4％ ・中学校58％、高校72％、大学8％ ・最もひどかったのは「高校時代」62％	〈中学校時代〉 ・バレーボール46％ ・バスケットボール16％ 〈高校時代〉 ・バレーボール28％ ・バスケットボール15％	・部活動の指導者が100％、うち85％は男性
西坂ほか	2007（2006）	私立女子大スポーツ系学科2、3年生226名	高校のクラブ活動における指導者の暴力行為	・全体28.8％ ・全国大会出場44.5％ ・地区大会出場26.2％ ・府県大会出場26.2％ ・市内大会出場3.1％	・バレーボール44.1％ ・ソフトボール41.7％ ・バスケットボール36.5％ ・ハンドボール35.7％ ・サッカー28.6％	・女性監督20.0％ ・男性監督75.4％
佐々木	2015（2010）	女子体育大学生188名	高校の運動部活動で体罰を受けた経験	・女子52.7％ ・出場大会レベルが低い群で体罰を高頻度で経験した者が多い	・バレーボール84.2％ ・ソフトテニス72.7％ ・ハンドボール71.4％ ・水泳71.4％	・女性27.1％ ・男性72.9％

高峰作成

の解明が課題である。

　暴力的言動の加害者についても性別で示されており、70％台（西坂ほか 2007、佐々木 2015）、あるいは80％台（阿江 1990, 2000）を男性が占めている。しかしこの点についてはいくつかの先行研究がふれているように、体育教員、あるいは部活動顧問における男女比を考慮して考察する必要がある。ちなみに宮本（2010）によれば、2007 年における全国の教員に占める女性教員の割合は中学校で 40.3 ％、高校で27.1 ％であり、保健体育教員に占める男性教員の割合は中学校で 72.2 ％、高校で 84.3 ％である。こうした教員における男女比の偏りを勘案すれば、スポーツ指導において暴力を加える指導者の割合は男性と女性で変わらない可能性もある。

コラム 1：ジェンダー研究において男女差を分析することの葛藤と「差がない」ことへの視線

　ジェンダー研究の意義の 1 つに、「男は〜」「女は〜」といったステレオタイプな思い込みへの問い直しがあるだろう。しかし、このようなジェンダー研究の統計分析において性別を分析項目に含め、女性と男性の諸属性や意識、行動などに「差がある」「偏りがある」という分析結果を示すことに問題はないのだろうか。

　1 つの対応策として、性別を分析項目から外し、男女差を検討しないという方法がある。しかしそれでは、女性あるいは男性の諸属性や意識、行動などに現実的に存在するであろう違いを表面化することができず、そうした違いから生じる不公平や不平等などの問題を解決する糸口をつかめなくなる。したがって、性別という変数を分析から外すことはある意味で効果的ではない。

　他の対応策としては、分析で確認された「差」や「偏り」がなぜ生じるのか、その解釈にジェンダー視点を持ち込むという方法もある。これは、「差」や「偏り」が確認された変数が、例えば体力のように先天的な要因（男は生まれつき体力がある、など）と考えられがちな変数に対してもあてはまる。飯田（2004）が指摘するように、現在の体力テストのパフォーマンスは筋力から大きな影響を受け、そして筋力は概して男性が女性に優る。しかし、日本の女性は幼少時から成人になるまでに、筋力を発達させるような動きや活動を男性と同レベルで行ってきただろうか。このように、体力という身体的な変数であっても、運動習慣や運動量といった後天的な要因の影響を考えることによってジェンダー的な視点で解釈をすることができる。

　さらにもう一点、ジェンダー研究においては「差がある」「偏りがある」ことを確認することそれ自体に罠があることも自覚しなければならない。なぜならば現代の統計学的検定では、例えば t 検定を例にすれば、2 グループ間に「差がない」ことを積極的には証明しないからである。帰無仮説「両グループに差はない」を 5 ％の有意水準で棄却することによって「両グループに差がある」（正確には「差がないとはいえない」）ことが証明されるので、この作業によって 2 グループ間に「差がない」ことを積極的に証明したとはいえないだろう。

　このような思考のもとに行われる統計学的分析を用いた「差がない」分析結果は、仮説の検証に失敗したことになる。仮説の検証に失敗した分析結果は論文にはなりにくいだろうし、そうした論文が審査を通る可能性も低いと思われる。そうして男女に「差がある」ことを示す分析結果だけが、成功した研究として大量に生産されることになる。ジェンダー研究において統計学的検定を行う場合は、この点について自覚しておくことが肝要であろう。積極的に証明されたわけではない「男女に差がない」という結果を積極的にとらえて解釈していくことに、意義があるのかもしれない。

高校時代の運動部活動において暴力・暴言を経験する男女別リスク

　（公財）笹川スポーツ財団（SSF）は 2013 年 7 月に、モニター登録している全国約 110 万人（男女比は約 4：6）のうち 16〜19 歳の男女 3 万 8585 人を対象として、高校時代の部活動における被暴力経験を把握するためのインターネット調査を行った（高峰 2013）。ここではそのデータを再分析した結果を紹介する。3 万 8585 人の中で高校時代に運動・スポーツ系あるいは文化系どちらかの部活動に所属している／所属していた 1438 人（男子 34.5 ％、女子 65.5 ％）が調査に回答した。さらにその中から、2012 年度に 1 年

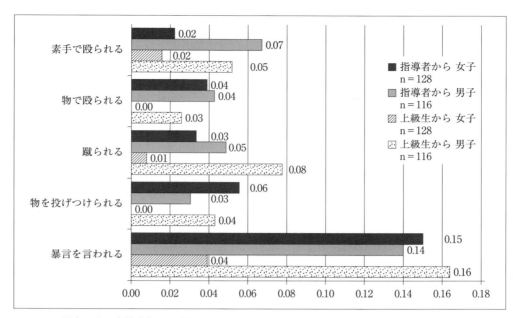

図表 8-3　高校時代の運動部活動において5種の暴力・暴言を経験する男女別リスク
(公財)笹川スポーツ財団のデータ（2013）を用いて高峰作成

生と2年生として高校・高専に所属していた回答者876人を対象とした分析結果を紹介する[2]。調査内容の概要は以下の通りである。

① 2012年7月から2013年7月までの一年間に高校部活動において経験した暴力・暴言について質問
② 質問した暴力的言動としては、「素手で殴る」「物で殴る」「蹴る」「物を投げつける」「暴言を言う」の5つを設定
③ これらの言動について、指導者と上級生それぞれから受けた経験について質問

図表8-3は、5つの暴力的言動を経験したリスク[3]を加害者別（指導者／上級生）、男女別に示したものである。まず、概して指導者や上級生から暴力的言動を受けるリスクは女子よりも男子において高い傾向を確認できる。そうした中でも、指導者から物を投げつけられたり暴言を言われるリスクについては女子が男子を上回る傾向がみられる。統計分析の結果、女子のリスクに対する男子のリスク[4]が有意に高かったのは、上級生から「蹴られる」「暴言を言われる」の2つであった。つまり、これら2つの言動に関しては、男子は女子に比べて有意に高いリスクを持っていることになる。しかしこのことは同時に、指導者や上級生から受けるそれ以外の言動については女子も男子と同じ程度のリスクを抱えていることを意味してもいる。

図表8-4には、図表8-3に示した5つの暴力的言動を1つにまとめた経験値について加害者別、男女別に示した。上級生から何らかの暴力的言動を受けるリスクには男子と女子で大きな差があり、女子のリスクに比べて男子のリスクは有意に高かった。また男子は指導者からだけではなく、上級生からも暴力的言動を受けるリスクを持っていることがわかる。指導者から暴力的言動を受けるリスクは男女で同等であり、ここからも女子は男子と同じ程度に、指導者から暴力的言動を受けるリスクを持つことを確認できる。

図表8-4には指導者と上級生それぞれから暴力的言動を受けるリスクを示したが、指導者から暴力的言動を受ける学生は上級生からもまた、同様の言動を受けているのだろうか、それとも指導者から暴力

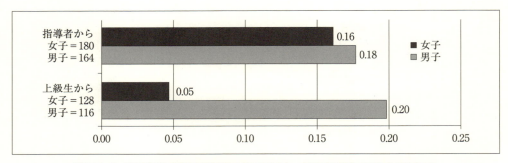

図表 8-4　高校時代の運動部活動において暴力・暴言を経験する男女別リスク
（公財）笹川スポーツ財団のデータ（2013）を用いて高峰作成

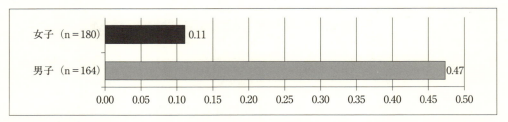

図表 8-5　高校時代の運動部活動において指導者から暴力・暴言を経験した生徒が上級生からも経験するリスク
（公財）笹川スポーツ財団のデータ（2013）を用いて高峰作成

的言動を受ける学生と上級生から受ける学生は異なるのだろうか。この点について確認するために、指導者から暴力・暴言を経験した生徒が上級生からも経験するリスクを求めた。図表 8-5 は、指導者と上級生の両者から暴力的言動を受けるリスクを男女別に示したものである。男子のリスクは女子のそれと比べて大きいことがわかる。このことはつまり、指導者から暴力的言動を受けた生徒が上級生からもそうした言動を受ける傾向が、男子において強いことを意味している。

この調査では加害者の性別や回答者の実施種目などを質問していないが、今後、指導者や上級生からの被暴力経験の問題を分析していく際には、こうした変数の影響を考慮する必要があるだろう。

成人にみる過去のスポーツ活動時の被暴力経験と意見

最後に、SSF が全国の成人 2000 名を対象に行った調査からスポーツ指導にともなう暴力に関する経験と意見についての分析結果をとりあげる（高峰 2014）。分析対象と質問項目は以下の通りである。

① 2000 人のうち、学校時代に指導者から指導を受けるスポーツ活動をしていたと回答した 1234 名（61.7 %）を対象とする
② スポーツ指導者から受けたことのある暴力的言動として「素手で殴られる」「蹴られる」「物を投げつけられる」「物で殴られる」「暴言を言われる」「懲罰的な練習をさせられる」の 6 つを質問
③ 「これら 6 つの言動は、スポーツ指導者の指導として場合によっては必要である」という考えに対する意見について、「賛成」と「反対」を両極として「わからない」を含む 5 段階で質問

まず分析対象が学生時代にスポーツ指導者から受けた暴力的言動のリスクを男女別に示した（図表 8-6）。男子と女子いずれにおいても経験したリスクが高い言動は「暴言を言われる」（男性 0.43、女性 0.23）や「懲罰的な練習をさせられる」（男性 0.38、女性 0.16）、「素手で殴られる」（男性 0.32、女性 0.12）であった。6 つの言動のリスクにおいて相対的には低いものの、「蹴られる」「物を投げつけられる」「物で殴られる」経験をしたリスクは男性で約 0.25 であり、つまり 4 人に 1 人は経験していることを意味する。男性と女性のリスクを比べると、学生時代のスポーツ活動において指導者から暴力的言動を受けるリスクは概

8 暴力とセクシュアル・ハラスメント

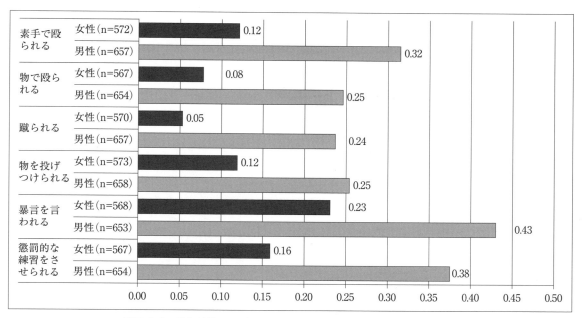

図表 8-6 学生時代にスポーツ指導者から暴力を経験した男女別リスク
高峰（2014, p.40, 図 E-1）を改変

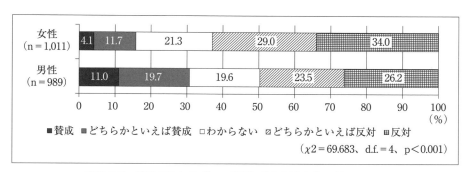

図表 8-7 性別でみたスポーツ指導に伴う暴力行為に対する意見
高峰（2014, p.42, 図 E-4）を転載

して女性よりも男性において高いことがわかる。

　このデータの分析対象には20歳代から65歳以上と幅広い年齢層が含まれており、図表 8-6 に示したリスクには十数年間にわたる学生時代における被暴力経験が含まれている。他方、図表 8-3 に示したのは2012年度に高校生であった分析対象が1年間に暴力を経験したリスクである。図表 8-3 と図表 8-6 のリスクの値に大きな違いがあるのは、このような対象の年齢の幅や暴力を受けた期間に関する両データの違いによるものだと考えられる。

　図表 8-7 には、図表 8-6 に挙げたような6つの言動がスポーツ指導者の指導として場合によっては必要である、という考えに対する賛否について男女別に示した。「賛成」と「どちらかといえば賛成」を合わせて賛成派とすると、賛成は男性で30.7 %、女性で15.8 %であり、他方、反対派は男性で49.7 %、女性で63.0 %であった。いずれの性においても反対派が賛成派を上回るが、その傾向は女性においてより強いことがわかる。女性が男性よりも暴力的言動を否定するというこうした傾向は、親や教師による体罰の意識について報告している岩井（2003）と共通している。

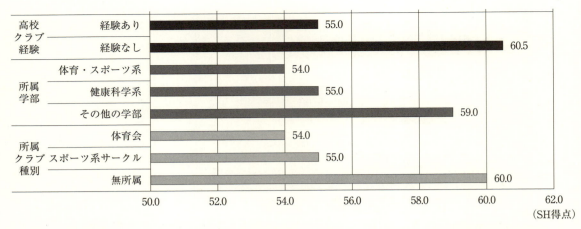

図表8-8　大学生のセクシュアル・ハラスメント認識に影響を及ぼす要因とその効果(カテゴリカル回帰分析の結果による)
高峰(2013, p.160, 図1)より改変

男性の方が体罰を容認するというこうした傾向と、スポーツ組織の意思決定機関(4章)、あるいはスポーツ指導者(3章)において男性の占める割合が高いという傾向を勘案すれば、日本のスポーツ指導から暴力的行為がなかなかなくならないという現状も理解できるだろう。つまり、スポーツ界における性別割合の不均衡の問題は、現在の日本のスポーツ界が抱える課題の解決にも関わっていると考えることができるのである。

　スポーツ指導にともなう暴力の問題については2012年冬から2013年春にかけて社会問題として大きくとりあげられたこともあり、後に説明するようにいくつかのスポーツ統括組織において対策がとられ始めている。しかしそうした問題の現状を把握したり、とられ始めた対策の効果を評価するためのデータの収集やその分析が十分に行われているとは言い難い。この問題を一過性のものにせずに根絶させるためにも、継続したデータ収集と分析が必要だと思われる。

2) スポーツにおけるセクシュアル・ハラスメントの問題

　本節ではスポーツにおけるセクシュアル・ハラスメントに関するデータをとりあげ、日本の大学生やハイレベル(全国レベル・国際レベル)の選手と指導者によるセクシュアル・ハラスメント認識や経験について検討していく。

大学生のスポーツ経歴とセクシュアル・ハラスメント認識

　図表8-8は、大学生のスポーツ関連経歴と、セクシュアル・ハラスメントに関する認識との関連をみたものである。これは、男女大学生を対象に19のセクシュアル・ハラスメント項目への認識を問い、その回答を得点化して合計し(これをSH得点とする)、その回答傾向に影響を及ぼす要因を分析した結果である[5]。SH得点が低いほどセクシュアル・ハラスメントに対して寛容な傾向を示している。

　性別、年齢、小学校・中学校・高校時代のスポーツクラブ所属経験、現在所属する学部種別、現在所属するスポーツクラブ種別を独立変数、SH得点を従属変数とするカテゴリカル回帰分析を行った結果、大学生のSH得点に影響を及ぼす要因は「高校時代のスポーツクラブ経験」「現在所属する学部種別」「現在所属するスポーツクラブ種別」の3変数であった。グラフより、高校時代にスポーツクラブに所属していた学生、大学で体育・スポーツ系学部に所属している学生、また大学で体育会運動部に所属している学生は、男女にかかわらずSH得点が低いことがみてとれる。つまり、高校時代や現在の運動部活動や体育・スポーツ系の学部といったスポーツ集団に所属する学生は、種々のセクシュアル・ハラス

図表 8-9　男性指導者から女性選手に対する SH 的行為

①性的な言動・接近	容姿に関する発言をたびたび言う
	二人きりの食事にたびたび誘う
	ひわいな言葉や冗談を言う
	性的な経験や性生活について質問する
	からだをじろじろ見る
	女子更衣室に入る
	遠征や合宿先で同じ部屋に泊まる
②指導関連言動	月経について質問する
	挨拶や励ましのためにからだにさわる
	マッサージでからだにさわる
	他に人がいない部屋に一人だけ呼び出す
③GH（ジェンダー・ハラスメント）	カラオケでデュエットをさせる
	飲み会でお酌をさせる
④親密な関係	恋愛関係になる
	性的関係をもつ

熊安作成

メント行為に対して甘い認識を持っていることがわかる（高峰 2013, p.160）。この結果から、こうした認識を生み出す土壌となる、「スポーツ環境に特有の権力構造や価値観、慣習」を問い直す必要が示唆されている（高峰 2011, p.40）。

ハイレベルな競技の場でのセクシュアル・ハラスメント

では、こうしたスポーツ集団に長期にわたって属していると考えられる、高い競技レベルで活動する指導者や選手にとって、セクシュアル・ハラスメントはどのように経験されているのであろうか。

ここでは、全国大会以上のハイレベルな競技の場で活動する指導者と選手を対象に、セクシュアル・ハラスメントに関する認識と経験、および受容（選手のみ）をたずねた調査[6]の結果をみてみよう。

まず図表 8-9 に、この調査で用いられた質問項目を、行為群ごとにまとめて示す。質問項目はすべて、セクシュアル・ハラスメントが生じる最も典型的な事例の実態を探るため、「男性指導者から女性選手に対するセクシュアル・ハラスメントになりうる行為」として設定されている。以下、この設定に沿って、男性指導者と女性選手のデータを扱っていく。

ハイレベル男性指導者のセクシュアル・ハラスメント認識と経験

図表 8-10 は、上記の 15 行為に対して「適切である」「行った経験あり」と回答した男性指導者の割合を示している。以下、行為群ごとに傾向をみていこう。

行為群①「性的な言動・接近」では、これらの行為を適切とみなす指導者の率は低く、おおむね不適切な行為と認識されている。しかしながらすべての行為について、適切とするよりも多くの指導者がその行為を実際に行っている傾向も読み取れ、特に「容姿に関する発言」（12.0 ％）や「からだをじろじろ見る」（6.9 ％）では、その傾向が強い。「ひわいな発言」（5.5 ％）も少ない率とはいえず、セクシャライズされた言語空間が少なからずスポーツ環境にあることがうかがえる。また、5.0 ％もの男性指導者が「女子更衣室に入る」、3.2 ％が「（女性選手と）同じ部屋に泊まる」と回答しており、日常の社会生活では考えられないような空間共有が一部の指導で行われている実態がうかがえる。

行為群②「指導関連言動」では他の行為群に比べ、これらの行為を適切とみなす指導者の率が高く、指導として許容されているという認識が共有されているのか、そうした行為を行った経験率も比較的高

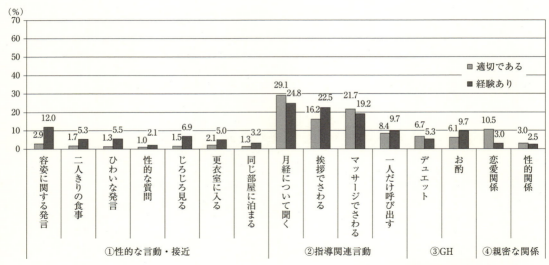

図表 8-10　ハイレベル男性指導者の SH 的行為に対する認識と経験

熊安（2013, p.141, 図 7）より改変

い。

　行為群③「GH（ジェンダー・ハラスメント）」では、6％以上の男性指導者が、女性選手に「デュエット」や「お酌」をさせることを適切な行為として認識しており、「お酌」に関しては、10％近くの指導者がこれを実際に女性選手にさせていた。

　行為群④「親密な関係」では、10.5％もの男性指導者が、女性選手との「恋愛関係」を適切なことと認識していた。組織内での権力差のある当事者どうしの親密な関係に関しては、細心の注意と配慮が必要であるが、スポーツ環境の中でその認識がどれほど共有されているであろうか。

ハイレベル女性選手のセクシュアル・ハラスメント認識、受容、経験

　次に、このような行為を受ける立場の女性選手について、その回答率をみていこう。女性選手に関しては、認識と経験のほかに、受容（その行為を男性指導者から受けた際に、受け入れられるか否か）をたずねている。図表 8-11 には、15 行為に対して「適切である」「受け入れられる」「受けた経験あり」と回答した女性選手の割合を示した。

　まず一見して、図表 8-10 の男性指導者のデータと比べて、「適切である」と「経験あり」と回答した比率が総じて高いことがみてとれる。経験率に関しては、例えば一斉集団指導の際に、1 人の指導者の言動が同時に複数の被指導者によって経験されうることから、単純に数値の比較はできない。しかし、「女性選手の経験が男性指導者の経験を大幅に上回っているという結果は、指導者がセクシュアル・ハラスメントになりうる自身の行為に関して、より一層の注意を喚起しなければならないことを示唆している」（熊安ほか 2009, p.88）（認識比較については後述）。

　以下、行為群ごとに傾向をみていこう。

　行為群①「性的な言動・接近」においては、「適切である」とするよりも、「受け入れられる」とする率が高く、さらに「経験あり」とする回答率がそれを上回っている。特に「容姿に関する発言」（52.2％）や「ひわいな発言」（46.4％）は 50％前後の選手によって経験されており、ハイレベルなスポーツ指導の場がかなりセクシャライズされた言語空間に支配されているとも考えられる。女性選手たちは、不適切な行為と認識しつつも、これらの行為を否応なしに数多く経験していくうちに、受容せざるをえない

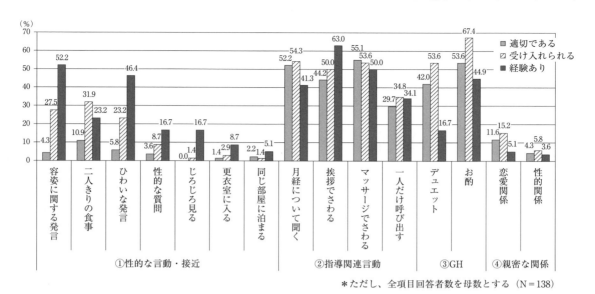

図表8-11　ハイレベル女性選手のSH的行為に対する認識・受容・経験

熊安（2013, p141, 図8）より改変

感覚を身につけていくのではないだろうか。

　行為群②「指導関連言動」では、男性指導者に比べてさらに、これらの行為を指導として適切であるとみなし、受入れ、経験している選手たちの状況が読み取れる。特に50％以上の女性選手が、「挨拶でさわる」（63.0％）や「マッサージでさわる」（50.0％）を経験しており、身体接触が日常化していることがうかがえる。これらの行為がすべてセクシュアル・ハラスメントとして経験されているわけではないが、こうした「指導とみなされうる行為」を隠れ蓑にして閉鎖的な空間で選手を孤立させ、不適切な行為に及ぶ事例が多いのは周知の事実である。

　行為群③「GH（ジェンダー・ハラスメント）」では、女性選手の男性指導者への奉仕ともとれる「デュエット」も「お酌」も、実際に経験した率よりも選手たちの許容度、受容度がともに高い傾向が示された。

　行為群④「親密な関係」では、特に「恋愛関係」において、男性指導者と同様に認識、受容ともに許容的な傾向がみられた。

ハイレベル女性選手のセクシュアル・ハラスメント経験

　以上の経験率は、単に「その行為を受けたことがある」率を示しているにすぎない。「権力・信頼関係を利用した、望まれない性的言動」というセクシュアル・ハラスメントの定義に従えば、「望まないのにその行為を受けた」という人の割合に着目する必要がある。

　図表8-12に、これらの行為を受けた経験がある女性選手について、その認識と受容の内訳を示した。各項目の棒グラフの高さがその行為自体の経験率を示し、各項目に2本ずつある棒グラフの左が認識（適切でない／適切である）の内訳を、右が受容（受け入れられない／受け入れられる）の内訳を示している。それぞれのグラフの上部に示した数値の左が「適切でない」、右が「受け入れられない」とする割合であり、これがセクシュアル・ハラスメントとしての経験率を表している（％は、138人を母数とする割合を示している）。

　これより、以下のような点が指摘できる。

　行為群①「性的な言動・接近」ではやはり、こうした行為を受けた女性選手の多くが、これらを「適切でない」「受け入れられない」こと、つまりセクシュアル・ハラスメントとして経験していることがわかる。

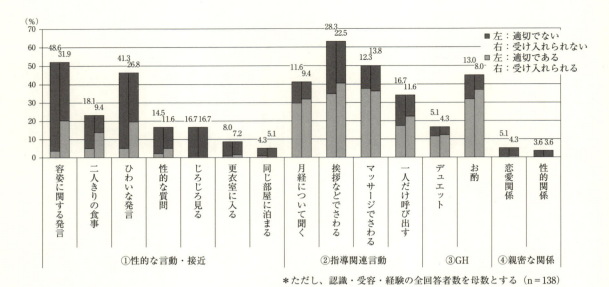

図表8-12　ハイレベル女性選手　SHとして経験した人の認識と受容の内訳（左棒：認識、右棒：受容）
熊安（2013, p.141, 図9）より改変

　行為群②「指導関連言動」では、全体の約10〜30％の女性選手が、指導として行われるこのような行為をセクシュアル・ハラスメントとして経験しており、身体接触や密室での個人指導が選手にとって不快な経験になりうることを示している。

　行為群③「GH（ジェンダー・ハラスメント）」のうち、特に「お酌」は全体の10％前後の女性選手がこれをセクシュアル・ハラスメントとして経験している。

　行為群④「親密な関係」では、男性指導者との「恋愛関係」「性的関係」を経験したほぼ全員が、これを「適切でない」「受け入れられない」こととして経験していた。スポーツ環境において、成人同士の個人的に親密な関係は常に問題になるわけではないが、ときとして「合意」であるかのようにみえるこのような関係（あるいは「合意」だという指導者側の思い込み）には注意が必要だ。

　海外のスポーツ関連組織のセクシュアル・ハラスメント防止指針では、「このような当事者間において選手が示す『合意』は疑わしく」（WSF HP「コーチやほかの競技職員、競技者間でのセクシュアル・ハラスメント、性的関係」）と明記され、また「コーチと選手の間には、権威や権力、地位などの相違があるため、合意があろうとも（両者の）性的関係は搾取的になりうる」（ASC HP「国内スポーツ組織のメンバー保護指針のひな形」）ことが示唆され、注意喚起されている。

男性指導者と女性選手のセクシュアル・ハラスメント認識のギャップ

　以上、ハイレベル男性指導者と女性選手についてそれぞれ検討してきたが、次にそれら男性指導者と女性選手を直接比較する。図表8-13には両者のセクシュアル・ハラスメント認識を比較した結果を示した。行為群①「性的な言動・接近」のうち3項目と、行為群②「指導関連言動」、行為群③「GH（ジェンダー・ハラスメント）」のすべての項目の合計9項目に有意な差がみられた（図表8-13。より高い％を示した数値に網がけをして強調している）。

　15項目のうち、有意差がみられた9項目すべてにおいて、女性選手の方が男性指導者よりも「適切である」と回答する割合が高く、これらの行為に対して許容的な傾向を示している。ハイレベルで競技する選手たちは、競技を継続し、代表選手として選抜されるチャンスを得るために、与えられたスポーツ環境に適応し続けなければならない。女性選手のセクシュアル・ハラスメントに対する認識の甘さは、

図表 8-13　男性指導者と女性選手の SH 認識の違い

	有意差を示した項目	女性選手	男性指導者
①性的な言動・接近	二人きりの食事にたびたび誘う	10.8	1.7
	ひわいな言葉や冗談を言う	5.8	1.3
	性的な経験や性生活について質問する	3.6	0.9
②指導関連言動	月経について質問する	52.5	29.1
	挨拶や励ましのためにからだにさわる	44.6	16.2
	マッサージでからだにさわる	55.4	21.6
	他に人がいない部屋に一人だけ呼び出す	29.5	8.3
③GH（ジェンダー・ハラスメント）	カラオケでデュエットをさせる	42.4	6.8
	飲み会でお酌をさせる	53.2	6.0

※数値は「適切である」と回答した者の割合（％）
熊安ほか（2011，p. 30，表 4）より改変、修正

図表 8-14　スポーツタイプと SH 認識・経験・受容（ハイレベル）

	有意差を示した項目	個人スポーツ（％）	チームスポーツ（％）
〈男性指導者〉			
SH 的行為経験「あり」	マッサージでからだにさわる	21.6	14.1
〈女性選手〉			
SH 認識「適切である」	カラオケでデュエットをさせる	31.8	58.5
	マッサージでからだにさわる	62.4	43.4
	恋愛関係になる	18.8	0.0
	性的関係をもつ	7.1	0.0
SH 受容「受け入れられる」	二人きりの食事にたびたび誘う	40.0	18.9
	マッサージでからだにさわる	62.4	39.6
	恋愛関係になる	21.2	5.7

熊安ほか（2013，p. 141，p. 145）より修正、作図

競技環境で生き残るためのやむをえない方策として読み取ることも可能だろう（高峰 2013, p.161）。

スポーツタイプによるセクシュアル・ハラスメント認識・経験・受容の違い

　ところで、このようなセクシュアル・ハラスメントの認識や経験や受容は、スポーツタイプによって異なるのであろうか。

　男性指導者／女性選手別に、セクシュアル・ハラスメント認識：「適切である」・経験：「あり」・受容：「受入れられる」と回答した率を、個人スポーツとチームスポーツ[7]で比較し、有意差を示した項目を図表 8-14 にまとめた。より高い％を示した数値に網掛けをして強調している。

　男性指導者（個人スポーツ 352 人、チームスポーツ 163 人）では、スポーツタイプによるセクシュアル・ハラスメント認識に違いはみられなかった。しかしセクシュアル・ハラスメント的行為の経験に関しては、「マッサージで（男性指導者が女性選手の）からだにさわる」行為を、個人スポーツ指導者（21.6 ％）の方が、チームスポーツ指導者（14.1 ％）よりも高い率で行っている。

　一方、女性選手（個人スポーツ 85 人、チームスポーツ 53 人）では、スポーツタイプによるセクシュアル・ハラスメント的行為の経験率に違いはみられないが、認識「適切である」と受容「受け入れられる」の回答率には、個人スポーツとチームスポーツでいくつかの違いがみられた。

　「デュエット」は唯一、チームスポーツ選手（58.5 ％）の方が個人スポーツ選手（31.8 ％）よりも許容的な認識を示した項目である。しかし、「マッサージでからだにさわる」（62.4 ％＞43.4 ％）や「恋愛関係」

（18.8 ％＞0.0 ％）、「性的関係」（7.1 ％＞0.0 ％）はいずれも、個人スポーツ選手の方がチームスポーツ選手よりも「適切である」との許容的な認識を示す傾向が強い。また、「二人きりの食事」（40.0 ％＞18.9 ％）と「マッサージでからだにさわる」（62.4 ％＞39.6 ％）、「恋愛関係になる」（21.2 ％＞5.7 ％）で、個人スポーツ選手の方がチームスポーツ選手よりも高い率で「受け入れられる」と回答している。

　以上により、個人スポーツをしている女性選手は、男性指導者からのマッサージや、親密な個人的関係（恋愛関係、性的関係など）に対して許容的な意識傾向があることが見て取れる。

　個人スポーツでは、その競技形態の特性から必然的に一対一の個人指導が前提となるため、指導者の選手に対するパーソナルな領域への侵入も容易になり、それに対する選手側の許容度も増す傾向があるのかもしれない。しかしこれまでみたように、当事者同士の権力差が前提にある場合は特に、選手に対する性的搾取のリスクがともなう。そのため指導の関係には、一定のパーソナルな境界線を維持する努力や方策が求められるのではないだろうか。また、このような競技特性に応じたセクシュアル・ハラスメント防止の指針なども整えられるべきであろう。

データの限界と今後の課題

　以上、とりあげたデータは、男性から女性への行為に限定して調査された結果から得られたものである。周知の通り、セクシュアル・ハラスメントは女性から男性に対しても生じ、男女間に限らず同性同士においても、また性別違和を持つ人や非異性愛者、非典型的な生物学的性のありようを示す人に対しても生じる。また権力差のある関係においてだけでなく、仲間内においても生じ、信頼関係を利用しても生じうるものである。今後はより多様な関係性の間で生じるセクシュアル・ハラスメントに対する現状の解明と、それに基づいた具体的な対応策が求められる。

3）スポーツ統括組織における倫理的問題に対する取り組みの現状

　本章でみてきたような暴力やセクシュアル・ハラスメントを根絶あるいは予防するためには、各種スポーツ統括団体の積極的な取り組みが必要だと思われる。それでは、日本のスポーツ統括団体はこうした問題に対してどのような取り組みをしているだろうか。ここでは暴力やセクシュアル・ハラスメントに加えてドーピングや金銭の不正使用など、幅広い倫理的問題に対する国内スポーツ統括団体の取り組みを調査した結果（高峰ほか 2015）を紹介する。調査の概要は以下の通りである。

　①調査時期は 2007 年 10 月から 11 月と 2013 年 1 月から 3 月

　②いずれの調査も郵送によって配布と回収を行う質問紙調査

　③いずれの調査も中央競技団体 55 団体、都道府県体育協会 47 団体、法人格を有する群市町村の体育協会 169 団体の計 271 団体を対象とし、両調査に回答した組織 62 団体（中央競技団体 12 団体、都道府県体育協会 14 団体、市区町村体育協会 36 団体）を分析対象とした

規程やガイドラインの有無について

　図表 8-15 には「規程やガイドラインの有無」について、2007 年から 2013 年にかけての変化を示した。規程やガイドラインの有無について「ある」と回答した団体は、2007 年に比べて 5 ％ほど増加したが、それでも 2013 年の時点で 3 割に満たない。「計画中」と回答した団体が約 20 ％増えたが、それでも規程やガイドラインを持たない団体が 46.8 ％を占める。規程やガイドラインを持つ団体の割合を組織の種別でみると、中央競技団体では半数を超えた（58.3 ％）が、都道府県体育協会では 35.7 ％、市町村体育協会では 16.7 ％にとどまる。

倫理委員会の設置について

　図表 8-16 には倫理委員会の設置状況について示した。「常設」または「必要に応じて」設置する団体

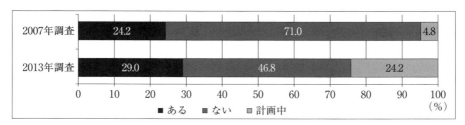

図表 8-15　規程やガイドラインの有無

高峰ほか（2015, p29, 図 2-1）を転載

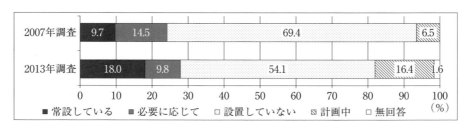

図表 8-16　倫理委員会の設置状況

高峰ほか（2015, p32, 図 2-6）を転載

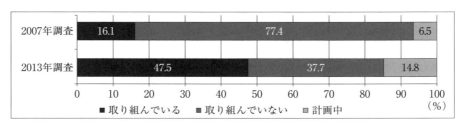

図表 8-17　予防対策の取り組み状況

高峰ほか（2015, p32, 図 2-7）を転載

が 2013 年調査では 3 割弱を占め、「計画中」の団体が 16.4 ％に増加したが、半数以上の団体ではいまだに倫理委員会が設置されていないことがわかる。

予防対策の取り組みについて

　予防対策の取り組み状況を図表 8-17 に示した。予防対策に取り組んでいる団体は 2007 年から 2013 年にかけて大幅に増加し、2013 年には 47.5 ％の団体が何らかの予防対策をとっている一方で、4 割弱の団体は予防対策に取り組んでいないと回答している。予防対策をとっている場合、その具体的内容について 2007 年から 2013 年にかけて増加したのは「セクシュアル・ハラスメントについて」（10.0 ％→51.7 ％）、「社会規範について」（20.0 ％→51.7 ％）、「暴力について」（40.0 ％→62.1 ％）、「経理処理について」（50.0 ％→72.4 ％）であった。

処理規程などの有無について

　何らかの問題が起こってしまった場合の処理規程などの整備状況を図表 8-18 に示した。処理規程などを持つ団体は 2007 年から 2013 年にかけてほとんど増加せず、2013 年の時点で 26.2 ％にとどまる。「計画中」の団体は 21.3 ％まで増加したが、それでも 2013 年の時点で 50.8 ％の団体が、処理規程を持たないと回答している。

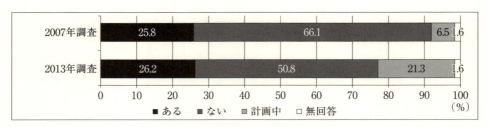

図表 8-18　処理規程などの有無

高峰ほか（2015, p34, 図 2-10）を転載

日本のスポーツ統括組織による倫理的問題に対する取り組みについての評価

　スポーツ統括組織が各スポーツ種目や地域を統轄するという公共性の高い団体であり、その多くは法人格を持つ団体であることを考えると、スポーツ統括組織におけるもろもろの倫理的な問題に対する取り組み状況には改善の余地が大きく残されているといえるだろう。

　2007年から2013年にかけての変化としては、倫理的問題に対する取り組みを始めた団体が増加したことがある。取り組みの具体的内容は「セクシュアル・ハラスメント」や「暴力」「社会規範」「経理処理」などについてであり、昨今の日本のスポーツ界における不祥事に対する取り組みが始まっていることがうかがえる。しかし、ガイドラインや処理規程を策定したり倫理委員会を設置するといった組織における制度化には至っていないのが現状である。そうした制度化について「計画中」と回答した組織は増えており、今後、それらが各組織において確実に制度化され運用されていくことを見届ける必要がある。

　スポーツ統括組織のうち、市町村体育協会の取り組みが低調であることを指摘した。市町村体育協会はその資金や人材などの面で厳しい運営を強いられていることが推測される。しかし日本各地のスポーツ指導現場で生じている個々の不適切な行為に対処する組織としてまず期待されるのは、一番現場に近い地域の統括組織としての役割を持つ市町村体育協会、あるいは市町村の競技団体である。こうした意味からも、たとえ規模は小さくても、市町村レベルのスポーツ統括組織が倫理的問題に対して積極的に取り組んでいくことが期待される。

スポーツ統括組織に対する調査を行う場合の視点

　今後、スポーツ統括組織に対する調査を行うにあたっては、組織規模を示す項目、例えば財政規模、事業内容、競技者や指導者の登録人数や職員数などについても情報を収集する必要があるだろう。これによって組織の種別だけでなく組織規模による分析が可能になり、さらに組織の種別や規模に応じた取り組み策を検討することが可能になるだろう。

4）海外における取り組みの現状

　スポーツ環境におけるセクシュアル・ハラスメントの問題に対して、海外においてはどのような取り組みが行われているのだろうか。まずはIOCが2007年に発表した統一声明 "SEXUAL HARASSMENT AND ABUSE IN SPORT" がある。そこではスポーツ環境におけるセクシュアル・ハラスメントや性的虐待の予防対策に向けて、各種スポーツ組織による積極的な取り組みが欠かせないとされている。

　次に国単位での取り組みをまとめたものとして、2012年に発行された "Prevention of sexual and gender harassment and abuse in sports: Initiatives in Europe and beyond" と題する目録を紹介する（高峰 2016）。この目録の発行に先駆けて、2012年2月から2013年3月にかけて、ヨーロッパで「スポ

ーツにおける性的な暴力の予防―ヨーロッパの開かれた、安全な、健全なスポーツ環境にむけた推進力」というプロジェクトが行われた。このプロジェクトは EU プログラムから資金援助を受けたものであり、ドイツスポーツユーゲントとヨーロッパ 10 カ国からの科学アドバイザーによって実施された。

プロジェクトの主たる目的は、ヨーロッパのあらゆるレベルのスポーツ環境において性的な暴力の予防に敏感になり、意識を向上することである。そしてこのプロジェクトの一部として、2012 年 11 月 20 ～21 日にベルリンにて「より安全に、より良く、より強く！―スポーツにおけるセクシュアルハラスメントと性的虐待の予防」と題する国際会議が開かれた。この会議はドイツの各連邦州スポーツ大臣たちからなる常任委員会委員長の後援を得たものであり、会議にはヨーロッパのスポーツ組織や NGO 12 団体の代表者、研究者、活動家、数カ国かのオリンピック委員会の代表、その他この問題に興味を持つ人々が参加し、国を超えたネットワークがつくられた。ここで紹介する目録は、この国際会議の成果としてまとめられたものである。

目録に掲載されたヨーロッパ 9 カ国とカナダ、オーストラリアにおける 16 の事例の概要を図表 8-19 にまとめた。ヨーロッパにおいてスポーツ環境におけるセクシュアル・ハラスメントや性的虐待の問題に関する調査研究は 1990 年代初頭から始まったが、ノルウェーでは 1997 年に全国レベルの調査が行われた。翌年の 1998 年にはオランダで、スポーツにおけるセクシュアル・ハラスメント相談に対して支援やアドバイスをする電話相談が始まっている。16 の事例をその内容によっていくつかのグループに分類すると次のようになる。

①国内調査（チェコ共和国で 2001 年、ギリシャで 2005 年）

②児童・クラブメンバー保護（イギリスで 2000 年、カナダで 2004 年、オーストラリアで 2005 年、フランスで 2007 年、ドイツで 2011 年など）

③指導者やクラブスタッフの犯罪記録検査（イギリスで 2000 年、デンマークで 2003 年、ノルウェーで 2009 年 など）

④フォーラムの開催（ギリシャで 2012 年）

図表 8-19　目録 "Prevention of sexual and gender harassment and abuse in sports: Initiatives in Europe and beyond" に掲載された各国の事例一覧

国名	推奨策の具体的内容	実施主体	実施年	ターゲットグループ	利害関係者／団体
ノルウェー	女性のエリート競技者と非競技者が経験したセクシュアル・ハラスメントと性的虐待の調査	ノルウェースポーツ科学大学とノルウェーオリンピック委員会	1997～2009 年	ノルウェー女性のエリート競技者と非競技者	ノルウェーオリンピック委員会
オランダ	スポーツにおけるセクシュアル・ハラスメントに関するカウンセリングや支援、アドバイスの提供	セクシュアル・ハラスメントプロジェクト、オランダ・オリンピック委員会・オランダ・スポーツ連盟	1998 年	スポーツにおけるセクシュアル・ハラスメントの被害者、被告人、目撃者	セクシュアル・ハラスメントプロジェクト、オランダ・オリンピック委員会・オランダ・スポーツ連盟
ドイツ	利害関係団体によるネットワーク創設とクラブに対する認定制度	ケルン市地域スポーツ連盟	1998 年～	地域スポーツクラブとそのメンバー	ケルン市地域スポーツ連盟、ケルン市警察署、ドイツ体育大学、ケルン市機会均等事務室、女子のための非政府組織、男子への性的暴力と戦う非政府組織
イギリス	児童保護と安全な指導者の採用に関する知識の促進とガイダンス	イングランドフットボールアソシエーション	2000 年～	フットボールで子どもと関わるすべての人（16 歳以上）	The FA

チェコ共和国	スポーツにおけるセクシュアル・ハラスメント経験の調査	チェコオリンピック委員会	2001〜2005年	600名の競技者（トップレベル、レクリエーショナルレベル、スポーツ大学の学生）	チェコ共和国内のスポーツ組織とスポーツ関連の大学
デンマーク	青少年スポーツクラブの認定制度	デンマークオリンピック委員会・デンマークスポーツ連盟	2003年〜	スポーツクラブ	デンマークオリンピック委員会・デンマークスポーツ連盟
カナダ	スポーツのトレーニングにおける児童保護	Respect Group Inc.	2004年〜	コーチと地域活動のリーダー	＿＿＿
ギリシャ	ギリシャのスポーツにおけるセクシュアル・ハラスメントに関する最初のデータ収集	Stiliani Chroni, Kari Fasting と学生たち	2005〜2008年	レクリエーショナル／ナショナル／エリートレベルのギリシャの女性競技者	スポーツに関わるすべての集団
オーストラリア	あらゆる組織レベルの青少年スポーツ向けのハラスメント、反差別、児童保護について明文化された方針の作成	オーストラリアスポーツコミッション	2005年〜	組織スポーツ（スポーツクラブとスポーツ組織）	ASC、国レベル・州レベル・地域レベルのスポーツ組織
チェコ共和国	スポーツにおけるセクシュアル・ハラスメントの予防	チェコオリンピック協会、教育青少年スポーツ省	2006年〜	国内のスポーツ組織と学校	指導者、競技者、生徒、チームリーダー、教師
フランス	フランスにおける性的暴行や虐待からの競技者保護	フランス・スポーツ省	2007〜2009年	フランス国内の組織スポーツに関わるあらゆるレベルの競技者と犠牲者	フランス国内のスポーツ連盟
デンマーク	競技者の社会的責任の適切さに関する指導者の教育	デンマークオリンピック委員会・デンマークスポーツ連盟	2007〜2011年	ユース指導者と13〜18歳の競技者	デンマークオリンピック委員会・デンマークスポーツ連盟
ノルウェー	スポーツクラブスタッフの警察証明書取得の義務化	ノルウェーオリンピック・パラリンピック委員会、スポーツ連盟	2009年〜	スポーツクラブ	スポーツクラブ、警察、国内競技団体、スポーツ地区
カナダ	カナダにおける競技者の性的虐待からの保護	Sylvie Parent と Guylaine Deners	2010年	カナダ国内のスポーツ組織	スポーツに関わるすべての関係者
イギリス	スポーツの利害関係者／団体と児童保護との結びつけ	Edge Hill University	2011〜2012年	国内のスポーツ統括団体、研究者	Edge Hill University、ラグビー・フットボール・リーグ（RFL）、The Child Protection in Sport Unit
ドイツ	スポーツクラブによる子どもや青少年の保護の奨励	ドイツ・スポーツ・ユーゲント	2011年〜	スポーツクラブのコーチ、スタッフ、役員	ドイツ・スポーツ・ユーゲントとメンバー組織
ギリシャ	フォーラムの開催	クレタ地方のサッカークラブ連盟	2012年	組織化された競技スポーツに関わるすべての人	スポーツ省事務総局、国内スポーツ連盟
イギリス	スポーツにおけるリスクの高い保護事例のマネジメント	Sport Resolutions	2012年	国内競技団体	スポーツに関わる全ての集団
ベルギー	スポーツクラブにおけるセクシュアリティ政策を作成するためのモデルビジョンと9つの手段、背景となる情報の提供をともなうツールボックス	フランドル地方政府（スポーツ部局）とスポーツ利害関係者との協同	2012年	特に子ども（18歳以下）を対象とするスポーツクラブや連盟の関係者	フランドル地方スポーツの権威者、Sensoa、チャイルド・フォーカス

高峰（2016）より高峰作成

⑤行動規範のテンプレートやクラブの現状を評価するリスト、指導者の能力チェックリストといった
　ツールの提供（オーストラリアで 2005 年、ベルギーで 2012 年など）

　この目録に事例が掲載されたヨーロッパ 9 カ国とカナダ、オーストラリアは、それぞれ異なった法体
系を持つ。ギリシャでセクシュアル・ハラスメントが違法となったのは 2006 年のことであるが、スポ
ーツなどの活動はその対象にはなっていない。またこれら 11 カ国における性的行為への同意年齢は 13
歳から 18 歳まで幅があるそうである。そうした法的・社会的・文化的差異はありながらも、ヨーロッ
パ諸国間でネットワークを構築し、この問題に関して情報を共有する背景には、スポーツにおけるセク
シュアル・ハラスメントや性的虐待は根絶されることが望ましく、必要であり、達成可能なのだという
信念が通底しているという。そして特に全国レベルでスポーツを統括する組織には、この問題の解決に
向けて取り組む責任が求められている。

コラム 2：環境改善のための一方策―カナダの民間組織 Respect in Sport による取り組み紹介

　カナダには、スポーツにおけるハラスメント防止に取り組むユニークな民間組織がある。2011 年 3 月
1 日に行われたインタビュー調査（高峰ほか 2016）から、その活動を紹介しよう。
　Respect in Sports（Respect in Sports, HP）は、2 人の男性によって 1997 年から始められた活動
である。スポーツにおけるいじめ、虐待、ハラスメントや差別防止のため、人々の認識を高め、エンパワー
することを目的に、オンライン教育プログラムを制作し、普及に努めている。
　リーダーの 1 人であるシェルダン・ケネディさんは、ジュニア・ナショナル・ホッケーチーム所属中に
コーチから受けた性的虐待被害を、1997 年に世間にカミングアウトした。カナダでは最も人気のあるスポ
ーツであるアイスホッケーにおいて生じたこの事件は、その後カナダが国を挙げてスポーツ倫理政策に取
り組む 1 つのきっかけとなった。
　ケネディさんは、ローラーブレードでカナダを横断して資金を集め、アルバータ州の体操協会副会長ウェ
イン・マクネイルさんとともに啓蒙活動を開始した。2 人は資金を全額、カナダ赤十字に寄付して、共同で
「リスペクト ED」という教育プログラムづくりを始めた。初期の段階で困難だったのは、このプログラム
を実際に実施していこうという認識のあるスポーツ界のリーダーをみつけることだった。
　プログラムはセクシュアル・ハラスメントの事例だけでなく、多様な形態の虐待やハラスメントの大きな
全体像を含んでおり、世間の人々にこうした問題を理解するための言葉を与えることができたという。
　プログラムには指導者用と保護者用があり、指導者用にはコーチに求める最低基準をつくってツールを提
供し、最後にアンケート調査に応えることでプログラムが完結する。個人でもサインアップできるが、国レ
ベルの競技団体や、州レベルですべてのスポーツコーチに義務化している場合もある。
　オンラインによってより多くの人に一貫したプログラムを提供できるのも、国土が広大なカナダにおいて
は有効だった。センシティブな問題を扱うので、1 対 1 で話すよりも、オンラインでプライバシーを保ち
ながら指導が受けられるという点でも、より効果的だという。インターネット関係のいじめや、いじめによ
る自殺など、新しい課題が増えた場合もそれをすぐ取り入れ、随時プログラムをアップグレードできるとい
う対応の柔軟性も、オンラインならではの利点だ。
　プログラムのインパクトは大きく、一般の人たちや保護者がこのプログラムを知ることによって意識が高
まり、スポーツコーチや組織も、こうした問題に対応する必要に迫られたという。教育こそが文化を変える
と彼らはいう。
　スポーツ環境における暴力やハラスメントの中でも、とりわけセクシュアル・ハラスメントは被害が可視
化されにくく、被害者は孤立しやすい。日本においても、相談のしやすい環境づくりや被害者のケアなどに
目配りしつつ、広く認識を共有するための意識の底上げが必要だ。

注

注 1 ）本節でとりあげた先行研究においては概して「体罰」という用語が使われている。しかし先行研究によっては
その定義が明確に示されているとは言い難く、その状態で「体罰」という用語を使用すると、自分が受けた暴力行為
が体罰か否かの判断は回答者に委ねられることになり、実際に行われている暴力行為の実態の把握は困難になると思
われる。したがって本節では、先行研究結果の記述以外は、体罰ではなく暴力という用語を用いた。

注 2 ）876 人の分析対象の特徴としては、男女比に関して高校における一般的な運動部と比べて女子の割合が多い。ま
た日常的な運動・スポーツ実施頻度の面においても中間層が相対的に多いという特徴を持つ。

注 3 ）ここでのリスクは、カテゴリーの総数に対する暴力的言動を受けた者の割合である。例えば男子運動部員 100
名のうち 10 名が暴力的言動を受けた場合、リスク＝ 10/100 ＝ 0.10 である。

注 4 ）この値を相対リスクと呼ぶ。相対リスクはあるカテゴリーのリスクに対する他のカテゴリーのリスクの値である。

注 5 ）データは、全国 23 の大学・短期大学の学生を対象に、2003 年 7 月〜 11 月と 2006 年 10 月に行われた調査に基
づく（男女計 4208 名のうち、3989 部を回収）。「男性から女子大学生に対する 19 項目のセクシュアル・ハラスメン
ト項目」を設定し、それらの行為をセクシュアル・ハラスメントと思うか否かについて、「そう思う」「そう思わない」
を両極とする 4 段階の尺度に「わからない」の選択肢を含めて質問した（高峰ほか 2011）。

注 6 ）データは、3734 名の指導者と、主に国体参加レベルの 18 歳以上選手 1162 名を対象に、2007 年 9 月〜 2008 年 8
月に行われた調査に基づく。指導者 1406 部（37.7 ％）、選手 418 部（36.0 ％）が回収され、そのうち全国レベル以上
で活動する指導者 664 名（男性 577 名、女性 87 名）と選手 353 名（男性 209 名、女性 144 名）を分析対象とした。「男
性指導者から女性選手に対しておこなわれる 15 項目のセクシュアル・ハラスメントになりうる行為」を設定し、そ
れらの行為に対する経験・認識・受容などを質問した（熊安ほか 2009, 2011）。

注 7 ）基本的に個人での競技が成立するスポーツ（通常 1 人で行う競技を 2 人ペアで行うものも含む）を個人スポー
ツとし、チームでの競技を基本とする競技をチームスポーツとした。

【引用・参考文献】

阿江美恵子（1990）「スポーツ指導者の暴力的行為について」『東京女子体育大学紀要』25、pp.9-16

阿江美恵子（2000）「運動部指導者の暴力的行動の影響—社会的影響過程の視点から」『体育學研究』45（1）、pp.89-103

飯田貴子（2004）「体力テストとジェンダー—文部省『スポーツテスト』を問う」飯田貴子・井谷惠子編著『スポーツ・
ジェンダー学への招待』明石書店

岩井八郎（2003）「経験の連鎖：JGSS-2000/2001 による『体罰』に対する意識の分析」『JGSS で見た日本人の意識と行動
日本版 General Social Surveys 研究論文集 2（東京大学社会科学研究所資料第 22 集）』pp.113-125.

楠本恭久・立谷泰久・三村覚・岩本陽子（1998）「体育専攻学生の体罰意識に関する基礎的研究—被体罰経験の調査から」
『日本体育大学紀要』28（1）、pp.7-15

熊安貴美江（2013）「スポーツにおける暴力／ハラスメント：見えにくいハラスメントの現状と課題」『大阪府立大学　女
性学研究センター　第 17 期女性学講演会　女性学・ジェンダー研究の現在』pp.127-153

熊安貴美江・飯田貴子・井谷惠子・太田あや子・高峰修・吉川康夫（2009）「スポーツ指導者と競技者のセクシュアル・
ハラスメントに関する認識と経験の現状と特徴」スポーツにおける倫理調査グループ『平成 18 〜 20 年度日本学術振興
会科学研究費補助金（基盤研究（C）18510233）研究成果報告書』

熊安貴美江・飯田貴子・太田あや子・高峰修・吉川康夫（2011）「スポーツ環境における指導者と選手の適切な行為：セ
クシュアル・ハラスメントに関する男性指導者と女性選手の認識と経験」『スポーツとジェンダー研究』9、pp.20-32、
日本スポーツとジェンダー学会

熊安貴美江・高峰修（2015）「分科会報告　スポーツ組織におけるセクシュアル・ハラスメント防止ガイドラインの作成」
『スポーツとジェンダー研究』13、pp.183-192、日本スポーツとジェンダー学会

佐々木万丈（2015）「女子高校生スポーツ競技者への指導者による体罰の実態」『スポーツとジェンダー研究』13、pp.6-23、
日本スポーツとジェンダー学会

高峰修（2013a）「ハラスメントの受容—なぜスポーツの場でハラスメントが起こるのか？」『現代思想』41（15）、pp.157-
165、青土社

高峰修（2013b）「学校部活動にみる暴力と暴言の実態」『青少年のスポーツライフ・データ 2013—10 代のスポーツライフ
に関する調査報告書』公益財団法人笹川スポーツ財団、pp.22-25

高峰修（2014）「暴力を伴うスポーツ指導の経験と意識」『スポーツライフ・データ 2014—スポーツライフに関する調査報
告書』公益財団法人笹川スポーツ財団、pp.39-43

高峰修（2016）「海外文献紹介　スポーツにおけるセクシュアル／ジェンダーハラスメントと虐待の予防：欧州とそれを

超えた地域における先駆的取組」『スポーツとジェンダー研究』14、pp.146-168、日本スポーツとジェンダー学会

高峰修・飯田貴子・太田あや子・熊安貴美江・吉川康夫 (2011)「日本のスポーツ環境における大学生のセクシュアル・ハラスメント　認識に及ぼす要因の影響—性別に着目して」『スポーツとジェンダー研究』9、pp.33-41、日本スポーツとジェンダー学会

高峰修・熊安貴美江 (2015)「スポーツ統括組織における倫理的問題に関する取り組みの現状」『明治大学教養論集』509、pp.17-40

高峰修・熊安貴美江 (2016)「海外におけるスポーツ環境の倫理的問題への取り組みに関する研究 (3) —カナダを事例として」『明治大学教養論集』512、pp.183-214

冨江英俊 (2008)「中学校・高等学校の運動部活動における体罰」『埼玉学園大学　紀要人間学部篇』8、pp.221-227

西坂珠美・會田宏 (2007)「高等学校のクラブ活動における指導者の暴力行為」『武庫川女子大学紀要　人文・社会科学編』55、pp.149-157

宮田和信 (1994)「体育専攻学生の体罰意識」『学術研究紀要』11、pp.219-230

宮本乙女 (2010)「教員の男女比」日本スポーツとジェンダー学会編『スポーツ・ジェンダーデータブック 2010』日本スポーツとジェンダー学会、p.40

〔ホームページサイト〕

ASC (Australian Sports Commission) "Member Protection Policy Template For National Sporting Organisations Version 8 (June 2015)"

　http://www.ausport.gov.au/supporting/integrity_in_sport/resources/national_member_protection_policy_template

International Olympic Committee (2007) Consensus Statement "SEXUAL HARASSMENT AND ABUSE IN SPORT"

　http://www.players-first.jp/overseas/IOC_Consensus_Statement.pdf

　Respect in Sports

　http://respectinsport.com/

WSF (Women Sport Foundation) "The Foundation Position: Sexual Harassment And Sexual Relationships Between Coaches, Other Athletic Personnel And Athletes"

　https://www.womenssportsfoundation.org/home/advocate/title-ix-and-issues/title-ix-positions/sexual_harassment

9 スポーツとセクシュアリティ

　本章では、スポーツにおけるセクシュアリティの問題を中心にとりあげる。初期のフェミニスト研究は、その研究対象の「女性」が異性愛、シスジェンダー（Cisgender: 出生時に与えられた性別と性自認が一致する人）であることを前提としており、レズビアンやバイセクシュアル、トランスジェンダー、インターセックスといった性的マイノリティやジェンダー・マイノリティの経験が不可視化されていた。しかし、ジュディス・バトラーやガヤトリ・スピヴァックらに代表されるポスト構造主義フェミニスト研究の登場により、「女性」のパフォーマティブな構築性が明らかにされた。すなわち、女性や男性といった性に関わる人間集団をカテゴライズする語の定義、それらに対する規範、さらにはアイデンティティなどは、すべて時間の流れの中で、何らかの行為を繰り返すことを通してつくりあげられていくものとして解釈する必要性が指摘された。また、セクシュアリティ研究、クイア理論の発展は、性役割が社会的につくられたものであるだけなく、「身体の性（Sex）」もジェンダー化された意味が付与され、男女に二分される（例：インターセックスの新生児の性器に外科手術を施すことで、男児・女児を明確に区別できるようにする）という意味で社会的に構築されたものであることを明らかにしてきた（例：Butler 1993, Fausto-Starling 2000）。さらに、性自認（gender identity）は、男女2つに分けられた「身体の性」と「自然」に一致するべきものとして社会的に構築され、それらが一致しない、あるいは男女以外の性自認を持つ人は「異常者」として差別や暴力の対象となる、あるいは「性同一性障害（Gender Identity Disorder）」として病理化されてきたことをトランスジェンダー研究は指摘している（例：Stryker et al 2006、米沢 2003）。

　こういったセクシュアリティ研究と理論的発展は、スポーツ研究にも大きな影響を及ぼしている。特に欧米のスポーツ研究では、1990年代から「男らしさ」と男の優位性を再生産する装置としての近代スポーツが内包してきた強制異性愛・異性愛中心主義（heterosexism）、同性愛嫌悪（homophobia）、トランスジェンダー嫌悪（transphobia）、性二元制（binary gender system）の問題が盛んにとりあげられてきた（例：Cahn 1994, Griffin 1998, Hargreaves et al 2014, Lenskyj 1990, 2003, Pronger 1992, Sykes 2006, 2011, Travers 2006）。近年では、スポーツとセクシュアリティ、人種差別、植民地主義との関係性の研究も徐々にではあるが蓄積が進んでいる（例：Davidson 2012, 2013, Sykes 2016, Thangaraj 2015）。本章でとりあげる研究が示す通り、日本においてもスポーツとセクシュアリティに着目した研究が徐々に蓄積されつつある。しかしながら、こういった研究成果がスポーツの現場に反映されるには至っておらず、今後のさらなる研究蓄積とそれに裏打ちされたガイドラインの策定や関係者への教育の普及が望まれる。

　スポーツとセクシュアリティといっても、その研究課題は多様で、そのすべてをこの限られたスペースで網羅することは不可能である。本章では、セクシュアリティの中でも特に「性的マイノリティ」と「ジェンダー・マイノリティ」（以下、LGBTと表記する）のスポーツ参加に関係する問題についてとりあげる。1節では、スポーツにおける性別二元制と性差別、ヨーロッパ中心主義が問題となる性別確認検査と高アンドロゲン症規定の問題をとりあげる。2節では、スポーツにおけるLGBTのインクルージョンのためのガイドラインと規定について、3節では、LGBTのスポーツ経験について検証する。

　LGBTは、Lesbian, Gay, Bisexual, Transgenderの略称で、性的マイノリティ、ジェンダー・マイノリティを総称する言葉として使われる。より幅広い性的マイノリティ、ジェンダー・マイノリティを含めて、LGBTQやLGBTQQIP2SAAと表記する場合もある。最も一般的に使用されるLGBTの表記は、近年日本社会においても浸透しつつある。本章では、スポーツとの関わりから、Queer, Questioning,

Intersex, Pansexual を含めた LGBTQQIP を性的マイノリティとジェンダー・マイノリティの枠組みとしてとらえることとし、その省略形として LGBT を使用する。1 節に入る前に、以下に本章の議論の中心となるキーワードを定義する。

用語解説

◆ **LGBTQQIP**: Lesbian, Gay, Bisexual, Transgender, Queer, Questioning, Intersex, Pansexual の省略形。LGBT のように性的マイノリティおよびジェンダー・マイノリティの総称として使われることがある。

● **Lesbian**（レズビアン）：女性に対して魅力を感じる女性。

● **Gay**（ゲイ）：男性に対して魅力を感じる男性。

● **Bisexual**（バイセクシュアル）：男女両方に魅力を感じる人。

● **Transgender**（トランスジェンダー）：出生時に与えられた性別に違和を感じる人、性自認が男女 2 つのカテゴリーに収まらない人、社会的に期待される性役割やジェンダー表象に収まらない人などの総称。広くは、出生時に与えられた性別と反対の性自認を持ち、性別適合治療を望むトランスセクシュアル（transsexual）を含む。日本では性同一性障害（Gender Identity Disorder）と混同されることがあるが、英語圏では、トランスジェンダーという性自認を「障害」として病理化しないのが一般的になりつつある。

● **Queer**（クイア）：性的マイノリティ、ジェンダー・マイノリティの総称、あるいはジェンダー・クイア（gender queer）など、LGBT のカテゴリーに収まらない人の自称として使われることがある。他者へのラベルとして使われた場合には差別的とみられることがある。

● **Questioning**（クエッショニング）：自身が性的マイノリティ、ジェンダー・マイノリティかもしれないと感じている人。自分に適した性的指向、性自認、ジェンダー表象を形成途中の人。

● **Intersex**（インターセックス）：身体的特徴あるいは染色体の特徴が典型的な男女の枠組みに収まらない人、あるいは両方の特徴を持っている人。日本語では「性分化疾患」とも称されるが、疾患ではなく独自の性のあり方として肯定的にとらえるインターセックスの当事者運動もある。

● **Pansexual**（パンセクシュアル）：男女の 2 カテゴリーだけでなく、その他の幅広い性自認、ジェンダー表象を持つ人に魅力を感じる人。

◆ **同性愛者**（Homosexual）：同性の人に魅力を感じる人。この言葉を不快に感じる当事者もいる。

◆ **異性愛者**（Heterosexual）：異性の人に魅力を感じる人。

◆ **シスジェンダー**（Cisgender）：出生時に与えられた性別と性自認が一致する人。

◆ **ホモフォビア**（Homophobia)/同性愛嫌悪：レズビアン、ゲイ、バイセクシュアルの人、あるいはそうであると思われた人に対する差別的あるいはネガティブな感情や態度。

◆ **バイフォビア**（Biphobia）：バイセクシュアルの人、あるいはバイセクシュアルと思われた人に対する差別的あるいはネガティブな感情や態度。

◆ **トランスフォビア**（Transphobia）：トランスジェンダーあるいはジェンダー表象が社会の性規範に収まらない人に対する差別的あるいはネガティブな感情や態度。

◆ **高アンドロゲン症／高アンドロゲン血症**（Hyperandrogenism）：体内でアンドロゲン（男性ホルモン）が過剰に生成される状態。

◆ **性別適合手術**（Sex Reassignment Surgery）：性違和を抱える当事者に対し、自認する性の特徴に類似した身体の形態を得ることを目的とした手術療法のうち、内外性器に関する手術を指す。

◆ **性別二元制**（Gender Binary System）：出生時にすべての人を男女どちらかの性に分け、その性別に従って性的指向、性役割、ジェンダー表現などの性規範を構成する社会システム。

Gay, Lesbian & Straight Education Network（2016）"A Guide to Supporting Lesbian, Gay, Bisexual and Transgender Students in Your School" および https://internationalspectrum.umich.edu/life/definitions を参考に内容を追加・修正し井谷作成

1) スポーツにおける性別確認検査

「性別確認検査」と日本語訳される検査は、英語では Gender Verification Test あるいは Femininity Test と呼ばれる。1948 年欧州陸上競技選手権における医師の証明書提出に始まり、1960 年代半ば以降、国際的なスポーツイベントにおいてルール化、制度化された。より多くの女性が多様な競技スポーツに参加するようになる中で、性別確認検査を導入する当初の目的は、女子選手に扮した男子選手を排除し女子競技の公平性を担保することとされた。しかし、その検査により失格となり女子競技から排除されてきたのは、性分化疾患あるいはインターセックスと呼ばれるコンディションを持つ選手たちであった。科学的に男女のカテゴリーを定義し明確化しようと試みた性別確認検査は、その目的を達成できていないだけでなく、皮肉にも性の複雑さと「男女」という性別二元制の限界を可視化することになった（飯田 2013、來田 2012a, 2012b、Fausto-Sterling 2000）。

IOC による性別確認検査方法の変遷

性別確認検査は、導入直後からその方法の倫理性が問題視され、性差別であるとの批判を受けてきた。また、その目的とは異なり、競技の公平性には何ら支障のないインターセックスの選手を不当に排除することになっているとの医学会からの批判があった。以下に国際オリンピック委員会（IOC）が行った性別確認検査の方法と批判、変遷をまとめた。

■**視認調査**（～1968）：医師の前で選手が順次全裸になり外部生殖器の形状を検査。
　●批判：屈辱的でプライバシーの侵害である。
■**染色体検査**（1968～1991）：口腔細胞を採取しバー小体（2 つの X 染色体の存在）の有無を検査。
　●批判：XY 染色体を持つさまざまな理由から XX 染色体の女性と同様に体が発達する症例（例：アンドロゲン不応症、スワイヤー症候群）がある。これらの女子選手を排除することは、ルールの公平性を欠き、排除によって選手の染色体情報が公になることはプライバシーの侵害であり、差別的で選手へのハラスメントである。Y 染色体の存在が競技上の有利性につながるとの仮定は誤りである。
■**ポリメラーゼ連鎖反応**（**PCR 法**）（1991～2011）：口腔細胞あるいは毛根から摂取した細胞を用い Y 染色体につながる物質（DYZ-1, SRY）の有無を検査。
　●批判：染色体検査と同様。
■**高アンドロゲン症検査**（2011 年～）：これ以前のものとは異なり「生物学的性別」を検査するものではなく、女子選手の体が生成するテストステロンのレベルの上限を設けるもの。男子下限（10nmol/ℓ）以上の選手は女子競技に参加することができない。
　●批判：ドーピングではなく、体内で自然に生成されるホルモンによって出場資格を決定するのは差別的であり、男子に同様の規定がないことから女性差別でもある。また、テストステロンのレベルと競技力の相関性を示す科学的根拠に欠ける。

図表 9-1 は、性別確認検査とトランスジェンダーの選手参加をめぐる国際的なできごとをまとめた年表である。性別確認検査自体の公式な導入は、1960 年代であるが、女性の国際スポーツ大会参加が増え始めた 1920 年代、1930 年代ごろからすでに女子選手の性別が問題化されていることがわかる。また、その検査方法はさまざまな批判と科学技術の発達によって変化してきたものの、「公平さ」を理由に科学的に男女の線引きを行おうとする態度は現在でも変わっていない。また、IOC が全女子選手に対する検査を廃止した 2000 年以降も、発展途上国出身の選手を中心にこの検査結果を理由に出場資格を剥奪される選手が出ている。

9　スポーツとセクシュアリティ

図表 9-1　性別確認検査とトランスジェンダーの選手参加をめぐるできごと

1920s	1920 年代に女子アマチュア陸上競技大会の投擲競技で活躍し「デヴォンシャイアーの不思議」と呼ばれた Mary Weston は 1930 年代半ばに性別適合手術を受け競技を引退、その後 Mark Weston に改名。
1936	1934 年の国際女子競技大会金メダリスト Zdeněk Koubková（改名前は Zdeňka Koubek）が性別適合手術を受け競技から引退。
1950s	Heinrich Ratjen は、1936 年の第 11 回夏季オリンピック・ベルリン大会において Dora Ratjen の名で女子走高跳に出場（4 位入賞）したことが明らかになる。Ratjen の性別変更の理由は諸説あるが性分化疾患が原因とする研究がある（Haggie 2010）。
1960s	陸上の Press 姉妹（Irina Press, Tamara Press）の性別を疑問視する声が特にアメリカの陸上関係者から上げられる。
1966	国際陸上競技連盟（IAAF）が欧州陸上選手権で全女子選手を対象に性別確認検査（視認調査）を実施。
1967	IOC 医事委員会設置。
1968.2.	第 10 回冬季オリンピック・グルノーブル大会で五輪史上初めて性別確認検査を実施。1966 年の女子世界ダウンヒル選手権で優勝した Erika Schinegger が性別確認検査により失格。外科手術を受け男性として改名、結婚後は一児をもうけるとともに男子部門で競技継続。このときの検査方法が屈辱的でプライバシーの侵害であるとの抗議が相次ぎ、同年 10 月の第 19 回夏季オリンピック・メキシコシティ大会から性染色体（バー小体）の検査に変更。
1977.8.	性別適合手術とホルモン療法を受けた後、1976 年に全米テニス協会（USTA）から女子選手としての出場を拒否された Renée Richards は、性染色体（バー小体）の有無により女子選手の出場資格を制限する USTA の規定はジェンダーに基づいた人権侵害であるとしてニューヨーク最高裁判所に提訴し、勝訴。この年の全米オープンに女子選手として出場。
1980.12.	1932 年第 10 回夏季オリンピック・ロサンゼルス大会の 100m 走金メダリスト、Stella Walsh がオハイオ州クリーブランド市にて強盗被害に遭い死亡。このときの検視により性分化疾患であったことが判明。
1985	ユニバーシアード神戸大会において 523 人中 3 選手が性別確認検査により失格。その 1 人 Maria José Martínez-Patiño は IAAF に異議申し立てを行い 3 年後に出場資格を回復。
1990	IAAF は女子選手の性別確認検査方法に関するワーキンググループを設置、1990 年（モンテカルロ）と 1992 年（ロンドン）にてシンポジウムを開催。
1991	IOC は性別確認検査継続の必要性を主張し、検査方法を PCR 法に変更。
1992	1990 年、1992 年のシンポジウムの提言を受け、IAAF は全女子選手に対する性別確認検査を廃止。保留条件として無作為の検査、個人ベースの検査を行う権限を維持することを決定。
1994.10.	広島アジア大会における検査で PCR 法による検体採取に毛根の DNA を使用。
1996	ノルウェー議会はスポーツにおける性別確認検査を禁止。
1997	IOC 世界女性スポーツ会議において全女子選手に対する性別確認検査を廃止するよう求める決議を採択。
1999	IOC 執行委員会は全女子選手に対する性別確認検査の廃止を求める選手委員会の提案を受け入れ、2000 年のシドニー大会で全女子選手を対象とした検査を行わないことを発表。
2004.5.	IOC の医事委員会がトランスジェンダーの選手の参加を条件つきで容認。
2006.12.	ドーハ・アジア大会においてインド人陸上短距離選手 Santhi Soundarajan が性別確認検査の結果メダルを剥奪される。
2009.8.	陸上世界選手権において南アフリカの Caster Semenya が性別確認検査を受けたとの報道があり IAAF が追認。セメンヤ選手は翌年 7 月まで国際大会出場停止処分を受ける。
2010.11.	ワシントン州立大学女子バスケットボール部の Kye Allums がトランスジェンダーであることを公表。女子リーグで男子選手として登録することが認められ、全米大学体育協会（NCAA）一部リーグでトランスジェンダーを公表してプレーする最初の選手となる。
2011.4.	IOC と IAAF は、女子選手の出場資格規定を改定し、テストステロンのレベルにより女子選手の参加を制限する高アンドロゲン症規定を発表（IOC Regulations on Female Hyperandrogenism）。
2012.8.	第 30 回夏季オリンピック・ロンドン大会において Caster Semenya が女子 800m 走で銀メダルを獲得。
2014.7.	インド人陸上短距離選手 Dutee Chand が IAAF の高アンドロゲン症規定により、イギリス連邦競技大会のインド代表選手のリストから外される。
2014.9.	Dutee Chand は、IAAF が先天的に過剰なテストステロンを有する女子選手の出場資格を不当に制限していること、またその規定に従ってインド陸上協会が Chand の出場資格を剥奪したことを不服としてスポーツ仲裁裁判所に提訴。
2015.7.	スポーツ仲裁裁判所は、先天的に過剰なテストステロンを有する女子選手の出場資格を制限した国際陸連の規定を暫定的に最大 2 年間停止し、Chand の出場資格を直ちに回復する裁定を下す。
2016.1.	IOC がトランスジェンダー・ポリシーの変更を発表。

Elsas et al（2000）、來田（2014）をもとに項目を追加して、井谷作成

コラム1：性別確認検査の批判と今後

　女子選手や人権活動家、医学専門家などからさまざまな批判を受け、スポーツにおける性別確認検査の方法や対象は変化してきた。しかし、現在でも「競技の公平性」を理由に女子選手が性ホルモンレベルの検査を要求されることがある。「高アンドロゲン症」の女子選手は、そうでない女子選手よりも多くのテストステロンを体内で生産するため、競技上不公平な有利性を持つとされ、ホルモンを抑制する治療を受けることを拒んだ場合は出場資格を剥奪される。しかしながら、アンドロゲンのレベルと競技能力の間の相関関係は科学的に証明されていない。また同様の理由でテストステロンレベルが特別に高い男子選手が治療を求められたり「男子選手」失格とされたりすることはない。

　この規定のもう1つの問題的側面は、発展途上国出身の選手が多くその対象となっていることである。これは医療技術が発達した国においては、インターセックスの選手は思春期ごろまでに何らかの外科的手術、ホルモン療法を受けている場合がほとんどで、国際的なスポーツの舞台で初めて問題になる可能性が少ないからである。また、インターセックスを医学的に介入すべき問題とする考え方は、西洋中心主義的であり、失格となる選手の大半が発展途上国の選手であることから、有色人種、特に黒人の身体に介入する植民地主義的、人種差別的規定であるという批判もある（Bavington 2014, Henne 2015）。

　2014年、インド人スプリンター、デュティ・チャンド選手は、IAAFが先天的に過剰なテストステロンを有する女子選手の出場資格を不当に制限していること、またその規定に従ってインド陸上協会がチャンドの出場資格を剥奪したことを不服としてスポーツ仲裁裁判所に提訴した。2015年7月、スポーツ仲裁裁判所は、高アンドロゲン症規定は科学的根拠に欠け不当であるとし、チャンドの即刻競技復帰を認め、IAAFが高アンドロゲン症規定の正当性を科学的に証明できるまで最大2年間同規定の運用を停止する裁定を下した。一方、IOCは医事委員会に即座に高アンドロゲン症規定の有効性と必要性を示すよう指示した。今後女子選手の参加（あるいは女子選手のパフォーマンスの上限）をめぐる議論がどのように推移するか注目したい。

2）LGBTインクルージョンのガイドラインと規定

　1970年代以降、LGBTの人権問題が欧米諸国を中心に活発に議論されるようになり、それにともなって体育・スポーツとセクシュアリティの関係性に注目した研究が徐々に蓄積されてきた。また、欧州議会のようにスポーツ権を基本的人権として位置づけ、LGBTのスポーツ権を保護するためのガイドラインが作成されるケースも増えている（藤山ほか 2010）。

　日本においては、文部科学省が2015年4月に「性同一性障害に係る児童生徒に対するきめ細かな対応の実施等について」と題する同性愛や性同一性障害などを含む性的少数者の子どもについて、配慮を求める通知を全国の国公私立の小中高校などに出すなど、LGBTの人権問題への関心は高まりつつある（5章参照）。しかしながら、LGBTのスポーツ参加の実態や体育・スポーツにおける経験についてはまだ研究が始まったばかりで、今後多角的な研究が期待されるとともに、体育・スポーツにおけるLGBTの人権保護への早急な取り組みが望まれる。以下に、主に海外のスポーツ組織が蓄積してきたLGBTのスポーツ参加のためのガイドラインと参加規定をとりあげ、スポーツにおけるホモフォビア、バイフォビア、トランスフォビアをめぐる国際的な議論と取り組みを検証する。

LGBTのインクルージョンのためのガイドライン

　図表9-2は、アメリカ、イギリス、オーストラリア、カナダ、フィンランド、日本の政府スポーツ担当局、非政府・非営利スポーツ組織のLGBTインクルージョンについてのガイドラインを比較・検討した藤山ほか（2010）の研究をもとに井谷がデータを追加・更新したものである。

　LGBTのスポーツ参加のためのガイドラインは、性的指向や性自認に基づいた差別を解消することを

9　スポーツとセクシュアリティ

図表9-2　海外のスポーツ組織と倫理（LGBT）に関するガイドライン

	政府　省庁名	政府スポーツ担当局	非政府・非営利組織	ガイドライン名称
国際オリンピック委員会			国際オリンピック委員会	Sexual Harassment and Abuse in Sport, Homophobia
				Olympic Charter, Principle 6（2014　改定）
欧州連合	欧州会議（CoE）	Enlarged Partial Agreement on Sport		Good Practice Handbook No. 4: LGBT Inclusion in Sport（2012）
オーストラリア	通信・芸術省（DCA）	Australian Sports Commission＊	Australian Womensport and Recreation Association	＊ Harassment-free Sport Guidelines to Address Homophobia and Sexuality Discrimination in Sport（2000）
				＊ The Clearinghouse, Sexuality and Gender Perspectives on Sports Ethics（last update, 2016）
カナダ	文化遺産省（CH）	Sport Canada	Canadian Association for the Advancement of Women and Sport and Physical Activity＊	＊ Seeing the Invisible, Speaking about the Unspoken: A Position Paper on Homophobia in Sport（2012）
				＊ Including Transitioned and Transitioning Athletes in Sport-Issues, Facts, and Perspectives（2009）
			Canadian Olympic Committee, partnership with Egale Canada & You Can Play＊＊	＊＊ The COC Anti-Discrimination Article（2014　改定）
				＊＊ One Team: Creating a Safe School and Sport Environment（2015）
アメリカ合衆国			Women's Sports Foundation, USA	It Takes a Team! Making Sports Safe for Lesbian, Gay, Bisexual, and Transgender Athletes and Coaches（2002）
			The National Collegiate Athletic Association	Champions of Respect: Inclusion of LGBTQ Student-Athletes and Staff in NCAA Programs（2012）
			The United States Olympic Committee	US Olympic Committee Code of Conduct, "Commitment to Integrity" Section（2013）
イギリス	文化・メディア・スポーツ省（DCMS）	Sport England＊	Women's Sports Foundation, United Kingdom＊＊＊	＊ Equalities Legislation a Guidance for Governing Bodies of Sport（2007）
				＊＊ Transsexual People and Sport（2005）
		UK Sport Council＊＊	European Gay & Lesbian Sport Federation＊＊＊＊	＊＊＊ Transsexuality and Sport（2002）
				＊＊＊＊ Pride in Sport（2013）
フィンランド	文部省（OKM）	Sport in Finland	Finish Sports Federation＊	＊ Involved and Visible Sexual and Gender Minorities in Sports and Physical Activities（2005）

※表中のアスタリスク（＊印）は、ガイドラインを作成した組織名を表す
藤山ほか（2010）をもとに井谷が情報を更新して作成

目的としているものと、トランスジェンダーの選手について具体的に参加規定を定めたものが存在する。前者は、スポーツ組織やコミュニティ内におけるホモフォビア、バイフォビア、トランスフォビアを解消し、安全なスポーツ環境を提供するための教育的な側面が強い。後者は男女にわけられたスポーツの競技カテゴリーの性質から、性別適合治療の有無、その内容、時期、期間などに従ってトランスジェンダーの選手を男女カテゴリーに組み込むルールを定めることを主目的としている。

　藤山ほか（2010）は、各国のガイドラインは重点的に言及するLGBTの対象（例：ホモフォビア、トランスフォビア）が異なることはあっても、全体的な構成、内容など、多くの点で共通しており、ガイドラインの目的、LGBTに対する知識の提供、差別の具体的事例、問題解決に向けた具体的な取り組みや方

法、相談機関、根拠となる法律が、ほとんどのガイドラインに含まれていると説明している。内容面では、施設の利用や競技の参加におけるLGBT当事者の性的指向や性自認、意思、意向を尊重するという基本姿勢、スポーツを管理・運営する立場にあるすべての人々に対してLGBTについての正確な理解の必要性、差別をさせないための監督責任があることを明示していること、スポーツの分野以外での法的制度の整備を強く求める方向性などが共通していると分析している。

2010年の調査から2016年までの間に、LGBTの子どもや若者のための安全なスポーツ環境を提供するための教育資料を提供する組織が増加し、より規模の大きい組織（例：欧州会議〔CoE〕、国内オリンピック委員会〔NOC〕）がガイドラインや資料作成のための資金を提供している（イギリスのPride Sportsは、CoEの資金を受けスポーツごとに具体的なガイダンスを提供している）。また、2014年の第22回冬季オリンピック・ソチ大会の際に問題となったロシアの「反同性愛プロパガンダ法」に対する反応として、IOCやNOC（例：アメリカ、カナダ）が反差別条項に性的指向を含めるなど、スポーツ組織が組織の根本原理の中に性的指向に基づいた差別撤廃を掲げる動きがみられた。

日本では、（公財）日本体育協会が2013年に「スポーツ指導者のための倫理ガイドライン」を策定し、「反倫理的言動」の「差別」の対象に「性的指向や性自認」が含まれた。また、2015年より、日本でも同性カップルを異性カップルと同様に取り扱う自治体が少数ではあるが現れている。さらに、文部科学省がLGBTの生徒への配慮を求める通達を出すなど、LGBTの人権問題をめぐる議論は活発化している。今後は、日本そしてアジアのスポーツ組織においてもLGBTのスポーツ参加を保障し、差別解消に向けた取り組みを期待したい。

トランスジェンダーの選手の参加規定

次に、トランスジェンダーの選手の競技参加規定を検証する。以下の表は、トランスジェンダーおよびトランスセクシュアルの選手の競技参加規定を具体的に定めたスポーツ組織の中から代表的なものを抜粋・要約したものである。理念と目的の異なる組織を比較するため、①国際スポーツ組織、②LGBT国際スポーツ組織、③国内競技スポーツ組織、④大学競技スポーツ組織から数例ずつ選択した。

① **国際スポーツ組織**（図表9-3）　IOCは、2003年10月に"Statement of the Stockholm consensus on sex reassignment in sports"を発表し、性別適合治療を受けたトランスジェンダーの選手に厳しい条件つきながら競技参加を認めた。これは1990年代から盛り上がりをみせたトランスジェンダーの人権運動の大きな成果といえ、スポーツ界におけるトランスフォビアとトランスジェンダーの選手のインクルージョンについての議論を大きく前進させた。このIOCの動きを受けて、独自のトランスジェンダー・ポリシーをもうけるスポーツ団体が増えている。国際陸連（IAAF）、国際テニス連盟（ITF）ともにIOCのポリシーをモデルに、1）性別適合手術（性腺摘出を含む）の完了、2）ホルモン療法の期間、3）自認する性の法的承認、4）性別適合手術とホルモン療法の内容、期間と効果の証明、の4点が参加規定の基本となっている。しかし、この規定は性別適合手術を望まない、あるいは受けられない選手、出身国が性別の法的変更を認めていない選手など、多くのトランスジェンダーの選手を排除するという問題がある。また、ホルモン療法の期間もその科学的根拠に乏しいとして批判が多い。トランスジェンダーの選手がスポーツの国際的舞台で活躍する道が開かれたとはいっても、男女の競技カテゴリーに変化があったわけではなく、男女二元制の問題は解決されるどころか強化されているとの批判もある（例：Cavanagh et al 2006）。

これらの批判と新たな科学的研究の蓄積を受けて、IOCは2015年11月に"Stockholm Consensus"と女子選手の高アンドロゲン症規定について検討する会議を開き、2016年1月に新たなポリシー（"IOC Consensus Meeting on Sex Reassignment and Hyperandrogenism"）を発表した。これにより、2016年の第31

図表9-3　トランスジェンダーの選手参加規定（国際スポーツ組織）

スポーツ組織　関連文書	
参加規定（Male-to-Female）	参加規定（Female-to-Male）
国際オリンピック委員会（IOC） *IOC Consensus Meeting on Sex Reassignment and Hyperandrogenism November 2015*（2015）	
MtF 以下の条件について選手ごとに判断し、これらのコンディションについて検査を行うこともある。検査に応じない場合は12カ月の出場停止処分。①性自認が女性であることを宣言、②宣言した性自認は4年間変更不可、③出場まで最低1年間血清中テストステロンのレベルを10nmol/ℓ以下に維持、④女子カテゴリーで競技を希望する期間中を通して血清中テストステロンのレベルを10nmol/ℓ以下に維持。	FtM 条件なし
世界アンチドーピング機構（WADA） *List of Prohibited Substances and Methods*（*Substances Prohibited At All Times*）	
FtM テストステロン補助療法を受けている選手は治療目的使用に係る除外措置を申請する。	
国際陸上競技連盟（IAAF） *IAAF Regulations Governing Eligibility of Athletes Who Have Undergone Sex Reassignment to Compete in Women's Competition*（2011）	
MtF 選手ごとに以下の項目を検討し判断。①年齢、②性別適合治療の開始、③性別適合治療の内容、④性別適合治療が行われてからの経過時間、⑤アンドロゲン・レベル、⑥性別適合治療後の処置およびモニタリングの内容、期間と結果。	FtM 選手のジェンダーが男性であることを示す法的文書の提出（パスポート、運転免許証等）
国際テニス連盟（ITF） *ITF Pro Circuit Regulations*［*Appendix A: ITF Gender Verification & Transsexual Policies*］（2015）	
MtF 思春期までに性別適合治療を受けた選手は、女子選手と認定。　思春期以降に性別適合治療を受けた選手は以下の条件について選手ごとに判断。①性腺摘出を含めた性別適合手術の完了、②適合治療後の性別が法的に認められている、③ホルモン療法が証明可能な形で競技におけるジェンダーに基づいた有利性を解消するのに十分な期間行われた、④性腺摘出から2年以上経過。	FtM 思春期までに性別適合治療を受けた選手は、男子選手と認定。　思春期以降に性別適合治療を受けた選手は、男子選手として出場可。
女子フラットトラックダービー協会（WFTDA） *WFTDA Statement About Gender*（2011）	
MtF FtM IS 他　トランスジェンダーの女性、インターセックスの女性、あるいはその他のジェンダーの選手は女子フラットトラックダービーが自身のアイデンティティに最も適切な場合は参加可。	

回夏季オリンピック・リオデジャネイロ大会から、トランスジェンダーの男子選手（Female-to-Male）は、条件なしで男子として出場が認められることになる。ただし、ドーピング規定との関係から、引き続き世界アンチドーピング機構（WADA）に「治療目的使用に係る除外措置」としてテストステロンの使用を申請する必要がある。トランスジェンダーの女子選手（Male-to-Female）については、性別適合手術と自認する性の法的承認の規定が撤廃された。ホルモン療法は、これまで最低2年間の治療を定めていたが、新規定では1年間と期間が短縮され、血清中テストステロンのレベルが競技参加までの1年と競技参加期間中10nmol/ℓ以下に維持されることが具体的に定められた（IOC 2015）。これは標準的な男性のテストステロン下限レベルとされる数値で、高アンドロゲン症規定もこの数字に基づいている。この改定により、トランスジェンダーの選手の負担は大幅に軽減される。しかしながら、女子選手に対する高アンドロゲン症規定と同様に、血清中のテストステロン・レベルを男女の線引きとする点については変化がなく、論争はまだ続きそうである。また、このIOCの新規定に他の国際スポーツ組織が従うのか、今後の議論が注目される。

　一方、女子フラットトラックダービー協会（WFTDA）のジェンダー・ポリシーは、他の国際スポーツ組織から一線を画している。WFTDAは、ジェンダーが男女以外にも多様な形で存在すること（例：トランスジェンダー、インターセックス、その他）を認めたうえで、「女子」というカテゴリーが選手にとって適切と思われる場合は、条件なしで参加が認められる。これはスポーツにおける男女というカテゴリー

図表9-4　トランスジェンダーの選手参加規定（LGBT 国際スポーツ組織）

スポーツ組織　*関連文書*
参加規定
ゲイ・レズビアン国際スポーツ協会（GLISA）　*Policy on Gender*（2013）
MtF FtM　選手は希望する性別カテゴリー（男女のみ）で出場できるが、登録の際に性自認を提示し、登録後の変更は認められない。アウトゲームズ 1 大会内では 1 つ以上の性自認での参加は不可。
ゲイ・ゲームズ連盟（FGG）　*Gender in Sport*（2010）
MtF FtM　選手の性自認による（格闘技においては法的に認められた性別でのみ参加可能）。
国際ゲイレズビアン・フットボール協会（IGLFA）　*IGLFA Transgender Policy*（2014）
MtF FtM　男女別の競技では自身の性自認に従って競技に参加できる。登録された性自認がその選手の核心的アイデンティティであり誠実なものであることを示す何らかの書類あるいは証拠を IGLFA に提出し承認を受ける。

の限界と、選手の性自認を尊重する姿勢を参加規定に明確に反映した革新的なもので、この形の参加規定を採用するスポーツ組織が増えることを期待したい。

　② **LGBT 国際スポーツ組織**（図表9-4）　　LGBT コミュニティのためのスポーツ組織においてもトランスジェンダーの参加規定をめぐっては論争が続いている。ゲイ・ゲームズ連盟（FGG）（当初は「ゲイ・オリンピック」と呼ばれたが、IOC が「オリンピック」という言葉の使用を禁じたため現在の名称となった）は、1982年に LGBT の選手がホモフォビアにさらされることなく、安心してスポーツに参加することを目的に設立されたが、2010 年まで 2 年間のホルモン療法や性自認の証明などを求めていた（Love 2014, p.380）。トランスジェンダー人権活動家たちの努力により、現在は図表9-4 のように当事者の性自認を尊重し、基本的には性別適合手術やホルモン療法を出場条件とはしていない。ゲイ・レズビアン国際スポーツ協会（GLISA）、国際ゲイレズビアン・フットボール協会（IGLFA）は、ともにシスジェンダーの参加者にはない「性自認を証明する義務」をトランスジェンダーの選手に課している。男女のみの競技構造も変わっておらず、LGBT のためのスポーツ組織においてもトランスジェンダーの参加者が周縁化され、余分な負担を背負わされる状況は解消されていない。

　③ **国内競技スポーツ組織**（図表9-5）　　次に国内競技スポーツ組織の例をみる。以下の 4 組織はいずれも異なるスポーツを統括する団体で、スポーツに特化した規定項目もみられるが、北米のボクシング、総合格闘技（MMA）を統括するボクシングコミッション協会（ABC）、イギリスのラグビーフットボール・ユニオン（RFU）、全米テニス協会（USTA）は、性腺摘出を含めた性別適合手術の完了と 2 年間のホルモン療法を条件としており、IOC のポリシーをモデルにしていることがうかがえる。ABC の性別適合手術の要件に関しては、グラップリングと MMA のみとなっているが、その理由は明確に示されていない。イングランドサッカー協会（FA）は、性別適合手術は求めず、ホルモン療法については「競技における優位性につながる可能性を最低限に抑えるために血中テストステロンのレベルを適切な期間、適切なレベル（あるいは女性のレベル）に維持」することとし、期間の年数等は定めていない。これにより国際スポーツ組織や他の国内競技スポーツ組織よりも柔軟な規定となっているが、テストステロンのレベルを参加条件とする明確な科学的根拠がない点では他組織と同様である。

　トランスジェンダーの参加規定については、しばしば選手の安全を担保することが理由に挙げられるが、テニスのようにコンタクトをともなわないスポーツにおいても同様の規定がある。これらの規定によって、トランスジェンダーの選手の身体にスポーツ組織が医学的に介入し、どちらかの性別に振り分けることによってその存在を不可視化することは、スポーツにおける性別二元制のシステムの維持、強化に結びつくことになっている。

　④ **大学競技スポーツ組織**（図表9-6）　　大学競技スポーツ組織は、その役割や運営目的が教育にあ

図表 9-5 トランスジェンダーの選手参加規定（国内スポーツ組織）

スポーツ組織　関連文書　［統括地域］	
参加規定（Male-to-Female）	参加規定（Female-to-Male）
ボクシングコミッション協会（ABC）　*ABC Transgender Medical Policy*［北米］（2012）	
MtF 思春期までに性別適合治療を受けた MtF トランスセクシュアルの選手は女子選手と認定。思春期以降に性別適合治療を受けた選手が女子として出場する場合は以下を証明する書類を委員会に提出。①性腺摘出を含めた性別適合手術の完了（グラップリング、MMA のみ）、②委員会が承認したトランスジェンダーおよびトランスセクシュアリティの治療に必要な知識を十分に有する医療機関において性腺摘出後最低２年間ホルモン療法を受けている。テストステロン抑制剤治療の開始から２年経過していない選手は男子として出場可。	FtM 思春期までに性別適合治療を受けた FtM トランスセクシュアルの選手は男子選手と認定。思春期以降に性別適合治療を受けた選手が男子選手として出場する場合はトランスジェンダーの治療に必要な知識を十分に有する委員会承認の医療機関でホルモン療法を受けていることを証明する書類を委員会に提出。テストステロン補充療法を受けているトランスジェンダーの男性は男子としてのみ出場可。
イングランドサッカー協会（FA）　*The Football Association Policy on Trans People in Football*［イギリス］（2015）	
MtF FtM 18歳以下の選手は、性自認にかかわらず男子、女子、男女混合チームのいずれでも出場可。18歳以上の選手は Equality Manager に資格審査を申請し、以下の条件について審査を受ける。	
MtF ①ホルモン療法が証明可能な形で行われたことを示す医療情報、記録の存在、②競技における優位性につながる可能性を最低限に押さえるために血中テストステロンのレベルを適切な期間女性のレベルに維持、③ホルモン療法の経過を毎年確認、④身分証明書の提示。	FtM ①ホルモン療法が証明可能な形で行われたことを示す医療情報、記録の存在、②競技における優位性につながる可能性を最低限に押さえるために血中テストステロンのレベルを適切な期間、適切なレベルに維持、③ホルモン療法の経過を毎年確認、④身分証明書の提示。
ラグビーフットボール・ユニオン（RFU）　*RFU Transgender and Transsexual Policy*［イギリス］	
MtF FtM 思春期までに性別適合治療を受けたトランスセクシュアルの個人は治療後の性別でトレーニングおよび試合に参加できる。思春期以降に性別適合治療を受けた個人は治療後の性別での参加が許可されるが、以下を証明する書類を提出しユニオンの認証を受ける。①性腺摘出を含めた性別適合手術の完了から２年以上経過、②治療後の性別の法的認証、③ラグビーユニオンの試合あるいはトレーニングにおいてジェンダーに関連した優位性を最小限にするためのホルモン療法が証明可能な形で適切な期間行われている、④訂正された出生証明書（オプショナル）。	
全米テニス協会（USTA）　*USTA Transgender Policy*［アメリカ合衆国］	
MtF FtM 思春期までに性別適合治療を受けたトランスセクシュアルの個人は治療後の性別で出場可。	
MtF FtM 思春期以降に性別適合治療を受けた個人は以下の条件を満たせば治療後の性別で参加できる。①性腺摘出を含めた性別適合手術の完了から２年以上経過、②適切な権威が治療後の性別を承認、③ジェンダーに関連した優位性を最小限にするためのホルモン療法が証明可能な形で適切な期間行われている、④性腺摘出から最低２年間経過している。	

図表 9-6 トランスジェンダーの選手参加規定（大学競技スポーツ組織）

スポーツ組織　関連文書	
参加規定（Male-to-Female）	参加規定（Female-to-Male）
全米大学体育協会（NCAA）　*NCAA Inclusion of Transgender Student-Athletes*（2011）	
MtF ホルモン療法を受けていないトランスジェンダーの選手は出生時与えられた性別（男子）で出場できるが、女子チームでの出場は不可。性同一性障害、性別違和の治療目的でホルモン療法を受けている選手は男子チームで引き続き出場できるが治療開始から１年以内は混合チームへの変更なしに女子チームでの出場は不可。	FtM ホルモン療法を受けていないトランスジェンダーの選手は男女どちらのチームでも出場できる。性同一性障害、性別違和の治療目的でホルモン療法を受けている選手は混合チームへの変更なしに女子チームでの出場はできない。
カナダ大学競技協会（CCAA）　*CCAA Operating Code*［Policy on Transgender Student-Athlete Participation］（2012）	
MtF ホルモン療法を受けていない選手は出生時与えられた性別（男子）で出場可。性同一性障害、性別違和の治療を目的にテストステロン抑制剤を摂取している選手は男子チームで引き続き出場できるが、ホルモン療法開始から１年が経過するまでは女子チームでは出場不可。	FtM ホルモン療法を受けていない選手は出生時与えられた性別（女子）で出場可。性同一性障害、性別違和の治療を目的にテストステロンを摂取している選手は男子チームで出場できるが、女子チームでの出場は不可。

る点で、上記のスポーツ組織と異なる。また、年齢が成人に満たない選手も多く登録される組織であることから、性別適合手術やホルモン療法の規定も国際スポーツ組織、国内スポーツ組織に比較して緩やかである。全米大学体育協会（NCAA）では、男女別のチームに加えて、男女混合のチーム構成での試合も認められるスポーツがあることから、ホルモン療法を受けていないトランスジェンダーの選手はその枠を利用することができる。カナダ大学競技協会（CCAA）は、ホルモン療法を受けてないFtMトランスジェンダーの選手については出生時に与えられた性別でのみ出場を認めている点でNCAAと異なっている。両組織とも参加基準が比較的緩やかであるとはいえ、ホルモン療法の規定があることにより、スポーツ参加のためにホルモン療法など身体的、社会的に大きな変化をもたらす治療への決断が迫られることがあってはならない。10〜20代の若い選手にとっては、比較的裕福な親が理解し、経済的支援をすることなしに、カウンセリングやホルモン療法を受けることは困難である。したがって、教育を目的としたスポーツ組織であることも鑑みると、ホルモン療法を規定から除外し、LGBTスポーツ組織のように当事者の性自認のみを男女別の競技に参加する際の参加条件とすることが望まれる。

日本においては、1990年代後半以降、性同一性障害の診断に基づき合法的に性別適合手術が受けられるようになった。以降、性同一性障害をとりあげるメディアが増え、性同一性障害あるいはトランスジェンダーを公表する元スポーツ選手もみられるようになった。また、2002年に性同一性障害を公表し、男性として選手登録と出場を認められた競艇の安藤大将選手のような例もある。ただし、性同一性障害やトランスジェンダーの選手の参加規定を策定しているスポーツ組織は日本にはまだ存在していない。

学校体育、運動部活動の環境については若干ながら変化がみられる。2014年に文部科学省が性同一性障害の生徒に対する学校側（小中高）の対応についての全国調査の結果を発表し、翌年には全国の国公私立の小中高校などにLGBTの生徒へのきめ細かな対応を求める通知を行った（文部科学省 2015）。図

図表9-7　性同一性障害の生徒に特別な配慮がなされた事例

項目	回答のあった事例
服装（制服有）＊	自認する性別の制服着用を認める。体操着登校を認める。
服装（制服無）	スカートで登校しているが本人の意思を尊重している（小学校高学年、戸籍上男）。
髪型	男子生徒の標準的な髪型よりも長い髪型を清潔さを損なわない範囲で認める（高校、戸籍上男）。
学用品	名前シールなどの男女の色わけをできるだけ避ける。自認する性別のスリッパ着用を認める。
更衣室＊	保健室の利用を認める。多目的トイレを更衣室として使用することを認める。
トイレ	職員トイレ・多目的トイレの使用を認める。
通称の使用	校内文書を通称で統一する。公式行事では通称で呼ぶ。
授業（体育または保健体育）＊	自認する性別のグループに入れるようにする。本人用に別メニューを設定する。
水泳＊	上半身が隠れる水着の着用を認める（戸籍上男）。補習として別日に実施する。レポート提出で代替する。
授業（体育および保健体育以外）	自認する性別として名簿上扱う。男女混合グループをつくり発言しやすい環境を整備する。
運動部での活動＊	自認する性別の活動に参加することを認める。
宿泊研修（修学旅行含む）	1人部屋を使用することを認める。入浴時間をずらす。
他の児童への説明	入学直後に本人および担任から全校生徒に対し説明する。本人の希望により説明していない。
保護者・PTAへの説明	入学時に保護者会で説明する。本人の希望により保護者へは告げていない。
その他	すべての生徒を「さん」づけで呼称するよう統一する。内科検診を別途実施する。

※アスタリスク（＊）は体育・スポーツに直接的に関わる項目
文部科学省（2014）より井谷作成

表9-7は、この2014年の文部科学省による調査の結果から、性同一性障害の生徒に特別な配慮がなされた事例をまとめたものである。5章6節でも述べられている通り、学校側が特別な配慮を行っている主な15項目のうち、5項目が体育・スポーツに直接的に関係のある項目となっている（＊アスタリスクのある項目）。それ以外の10項目のうち、「体育および保健体育以外」の授業を除いた9項目は、体育・スポーツの中でも配慮されるべき内容である。1990年代後半からジェンダー・フリー教育が発達したとされるものの、学校という教育空間は、現在も性別二元制に基づいた構造や活動形態に満たされていることに注意しなければならないだろう。

図表9-8は、この2014年の文部科学省による調査から、体育・運動部活動に直接関連する項目で性同一性障害の生徒に特別な配慮をしている割合を項目ごとにまとめたものである。これによると、体育・スポーツに直接的に関係のある5項目のうち、中学校における制服への配慮を除く4項目について「配慮している」と回答した学校は全体の半数を下回り、さらに運動部での活動に関しては、ほとんど配慮がなされていないか、状況が把握されていない。本章3節でもとりあげるが、トランスジェンダーの当事者を含め、スポーツ関係者の多くがトランスジェンダーの選手のスポーツ参加規定やインクルージョンについての正しい知識を持っていない。図表9-8に示された部活動における配慮の割合の低さは、トランスジェンダーの生徒や選手がどのような権利を持っているのか、どのような配慮の実践例があるのかなど、トランス・インクルージョンについての知識不足を反映しているともいえるだろう。この状況では、トランスジェンダーの生徒がスポーツ系の部活動への参加を躊躇したり、部活動の中で居心地の悪い思いをしたりすることが起こりうる。トランスジェンダーの選手のスポーツ離れを招きかねず、関係者や生徒に対してトランスジェンダーの人権とインクルージョンの方法についての教育を行うなど、体育と運動部活動における早急な環境改善が必要である。

稲葉（2010）が指摘するように、日本におけるジェンダー・フリー教育は、「男女のジェンダー秩序における偏見（を問題視した）に留まり、セクシュアル・マイノリティの子どもたちについての言及は皆無であった（括弧内は筆者）」（p. 259）。性同一性障害あるいはトランスジェンダーの生徒の人権への配慮は、トランスジェンダーという性自認の多様性の問題が性同一性「障害」という病理、障害としての医学的問題としてメディアが大きくとりあげるという契機を待たなければならなかった。日本の教育がLGBTの生徒の存在を不可視化し、メディアを通じて社会的な認知が広がるまでそのニーズに向き合ってこなかったことは、基本的人権としての教育へのアクセスを侵害しうるもので、大きな問題であったといえる。また、より根本的な問題として、「頭と心の性が一致しない障害」という単純化、病理化して性の多様性を理解するのでは十分とはいえないことがある。トランスジェンダーという性自認、ジェンダー表現のあり方は、ホルモン療法や性別適合手術を望まない人、性自認が男女の中間である人、あるいはそのどちらでもない人を含める。単純化・病理化することで性別二元制の中に回収するような理解では、広い意味でのトランスジェンダーの人々が自分らしく生きられる環境をつくりだすことは難しい。トランスジェンダーの人々が自分らしく、安心して体育や部活動、スポーツに参加するためには、競技経験やスポーツ・スキルのレベル、年齢など、ジェンダー以外の出場カテゴリーの構築や、性自認だけでなく、より幅広い意味でのプライバシーを保護するために個室の更衣室やトイレを増やすなど、性別二元制に縛られない体育とスポーツの制度と空間づくり、そしてスポーツ文化の変革が必要である。

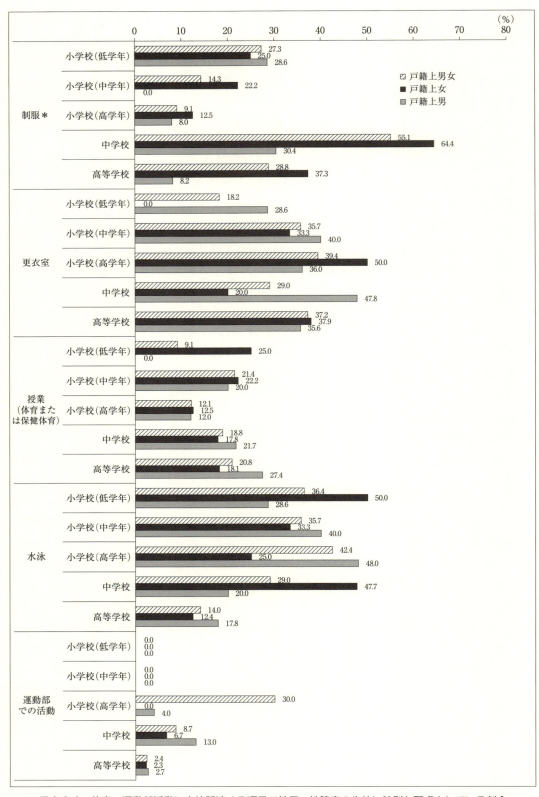

図表 9-8　体育・運動部活動に直接関連する項目で性同一性障害の生徒に特別な配慮をしている割合
※体操服を制服に含めていると解釈する
文部科学省（2014）より井谷作成

9　スポーツとセクシュアリティ

コラム 2：体操服というツール

　日本の大半の学校において、男子がズボン、女子がスカートと全く異なるスタイルと服装が制服として用いられている。この制服の振り分けは、戸籍上の性別に基づいて決められていることがほとんどなので、日本で戸籍上の性別を変更する権利を持たない未成年のトランスジェンダーの生徒にとっては、大きな悩みの種となりうる。家族と学校にカミングアウトし、学校から性自認にマッチした制服を着る許可を得る例も増えてきたが、すべてのトランスジェンダーの生徒がカミングアウトできる環境にあるわけではなく、またせっかく勇気を持って学校と交渉しても、学校側が許可するとも限らない。本章の図表 9-8 をみてみると、小学校に比べてトランスジェンダーとしてのアイデンティティの構築がより進んでいると思われる高校のレベルにおいても、制服に関しては 28.8 ％の学校しか配慮を行っていない。

　興味深いのは、配慮を行っていると回答した学校のうち、その内容として「体操服での登校を許可」している学校があることである（文部科学省 2014）。体操服でも男女にデザインの差があることもあるが、多くの学校で男女ともに同じデザインの体操服を使用している。性自認にマッチした制服を着ることは許可できないが、体操服であれば学校から指定された「制服」の一部であるから OK ということだろうか。

　Itani（2015）の調査では、この「体操服」がトランスジェンダー（あるいは性同一性障害）を自認する生徒に貴重な「逃げ場」を提供していることが明らかにされている。学校側からみれば、戸籍上の性別と異なる制服の着用を許可せずに済む、妥協策としての体操服かもしれないが、カミングアウトしていない生徒にとっては、性自認の問題であることを他の生徒や保護者に知らせることなく、性自認に合わない制服の着用を避けることができる貴重なツールである。調査協力者の 1 人で、大学卒業後、性同一性障害（FtM）の診断を受けた俊（仮名）の学校では、体育の授業後は体操服から制服に着替えなくてもいいという決まりがあったといい、「1 時間目が体育なら、朝からずっとジャージでいれるな、とか。そういう楽しみはありましたね。なんか、ジャージでいれるっていうのが」と語っている（Itani 2015, p.235）。俊がスポーツの才能に恵まれていたことも大きな要因の 1 つと考えられるが、ジェンダー・マイノリティの俊にとって、学校における体育・スポーツ空間が制服というしがらみから逃れられる貴重なスペースであったことは、非常に興味深い。

3）LGBT のスポーツ経験

　次に日本のスポーツコミュニティにおける LGBT に対する知識、態度、および LGBT のスポーツ経験を調査した研究をとりあげる。1980 年代以降、欧米のスポーツ社会学会を中心にスポーツにおけるホモフォビア、トランスフォビアに関する研究や LGBT のスポーツ経験についての研究が蓄積されてきたが、日本においてはまだ研究が始まったばかりである。本節でとりあげる研究は、日本の LGBTを取り巻くスポーツ環境とスポーツ経験をテーマにとりあげた貴重な研究成果である。

体育・スポーツ関連学部の大学生を対象としたスポーツと LGBT に関する調査

　藤山ほか（2014）は、日本の体育・スポーツ関連学部・学科の大学生、大学院生ら計 3243 人を対象に、そのスポーツ観、ジェンダー観、LGBT（著者らは LGBT ではなく「性的マイノリティ」としている）に対する意識や知識についての大規模なアンケート調査を行っている。図表 9-9 は、その調査対象者の身体の性別、心の性別（性自認）、性的指向をまとめたものである。心の性別については、89 名（2.8%）が「身体と違和」あるいは「その他」と回答し、性的指向では 246 名（7.6%）が「同性愛」「両性愛」「その他」と回答しており、スポーツを専門領域とする学部・学科においても異性愛、シスジェンダー以外の学生が 10 人に 1 人程度の割合で存在することがわかる。

　その一方で、身近に性的マイノリティがいるかどうかの質問については、「いる」と回答した人は全体で 32.6%、男性（身体の性別）が 16.8%、女性（身体の性別）が 51.3 ％であった。「性的マイノリティ」の言葉の定義がわからなかった調査対象者の存在をふまえても、10 人に 1 人程度存在する性的マイノリ

163

図表 9-9　アンケート対象者の対象者の身体の性別、心の性別、性的指向（n＝3243）

	女性	男性	その他	無回答	合計
身体の性別	1,441	1,726	18	58	3,243
	44.4 %	53.2 %	0.6 %	1.8 %	100.0 %

	身体と同一	身体と違和	その他	無回答	合計
心の性別	3,093	54	35	61	3,243
	95.4 %	1.7 %	1.1 %	1.9 %	100.0 %

	異性愛	同性愛	両性愛	その他	無回答	合計
性的指向	2,933	106	91	49	64	3,243
	90.4 %	3.3 %	2.8 %	1.5 %	2.0 %	100.0 %

藤山ほか（2014）

ティ（LGBT）の学生の存在について、男性では 8 割以上、女性では約半数が認識していないという結果は、日本社会において LGBT が不可視化されている状況を示唆している。また、以下の結果が示すように、スポーツコミュニティにおける LGBT への差別や無知によってカミングアウトが難しい状況が生まれていることが予想される。

　ホモフォビア、トランスフォビア、スポーツと性的マイノリティに関する知識に関する質問項目からは、それぞれ図表 9-10、9-11、9-12 ような結果が示されている。回答の選択肢は「まったくその通りだと思う」「まあそう思う」「どちらともいえない」「あまりそう思わない」「ぜんぜんそう思わない」の 5 択であった。藤山ほか（2014）の論文では、身体の性別ごとに平均値が出されているが、本章では身体の性別を「その他」とした人の数値を含めた平均値を使用している。

　① 　ホモフォビア（図表9-10）　　ホモフォビアについては、Hudson et al（1980）の Index of Homophobia（IHP）（ホモフォビア尺度）を日本社会に見合わない 2 項目を除いたうえで使用している。図表 9-10 は、それぞれの質問に対する回答数とその割合を示したもので、尺度の値（1～5）が高いほどホモフォビアが強く表れていることを示している。藤山ほかは、全体としてホモフォビアが強く表れ、特に同性愛者と直接的な関わりが生まれる状況（例：問 4、問 21）においてその傾向が強く、また、レズビアンに対するものと比較して、ゲイ男性に対する嫌悪感（フォビア）がより強く表れていると指摘する。これは、男性同士のホモソーシャルなつながりを構築する場として機能するスポーツの特徴とみることもできるが、欧米でのスポーツとセクシュアリティ研究では、スポーツから女性を排除する言説としてレズビアンに対するホモフォビアが強く表れるという指摘もあり（例：Griffin 1998, Lenskyj 2003）、異なる国や地域において、社会の性規範がスポーツの空間でどのように表れるのか、今後の研究蓄積が待たれる。

　② 　トランスフォビア（図表9-11）　　トランスフォビアに関連する質問項目では、Nagoshi ほか（2008）の Transphobia Scale（トランスフォビア尺度）を使用している。図表 9-11 は、トランスフォビアに関する質問に対する回答数とその割合を示したもので、尺度の値（1～5）が高いほどトランスフォビアが強く表れていることを示している。ホモフォビアと同様に、トランスジェンダーの人と直接的な関わりが生まれる状況（例：問 1、問 3）においてフォビアが強く表れる傾向があることが示されている。しかしながら、全体として 3～4 割が「どちらともいえない」と回答を保留しており、トランスジェンダーの人が不可視化される環境の中で、トランスジェンダーについての知識を得たり、トランスジェンダーの人との関わり方について議論、態度を表明したりする機会が乏しいことが考えられ、図表 9-12 の「スポーツと性的マイノリティに関する知識」についての回答にもその傾向が表れているといえる。

9　スポーツとセクシュアリティ

図表9-10　ホモフォビア（n＝3243）

		まったくその通りだと思う	まあそう思う	どちらともいえない	あまりそう思わない	ぜんぜんそう思わない	無回答	尺度平均値
問1.	男性の同性愛者と一緒に仕事をしても、いやではない＊	533 (16.4％)	1,021 (31.5％)	915 (28.2％)	484 (14.9％)	257 (7.9％)	33 (1.0％)	2.66
問2.	社交の場に同性愛者が参加していても、楽しむことができる＊	636 (19.6％)	1,292 (39.8％)	885 (27.3％)	295 (9.1％)	99 (3.1％)	36 (1.1％)	2.35
問3.	近所の人が同性愛者だとわかったら、いやな気がする	144 (4.4％)	444 (13.7％)	1,048 (32.3％)	1,007 (31.1％)	550 (17.0％)	50 (1.5％)	2.57
問4.	同性の人に性的にせまられると、腹立たしく思う	737 (22.7％)	1,028 (31.7％)	971 (39.9％)	326 (10.1％)	144 (4.4％)	37 (1.1％)	3.59
問5.	自分が同性の人にとって魅力的だとわかっても、いやではない＊	306 (9.4％)	911 (28.1％)	1,222 (37.7％)	499 (15.4％)	260 (8.0％)	45 (1.4％)	2.84
問6.	同性愛者が集まる場所にいるところを他人にみられたら、いやな気がする	454 (14.0％)	1,058 (32.6％)	1,106 (34.1％)	400 (12.3％)	179 (5.5％)	46 (1.4％)	3.38
問7.	同性の人に言い寄られても、いやではない＊	134 (4.1％)	403 (12.4％)	1,046 (32.3％)	996 (30.7％)	622 (19.2％)	42 (1.3％)	3.49
問8.	自分が同性の人に惹かれていることに気づいても、違和感はない＊	145 (4.5％)	410 (12.6％)	962 (29.7％)	979 (30.2％)	700 (21.6％)	47 (1.4％)	3.53
問9.	自分の子どもが同性愛者だとわかったら、がっかりする	459 (14.2％)	908 (28.0％)	1,261 (38.9％)	377 (11.6％)	194 (6.0％)	44 (1.4％)	3.33
問10.	同性愛者の人々の中にいると、落ち着かない	348 (10.7％)	728 (22.4％)	1,395 (43.0％)	505 (15.6％)	220 (6.8％)	47 (1.4％)	3.15
問11.	自分に同性愛者の友人がいたとしても、仲間に隠す	173 (5.3％)	497 (15.3％)	1,168 (36.0％)	843 (26.0％)	514 (15.8％)	48 (1.5％)	2.68
問12.	もし自分の子どもが同性愛者だとわかったら、親として失格だと感じる	106 (3.3％)	274 (8.4％)	1,132 (34.9％)	993 (30.6％)	689 (21.2％)	49 (1.5％)	2.41
問13.	男性2人が人前で手をつないでいるのを見ると、気持ちが悪い	640 (19.7％)	1,155 (35.6％)	855 (26.4％)	382 (11.8％)	166 (5.1％)	45 (1.4％)	3.54
問14.	同性の人に言い寄られると、侮辱されたと感じる	112 (3.5％)	244 (7.5％)	1,197 (36.9％)	1,067 (32.9％)	577 (17.8％)	46 (1.4％)	2.45
問15.	娘の先生が女性の同性愛者であるとわかっても、いやではない＊	270 (8.3％)	652 (20.1％)	1,371 (42.3％)	676 (20.8％)	222 (6.8％)	51 (1.6％)	2.98
問16.	自分の恋人や配偶者が同性の人に惹かれていることを知ったら、いやな気がする	531 (16.4％)	1,042 (32.1％)	1,085 (33.5％)	385 (11.9％)	146 (4.5％)	54 (1.7％)	3.45
問17.	自分に同性愛者の友人がいたら、両親に知ってもらいたい＊	120 (3.7％)	394 (12.1％)	1,603 (49.4％)	736 (22.7％)	343 (10.6％)	47 (1.4％)	3.25
問18.	自分と同じ性別の同性愛者と友人になりたいと思う＊	117 (3.6％)	371 (11.4％)	1,686 (52.0％)	651 (20.1％)	375 (11.6％)	43 (1.3％)	3.25
問19.	同性の人に言い寄られたら、自分は同性愛者かもしれないと思う	49 (1.5％)	145 (4.5％)	497 (15.3％)	1,099 (33.9％)	1,409 (43.4％)	44 (1.4％)	1.85
問20.	同性の親友が同性愛者とわかっても、いやではない＊	500 (15.4％)	939 (29.0％)	1,056 (32.6％)	502 (15.5％)	200 (6.2％)	46 (1.4％)	2.67
問21.	同性の人に言い寄られたら、いい気分がする＊	35 (1.1％)	147 (4.5％)	1,009 (31.1％)	1,094 (33.7％)	901 (27.8％)	57 (1.8％)	3.84
問22.	息子の先生が男性の同性愛者であると知ったら、いやな気がする	341 (10.5％)	867 (26.7％)	1,194 (36.8％)	551 (17.0％)	235 (7.2％)	55 (1.7％)	3.17
問23.	女性の同性愛者と一緒に仕事をするのは、いやではない＊	519 (16.0％)	1,229 (37.9％)	1,111 (34.3％)	231 (7.1％)	99 (3.1％)	54 (1.7％)	2.42

＊＝逆転項目

藤山ほか（2014）より風間・藤山作成

図表9-11　トランスフォビア（n=3243）

	まったくその通りだと思う	まあそう思う	どちらともいえない	あまりそう思わない	ぜんぜんそう思わない	無回答	尺度平均値
問1.　男性なのか女性なのかわからない人から誘惑されるのは、いやだ	522 (16.1 %)	1,036 (31.9 %)	1,251 (38.6 %)	264 (8.1 %)	114 (3.5 %)	56 (1.7 %)	3.50
問2.　男性でも女性でもないという人は、どこかおかしい	303 (9.3 %)	541 (16.7 %)	1,210 (37.3 %)	687 (21.2 %)	446 (13.8 %)	56 (1.7 %)	2.87
問3.　前から知っている人に昔は別の性別だったと打ち明けられたら、うろたえてしまう	363 (11.2 %)	1,121 (34.6 %)	956 (29.5 %)	503 (15.5 %)	247 (7.6 %)	53 (1.6 %)	3.27
問4.　男性か女性かわからない人に街中で会ったら、その人を避けてしまう	148 (4.6 %)	559 (17.2 %)	1,274 (39.3 %)	829 (25.6 %)	374 (11.5 %)	59 (1.8 %)	2.77
問5.　誰かに会ったとき、その人が男性か女性かはっきりわかることは、重要なことだ	340 (10.5 %)	977 (30.1 %)	1,128 (34.8 %)	530 (16.3 %)	202 (6.2 %)	66 (2.0 %)	3.23
問6.　性別を男性か女性かの2つに分けることは、当たり前だ	401 (12.4 %)	838 (25.8 %)	1,223 (37.7 %)	514 (15.8 %)	199 (6.1 %)	68 (2.1 %)	3.23
問7.　伝統的な男らしさ、女らしさに従わない人（例：攻撃的な女性、感情的な男性）がまわりにいると、不愉快だ	88 (2.7 %)	226 (7.0 %)	1,084 (33.4 %)	1,063 (32.8 %)	724 (22.3 %)	58 (1.8 %)	2.33
問8.　人間は性別を変えることはできない	247 (7.6 %)	415 (12.8 %)	1,134 (35.0 %)	825 (25.4 %)	571 (17.6 %)	51 (1.6 %)	2.67
問9.　性器によって、その人の男らしさ、女らしさは決まる（例：ペニスがあれば男らしく、ヴァギナがあれば女らしくなる）	199 (6.1 %)	456 (14.1 %)	1,387 (42.8 %)	695 (21.4 %)	453 (14.0 %)	53 (1.6 %)	2.77

藤山ほか（2014）より風間・藤山作成

図表9-12　スポーツと性的マイノリティに関する知識（n=3243）

	正答	誤答	わからない	無回答
問1.　すべての人は異性に魅力を感じる	983 (30.3 %)	994 (30.7 %)	1,222 (37.7 %)	44 (1.4 %)
問2.　身体の性別は、女性または男性の2種類に明確にわかれている	620 (19.1 %)	1,905 (58.7 %)	670 (20.7 %)	48 (1.5 %)
問3.　自分の身体的な性別とは異なる性別で生きたいと願う人がいる	2,236 (68.9 %)	247 (7.6 %)	709 (21.9 %)	51 (1.6 %)
問4.　同性愛は、本人の意思で変えることができる	546 (16.8 %)	1,231 (38.0 %)	1,409 (43.4 %)	57 (1.8 %)
問5.　日本では、戸籍上の性別を変えることができる	1,397 (43.1 %)	385 (11.9 %)	1,399 (43.1 %)	62 (1.9 %)
問6.　日本の法律では、同性のカップルは結婚できない	1,982 (61.1 %)	248 (7.6 %)	957 (29.5 %)	51 (1.6 %)
問7.　オリンピック大会には、性別を変更した選手が変更後の性別で出場することができる	407 (12.6 %)	955 (29.4 %)	1,820 (56.1 %)	61 (1.9 %)
問8.　同性愛者の国際的なスポーツ大会がある	330 (10.2 %)	350 (10.8 %)	2,501 (77.1 %)	62 (1.9 %)
問9.　スポーツの大会では、女性選手にのみ、性別確認のための検査を行うことがある	486 (15.0 %)	444 (13.7 %)	2,251 (69.4 %)	62 (1.9 %)

藤山ほか（2014）より風間・藤山作成

③ **スポーツと性的マイノリティに関する知識**（図表9-12）　図表9-12の9項目は、性的マイノリティの基礎的な知識、およびスポーツと性的マイノリティについての知識に関する質問である。2000年以降、性同一性障害についての認識が日本社会に広まったことを反映してか、トランスジェンダー（あるいは性同一性障害）の存在については約7割の回答者が正答している（問3）。その一方で、トランスジェンダーの人のオリンピック参加についての質問では、半数以上が「わからない」と答え、また約3割が誤答（出場できない）している。これはトランスジェンダーの選手がホルモン療法や性別適合手術後の競技環境の不足に悩んでいるという調査結果（Itani 2015）にも示されており、トランスジェンダーの人々が平等にスポーツに参加できる環境整備と出場規定に関する知識の早急な普及が望まれる。

　全体としてスポーツと性的マイノリティに関する知識不足が示されている。藤山ほかは、この結果は、体育・スポーツ専攻の学生でも、スポーツと性的マイノリティに関する情報が行き届いていないことを示していると分析する。また、調査対象者となった体育・スポーツ関連学部・学科の大学生、大学院生の73.3％が指導者になることを志向していることをふまえ、スポーツ指導者や教育者への「性的マイノリティに関する正確な知識の伝達は急務」であると指摘している（藤山ほか 2014, p.78）。

学校時代の体育・スポーツにおける疎外感・抑圧経験に関する調査

　ここでは、風間ほか（2011）による学校時代の体育・スポーツにおける疎外感・抑圧経験についての調査をとりあげ、主流の（LGBTのためのスポーツ大会、スポーツサークルではない）体育・スポーツ空間におけるLGBTのスポーツ経験を考察する。この風間ほかによる調査は、関西レインボーパレードの集合場所にて、学校時代の体育・スポーツにおける疎外感・抑圧経験を問うアンケートを配布し、559人中373名から回答を得ている。風間ほかは、その中から10～30代の回答者に絞って分析を行っている。体育の授業やスポーツ系の部活動における経験についての質問は、A状況認識、B自己認識、C（自己／他者の）抑圧経験の3カテゴリーからなる14項目である。回答の選択肢は「よくあった」「たまにあった」「あまりなかった」「なかった」の4択であったが、分析では「よくあった」と「たまにあった」

図表9-13　学校時代の体育・スポーツにおける性的マイノリティの経験

		性的マイノリティ					
		女性		男性		その他	
		n＝44		n＝150		n＝14	
		n	％	n	％	n	％
A 状況認識	（1）同性愛に関する不快発言を聞いた	22	50.0	86	57.3	7	50.0
	（2）女・男らしさを強く要求された	29	65.9	82	54.7	3	21.4
	（3）異性愛を当然とする雰囲気があった	36	81.8	115	76.7	0	0.0
	（4）男女で異なる役割等が与えられた	37	84.1	108	72.0	1	7.1
B 自己認識	（5）男女別のグループ分けに抵抗があった	26	59.1	40	26.7	5	35.7
	（6）スポーツ時の服装に抵抗感があった	31	70.5	26	17.3	4	28.6
	（7）男女別の更衣室に抵抗感があった	11	25.0	8	5.3	9	64.3
	（8）人の身体接触に抵抗感があった	17	38.6	28	18.7	6	42.9
C 抑圧経験	（9）他人から身体接触を嫌がられた	6	13.6	24	16.0	12	85.7
	（10）リーダー選出・グループ分け時に不快経験をした	6	13.6	21	14.0	11	78.6
	（11）性のあり方を理由に無視や嘲笑された	9	20.5	37	24.7	9	64.3
	（12）性のあり方を理由に暴力を振るわれた	0	0.0	10	6.7	14	100.0
	（13）性のあり方を理由に無視や嘲笑された人がいた	14	31.8	51	34.0	9	64.3
	（14）性のあり方を理由に暴力を振るわれた人がいた	0	0.0	10	6.7	13	92.9

風間ほか（2011）に風間が加筆して井谷作成

を「あった」に、「あまりなかった」と「なかった」を「なかった」に統合している。風間ほかの論文には、性的マジョリティ（異性愛、シスジェンダー）も含めた分析結果が示されているが、本著の目的に合わせ、ここではその結果から性的マイノリティの数値のみを抜き出して考察する。図表9-13は、もとの論文に掲載された表から性的マイノリティの数値を抜き出し、性自認を「その他」と回答した人の数値を追加したものである。

このアンケートの結果から、風間ほかは、性的マイノリティで性自認を男性あるいは女性と答えた人のうち、

■約56％が同性愛に関して不快な発言を聞いたことがある
■約59％が女らしさや男らしさを強く求められていると感じている
■約80％が異性愛を当然・正常とする雰囲気の中で体育の授業やスポーツ系の部活動に参加している
■約25％が自らの性のあり方を理由とした無視や嘲笑を経験した
■約6％が暴力を振るわれている

と分析している。一方、性自認を「その他」とした14人の数字をみてみると、性別二元制に基づいた体育・スポーツ空間と身体、および抑圧経験に関連する7項目（問7、問9〜14）において、6割以上の人が抵抗感あるいは抑圧を経験している。特に暴力に関わる問12「性のあり方を理由に暴力を振るわれた」と問14「性のあり方を理由に暴力を振るわれた人がいた」について、それぞれ100%と92.9%の人が「ある」と回答していることは、ジェンダー・マイノリティが精神的な抑圧感だけでなく、身体的な暴力にさらされる危険性が高いことを示しており、非常に懸念される結果である。

記述欄の回答をみてみると、体育・スポーツ空間におけるホモフォビア、トランスフォビアの経験を示す具体例として以下のような記述（引用後の括弧内は性自認、性的アイデンティティを表す）がみられ、男らしさ、女らしさの規範からはみ出す人に対してオカマやレズビアンといったセクシュアリティに関わるラベルを使って差別的発言が行われていることが示されている。

例1：「ピンクの靴下をはいている男性におまえはおかまかといった体育教師がいた」（女性、同性愛）
例2：中学1年生の時に「体育が嫌で不得意でモジモジしていたら、『おまえはオカマじゃねえの？』といわれ、ドキッとして傷ついて、隠さねば！と思った」（男性、同性愛）
例3：「ある高校の女子サッカー部は『レズ』が多いって噂になっていた」（その他、決めたくない）
例4：「私は女性ですが、外見が男性にみえるので、会員制や地域のスポーツジムの更衣室は大きな悩みです。トレーニングが好きなので、よくジムに行きますが、男性用に入ってもシャワーが使えない（裸になれないため）し、知り合いに会うと気まずいのでロッカーを使わず、車いす用のユニセックストイレで着替えます。ロッカーが使えないのでジムには貴重品を持って行けないわずらわしさがあります」（女性、トランス／同性愛）

また、例4のように体育・スポーツで多くみられる男女別の空間において、見た目のジェンダーがその空間にあてがわれたジェンダー（女子トイレ、男子更衣室など）と一致しないようにみえる場合、居場所のなさや、居心地の悪さを感じる人が一定数いる。図表9-13の問7に対する回答でみてみると、その傾向は性自認を「その他」と回答した人（64.3％）で特に顕著である。

例1は、体育教師という指導者の立場にある人がLGBTに対して差別的な発言を行ったことを目撃した事例である。こういった発言は、LGBTの生徒だけに限らず、生徒の自由なジェンダー表現を否定

9 スポーツとセクシュアリティ

し、肯定的な主体性の構築を妨げるものである。前述の「体育・スポーツ関連学部の大学生を対象とし
たスポーツと LGBT に関する調査」(藤山ほか 2014) でも指摘されている通り、これは体育・スポーツ指
導者に対して LGBT の人権問題とより広いジェンダー問題に関する教育の必要性を示す結果である。

LGBT のためのスポーツ大会、スポーツサークル

上記の調査が示す通り、主流のスポーツ組織、スポーツ文化は、異性愛とシスジェンダーを前提とす
る文化・構造を持ち、そのため LGBT の人々が差別や暴力、居心地の悪さを経験することがある。こ
ういった問題を解決するために、スポーツにおけるホモフォビアやトランスフォビアについての啓発活
動を行う組織が徐々に増えている。同時に、自分らしく安心してスポーツに参加するためのセーフスペー
スをつくる当事者運動もある。LGBT のためのスポーツ大会やスポーツサークルなどである。代表的
なものとして、ゲイ・ゲームズやアウトゲームズ、地域に特化したアジア・パシフィック・アウトゲーム
ズ、ユーロゲームズなどが存在する。その参加者の多くは、出身国や地域の中で LGBT のためのス
ポーツクラブやサークルに所属しており、草の根レベルでの裾野の広がりがゲイ・ゲームズなどの大型
LGBT スポーツ大会の開催を可能にしている (風間 2016)。また、こういった LGBT のスポーツ大会や
スポーツサークルに関する研究も欧米諸国を中心に一定の蓄積がある (例：Davidson 2006, Symons 2010,
Wellard 2006)。

日本においても、LGBT のためのスポーツサークルが数多く存在し、2015 年 5 月に東京で開催され
たバレーボールの大会には選手、観客合わせて約 250 名が参加している (風間 2016)。しかしながら、日
本の LGBT とスポーツに関する研究は始まったばかりで、特に LGBT のスポーツサークルに焦点をあ
てたものは、ここでとりあげる風間 (2016) の研究が唯一のものである。

風間 (2016) は、日本の LGBT のスポーツサークルに注目し、そこへの参加動機やその志向性につい
て考察を行っている。風間は性的マイノリティのスポーツサークルに所属したことのある 3 人の研究協
力者にインタビューし、①性的マイノリティのスポーツサークル参加以前のスポーツ経験、②スポーツ
サークルへの参加動機、③スポーツサークルの方向性の 3 点について分析を行っている。ここでは、こ
の風間 (2016) の研究から、特に①②についての分析をとりあげ、LGBT スポーツサークルと日本社会
の性規範が LGBT のスポーツ経験に与える影響について考察する。図表 9-14 は、研究協力者の属性と
現在および過去に参加していた LGBT のスポーツサークルをまとめたものである。

図表 9-14　研究協力者の属性と所属したことのある LGBT スポーツサークル

	年代	身体の性別	性自認	性対象	参加していた LGBT サークル
A さん	40 代後半	男	男	男	水泳
B さん	40 代前半	男	男	男と女	テニス
C さん	40 代前半	女	女	女	野球

風間 (2016) より井谷作成

①　**LGBT スポーツサークル参加以前のスポーツ経験**　　風間 (2016) は、LGBT のスポーツサーク
ルに参加する以前、研究協力者がメインストリームのスポーツに参加していたときの経験について質問
している。メインストリームのスポーツ空間において、規範的な男性性に基づくふるまい (以下の例 1)
や異性愛規範への順応 (次ページ例 2、例 3) を求められた経験が語られており、それが LGBT の当事者
にとって居心地の悪さにつながりうることが示されている。

例 1　A さん：「[学生のころは] 運動神経鈍いから、なんかチームでやるスポーツっていうのが、自分
　　　　が足を引っ張っているような。それでずっといじめられた原体験もあるんで、なんかそういう

169

のがすごく嫌で。例えば野球とかでも、なんかバットの振り方がなよなよしてるとかね、いじめられたことがありました」

例2　Aさん：「たぶん水泳とか何かに関係なく、たぶんストレートの人たちと一緒にいれば、気をつかうことっていうのはやっぱり。男が好きだということはいえないし、なんか女のそういう話になれば、それに話し［を］合わせなきゃいけないし。なんかそういう居心地の悪さみたいなのはずっと感じてますよね」

例3　Cさん：「パラグライダーって、やっぱりヘテロの中のスポーツなんですよ。……男女で飲み会やったりすると、……もうすべてが面倒くさい。女の子扱いされることも面倒くさいし、「俺のことどう思ってんの」的なオーラも面倒くさいし、ちょっとかっこいいインストラクターとしゃべってるときの他の女の子の視線も面倒くさいし。なんとも思ってねーよみたいな。……せっかくスポーツが楽しいのに台なしになる」

　Aさんの経験（例2）について、風間は、異性愛を前提とする水泳のクラスのメンバー間でのコミュニケーションの中で、自らのセクシュアリティを表現できないことがAさんの居心地の悪さにつながっていると分析する。これは、異性愛者の女性として扱われることを「面倒くさい」と語るCさんの体験（例3）からもうかがうことができる。また、「男らしく」バットが振れないなど、スポーツの場で「男らしさ」を発揮できなかったことでいじめにあったというAさんの経験は、メインストリームのスポーツ空間において、性規範に従わない、従えない者を積極的に排除する言説が存在することを示している。これらは、前節で取り扱った日本のスポーツコミュニティにおけるホモフォビアやトランスフォビアについての研究結果にも示されている通りである。

　②　**スポーツサークルへの参加動機**　研究協力者がLGBTのスポーツサークルに参加することになった主な動機について、風間は、スポーツを楽しむことに加えて、他のLGBTの人との社交・交流と、異性愛を前提としない（脱異性愛規範）スポーツ空間を求めた点を挙げている。メインストリームのスポーツ空間に比べ、LGBTのスポーツ空間は異性愛を前提としない、オルタナティブな「脱異性愛規範」的な空間となる可能性がある。スポーツサークルやスポーツクラブへの参加動機として、「社交」は一般的なものといえる。しかし、メインストリームのスポーツ空間では、「自分らしさ」を表現できなかったり、家族や恋愛についての話をすることがはばかられると感じたりするLGBTの人もいる。その点においては、LGBTのスポーツ空間では、自分をよりオープンにした形で他の参加者と交流することができるのかもしれない。

　しかし、スポーツサークルがLGBTでない他のスポーツサークルと試合をしたり、公共の場で練習したりする際には、社会の異性愛規範がLGBTサークル内での参加者の行動を制限する可能性もある。レズビアンの野球サークルに参加したことのあるCさんは、知り合いから他のレズビアン野球サークルでの経験について聞いた話を次のように語っている。

　　　Cさん：「他の［レズビアンの］チームが1つだけあって、……対戦相手がいなくって、ノンケさんの女子野球連盟っていうのがあって、その人たちとやってるんだと。でもやっぱり楽しめないと。……やっぱどこか隠しながら。だって同じチームに彼女がいたりするわけですよ。で、楽しくやってたんだけど、はたからみたら他の人たちより距離が近いよねみたいな。公共の場を借りてやるんで、お願いだからグラウンドでキスしないでみたいな話はしますけど」

LGBT ではない女子チームと試合をする際には、「どこか隠しながら」野球をするため、「やっぱり楽しめない」。また、「公共の場」を借りて野球をしているので、「お願いだからグラウンドでキスしないでみたいな話」をし、周りからの目を気にしながら、自分たちの行動を監視していることが語られている。この点について、風間は、LGBT スポーツサークルをつくりプレーすること自体が必ずしも異性愛規範に抗する場となるわけではないと指摘している。

この風間の研究は、日本社会においても、LGBT のスポーツサークルがジェンダー規範と異性愛規範に縛られずにスポーツに参加し、社交・交流したいと望む人たちが参加できる（オルタナティブな）スポーツ空間となりうることを示した貴重な研究である。同時に、メインストリームのスポーツ空間が抱える強制異性愛とホモフォビアの問題を改めて示している。また、日本全体で考えると、アクセスできる地域に LGBT のスポーツサークルが存在しない人や、そういったサークルの存在を知らない人も多くいるであろうことを考えると、オルタナティブなスポーツ空間として広く機能するには限界もあるといえる。

次の項では、トランスジェンダーのスポーツ選手にインタビューした研究をとりあげ、日本におけるトランスフォビアとスポーツの性二元制がトランスジェンダーの人たちのスポーツ参加に与える影響を考察する。

トランスジェンダーの選手のスポーツ経験

Itani (2015) は、日本のスポーツ空間における女性差別とホモフォビア、トランスフォビアの実態を調査するため、日本の女子サッカーまたは女子レスリングチームに所属したことのある 12 名の選手にインタビューを行った。12 名全員戸籍上の性別は女性であるが、そのうち 2 名は女性以外の性自認であった。本項では、この 2 名の研究協力者とのインタビューに焦点をあて、そのスポーツ経験とスポーツ参加へのバリアについて考察する。用語解説で示した通り、本章では、性規範にはまらない性自認を持つ、または性規範にはまらないジェンダー表現をする人を広く「トランスジェンダー」と定義するが、以下でとりあげる研究協力者 2 名が「トランスジェンダー」をアイデンティティとしているわけではないことに留意したい。

性自認が女性ではないと答えたうちの 1 人、俊（仮名）の性自認は男性で、社会的にも男性として生活している。俊はインタビュー当時、すでに性同一性障害の診断を受けており、ホルモン療法を受けながら性別適合手術の準備中であった。もう 1 人のトランスジェンダーの研究協力者、亮（仮名）は、性自認は女性ではないが、トランスジェンダーや性同一性障害も含め 1 つのジェンダーカテゴリーの使用に違和感を感じていた。亮は、自身が性同一性障害ではないかと疑っているが、診断を受けるためのカウンセリングには通っていない。

2 人は幼少時代からさまざまなスポーツを経験しているが、ユニフォームのデザインが男女ではっきりわかれているスポーツや、体のラインがはっきりと出るユニフォームを使用するスポーツは参加しがたかったという。また、フェミニンなスポーツとしてジェンダー化されたスポーツに参加することには抵抗があった。例えば、亮は小学校時代トランポリンの選手として活躍していたが、女子用の「レオタードのような」ユニフォームが嫌でトランポリンを辞めることになった。祖母がバレーボールを勧めたときにも、その「女子のスポーツ」としてのイメージが強く、抵抗があった。

> 亮：「婆ちゃんがバレー好きで、バレーボールやりなさいってめっちゃいわれたんですよ。絶対嫌だっていってて。それは、自分のイメージ、パッてイメージが、女の人のスポーツっていう。女らしくしないといけないスポーツみたいなのがあって。でも、まぁ実際高校とかみて

たら、全然バレーとか楽しいし、やっとっても良かったかなって思いますけど」

　実際、小中学校レベルでは、バレーボール部は女子チームしかない学校が多く、日本社会では多くの人がバレーボールを女性的なスポーツと考えることは大いにありうる。また、ブルマ型のユニフォームを使用するチームもいまだに多いことから、トランスジェンダーの学生にはバリアとなりうるだろう。
　俊も最終的にサッカーを選択するまで、他のスポーツに参加することを考えたが、ユニフォームのデザインが壁となっていた。その点、サッカーは、男女のユニフォームの差が少なく、体のラインがあまり出ないので着やすかったことが、最終的にサッカーを選ぶ大きな要因となったと語る。

> 俊：「ほんとはバスケもやりたくて。でもバスケをやると、なんていうんですっけ、ノースリーブじゃないですか。だから脇を剃らないといけないとか、そういう外見上が嫌で。……だからあれはできない、みたいな。ほんとは、サッカーも好きだったんですけど、そのたまたま好きだった先生がバスケ部の顧問だったんで、バスケ行きたかったんですよ。でも、あのユニフォームは着れないと思って。しかも自分らの時代って、ああいうバスパンって大きいやつじゃなくて、ミニパンじゃなかったですか？ブルマに近いような。……だからバレーボールもナシだったんですよ。……バレーボールも誘われたんですよ。中学の時。でもそのユニフォームは着れないと思って」
> 井谷：「ブルマはあり得ないよね」
> 俊：「絶対、絶対嫌だと思って。もう大体ブルマが嫌で、いつも忘れ物してて、ジャージで体育やってたんすよ。だから絶対あの、あのユニフォームありえない」

　学校教育の一環として行われる体育や部活動においては、生徒ができる限りバリアなく参加できる環境が必要である。体操服やユニフォームは、個人の希望に従ってハーフパンツや長ズボンなど柔軟にスタイルを選択できるようにすることはそう難しくないはずである。水泳など、競技上デザインの幅に限りがあるスポーツも存在する。それでも、戸籍上の性別にかかわらず、できるだけ肌が隠れる水着の着用を許可したり、個室での着替えを許可したりするなどの対応は十分に可能であろう。全員が全く同じものを着ることではなく、全員が居心地よく体育やスポーツに参加することを重視するという優先順位の転換が求められる。
　俊と亮は、ともにサッカー選手としての才能を発揮し、大学では全国大会も経験している。2人はまた、そのスポーツ経験と教育への熱意を活かして、今後もサッカーをプレーしながらスポーツ指導者になることをめざしている。しかし、本章でみてきた通り、日本ではトランスジェンダーの選手が参加するための規定が存在せず、トランスフォビアも根強いため、2人はその将来に不安を感じている。亮は、中学校時代から自身の性違和を両親と担任の先生に打ち明け、ジャージでの登校を許可してもらうなど、積極的に自身のニーズを明確にし、周囲と交渉する術を身につけている。しかし、それでも大学以降エリートレベルでサッカーを続けながら男性として生活することは難しいと感じたという。性別適合治療を受けることへの不安について、亮は次のように語る。

> 亮：「そうっすね、なんかもうみえないじゃないですか、先が。もう、高校3年生の時とかも、けっこう悩んでて、むちゃくちゃ。そういう一生ずっと考えてて、考えて、で、就職するのも、就職っていうか将来どういう感じに進んでいくかみたいな［聞き取り不可］感じの時間があって。

で、自分はこう、ま、とりあえずサッカーして、サッカーしながら男になっていくって無理なんだ、無理っていうか難しいっていうのがあって、すごい思ってて。でもサッカーしたいしと思って」

日本では、18歳になると合法的にホルモン療法と性別適合手術が受けられる。しかし、トランスジェンダーの選手の参加規定がなく、ロールモデルもほとんど存在しない現在、大学に進学しスポーツを続けるトランスジェンダーの選手にとっては、治療とスポーツ参加の両立が非常に難しい。特にエリートレベルの選手であれば、プロのスポーツ選手としてのキャリアかホルモン療法など性別適合治療か難しい二者択一を迫られる状況にある。

亮は、性違和を抱えつつも今はサッカーのキャリアを優先している。今後も就職やスポーツ参加の形など、人生の各ステージにおいて難しい選択を迫られることになる。それでも、長期的な視点に立って人生設計をすることはできないけれども、人生の各ステージで自身の優先順位を確認しながら、一歩一歩人生を前に進めると話してくれた。俊は、ホルモン療法の開始とともにサッカーからは引退し、現在はコーチとしてサッカーに携わっている。現在も男女ミックスのチームで試合に出ることはあるが、戸籍上の性別が女性である間は、男子チームの試合に出場することには不安があるという。それでも、性別適合手術を終えた後は（インタビューの翌月に手術を受けている）、思い切って男子のチームに飛び込んでみようと考えていると話してくれた。

トランスジェンダーの人々がスポーツに参加する枠組みがない日本のスポーツ環境の中で、2人は将来に不安を抱えつつも、周囲と交渉しながら自分なりに居場所をつくりサッカーを続けてきた。彼らのような選手がより若い選手へのロールモデルとなることは間違いない。しかし、当事者の努力だけに頼るのではなく、学校やスポーツ組織が積極的にイニシアティブをとり、トランスジェンダーの生徒や選手たちが安心して自分らしく体育、スポーツに参加できる環境を整備していくべきであろう。本章で紹介した通り、幸いにもそのモデルはすでに世界に存在している。それらを活かし、日本においてもLGBTの人々により開かれたスポーツ文化の構築が1日も早く実現することが望まれる。

【引用・参考文献】

飯田貴子（2013）「身体能力の性差再考」木村涼子・伊田久美子・熊安貴美江編著『よくわかるジェンダー・スタディーズ』ミネルヴァ書房、pp.168-169

稲葉昭子（2010）「学校教育におけるセクシュアル・マイノリティ」『創価大学大学院紀要』32、pp.259-280

風間孝（2016）「性的マイノリティのスポーツサークルにおける戦略的競技志向」『女性学』23、pp.22-35、日本女性学会

風間孝・飯田貴子・吉川康夫・藤山新・藤原直子・松田恵示・來田享子（2011）「性的マイノリティのスポーツ参加―学校におけるスポーツ経験についての調査から」『スポーツとジェンダー研究』9、pp.42-52、日本スポーツとジェンダー学会

藤山新・飯田貴子・吉川康夫・井谷聡子・風間孝・來田享子・佐野信子・藤原直子・松田恵示（2010）「スポーツ領域における性的マイノリティのためのガイドラインに関する考察」『スポーツとジェンダー研究』8、pp.63-70、日本スポーツとジェンダー学会

藤山新・飯田貴子・風間孝・藤原直子・吉川康夫・來田享子（2014）「体育・スポーツ関連学部の大学生を対象としたスポーツと性的マイノリティに関する調査結果」『スポーツとジェンダー研究』12、pp.68-79、日本スポーツとジェンダー学会

山岡和子・神辺眞之（1995）「遺伝子診断による性別確認検査」『臨床病理』43（8）、pp.799-804、日本臨床検査医学会

米沢泉美編著（2003）『トランスジェンダリズム宣言―性別の自己決定権と多様な性の肯定』社会批評社

來田享子（2012a）「1968年グルノーブル冬季五輪における性別確認検査導入の経緯―国際オリンピック委員会史料の検討を中心に」楠戸一彦先生退職記念論集刊行会編『体育・スポーツ史の世界―大地と人と歴史との対話』渓水社、pp.103-118

來田享子 (2012b)「指標あるいは境界としての性別—なぜスポーツは性を分けて 競技するのか」杉浦ミドリ・建石真公子・吉田あけみ・來田享子編著『身体・性・生—個人の尊重とジェンダー』尚学社、pp.41-71

來田享子 (2014 年 10 月 11 日)「IOC における差別への対応の歴史と 2020 東京五輪に向けた日本の課題」『スポーツ法学会スポーツ基本法検討専門委員会講演資料』於　早稲田大学

Bavington, L. (2014 April 26) 'Sex' Testing in Women's Sport: An Intersectional Analysis. Intersectionality Research, Policy and Practice Conference. Simon Fraser University: Vancouver, BC.

Butler, J. (1993) *Bodies That Matter: On the Discursive Limits of "Sex"*. Routledge: New York.

Cahn, S. K. (1994) *Coming on Strong: Gender and Sexuality in Twentieth-Century Women's Sport*. Maxwell Macmillan International: New York.

Cavanagh, S. L. & Sykes, H. (2006) Transsexual Bodies at the Olympics: The International Olympic Committee's Policy on Transsexual Athletes at the 2004 Athens Summer Games, *Body & Society*, 12 (3), 75-102.

Davidson, J. (2006) The Necessity of Queer Shame for Gay Pride: The Gay Games and Cultural Events. In J. Cauldwell (Ed.), *Sport, Sexualities and Queer/Theory*, 90-105. Routledge: New York.

Davidson, J. (2012) Racism Against the Abnormal? The Twentieth Century Gay Games, Biopower and the Emergence of Homonational Sport. *Leisure Studies*, 1-22.

Davidson, J. (2013) Sporting Homonationalisms: Sexual Exceptionalism, Queer Privilege, and the 21st Century International Lesbian and Gay Sport Movement. *Sociology of Sport Journal*, 30, 57-82.

Elsas, L. J., Ljungqvist, A., Ferguson-Smith, M. A., Simpson, J. L., Genel, M., Carlson, A. S., Ferris, E., Chapelle, A., and Ehrhardt, A. A. (2000) Gender Verification of Female Athletes, *Genetics in Medicine*, 2 (4), 249-254.

Fausto-Sterling, A. (2000) *Sexing the Body: Gender Politics and the Construction of Sexuality*. Basic Books: New York.

Griffin, P. (1998) *Strong Women, Deep Closets: Lesbians and Homophobia in Sport*. Human Kinetics: Champaign, IL.

Haggie, V. (2010) Testing Sex and Gender in Sports: Reinventing, Reimagining and Reconstructing Histories. *Endeavour*, 43 (4), 157-163.

Hargreaves, J. & Anderson, E. (Eds.). (2014) *Routledge Handbook of Sport, Gender, and Sexuality*. Routledge: London.

Henne, K. E. (2014) The "Science" of Fair Play in Sport: Gender and the Politics of Testing. *Signs*, 39 (3), 787-812.

Henne, K. E. (2015) *Testing for Athlete Citizenship: Regulating Doping and Sex in Sport*. Rutgers University Press: New Brunswick.

Hudson, W. & Ricketts, W. (1980) A Strategy for the Measurement of Homophobia. *Journal of Homosexuality*, 5, 357-372.

Itani, S. (2015) Japanese Female and 'Trans' Athletes: Negotiating Subjectivity and Media Constructions of Gender, Sexuality, and Nation. (Ph.D. diss., Toronto, ON: University of Toronto, 2015)

Lenskyj, H. (1990) Power and Play: Gender and Sexuality Issues in Sport and Physical Activity. *International Review for the Sociology of Sport*, 25, 235-245.

Lenskyj, H. (2003) *Out on the Field: Gender, Sport, and Sexualities*. Women's Press: Toronto.

Love, A. (2014) Transgender Exclusion and Inclusion in Sport. In J. Hargreaves, & E. Anderson (Eds.), *Routledge Handbook of Sport, Gender, and Sexuality*, 376-383. Routledge: London.

Nagoshi, J. L., Adams, K. A., Terrell, H. K., Hill, E. D., Brzuzy, S., & Nagoshi, C. T. (2008) Gender Differences in Correlates of Homophobia and Transphobia. *Sex Roles*, 59, 521-531.

Pronger, B. (1992) *The Arena of Masculinity: Sports, Homosexuality, and the Meaning of Sex*. University of Toronto Press: Toronto.

Stryker, S. & Whittle, S. (Eds.) (2006) *The Transgender Studies Reader*. Routledge: New York.

Sykes, H. (2006) Transsexual and Transgender Policies in Sport. *Women in Sport & Physical Activity Journal*, 15 (1), 3-13.

Sykes, H. (2011) *Queer Bodies: Sexualities, Genders, & Fatness in Physical Education*. Peter Lang: New York.

Sykes, H. (2016 年 9 月発行予定) *The Sexual and Gender Politics of Sport Mega-Events: Roving Colonialism*. Routledge: New York.

Symons, C. (2010) *The Gay Games: A History*. Routledge: New York.

Thangaraj, S. I. (2015) *Desi Hoop Dreams: Pickup Basketball and the Making of Asian American Masculinity*. New York University Press: London.

Travers, A. (2006) Queering Sport: Lesbian Softball Leagues and the Transgender Challenge. *International Review for the Sociology of Sport*, 41 (3-4), 431-446.

Wellard, I. (2006) Exploring the Limits of Queer and Sport: Gay Men Playing Tennis. In J. Caudwell (Ed.), *Sport, Sexualities and Queer/Theory*, 76-89, Routledge: New York.

〔ホームページサイト〕

文部科学省 (2014)「学校における性同一性障害に係る対応に関する状況調査について」
http://www.mext.go.jp/component/a_menu/education/micro_detail/__icsFiles/afieldfile/2014/06/20/1322368_01.pdf

文部科学省 (2015)「性同一性障害に係る児童生徒に対するきめ細かな対応の実施等について (27 文科初児生第 3 号)」
http://www.mext.go.jp/b_menu/houdou/27/04/1357468.htm

Gay, Lesbian, and Straight Education Network (2016) GLSEN's Safe Space Kit: Be an ALLY to LGBT Youth!
http://www.glsen.org/safespace

International Olympic Committee (2011) IOC Regulations on Female Hyperandrogenism,
http://www.olympic.org/Documents/Commissions_PDFfiles/Medical_commission/2012-06-22-IOC-Regulations-on-Female-Hyperandrogenism-eng.pdf

International Olympic Committee (2015) IOC Consensus Meeting on Sex Reassignment and Hyperandrogenism November 2015,
http://www.olympic.org/Documents/Commissions_PDFfiles/Medical_commission/2015-11_ioc_consensus_meeting_on_sex_reassignment_and_hyperandrogenism-en.pdf

Macur, J. (2014, October 7) Fighting for the Body She Was Born With: Sprinter Dutee Chand Challenges Ban Over Her Testosterone Level. New York Times,
http://www.nytimes.com/2014/10/07/sports/sprinter-dutee-chand-fights-ban-over-her-testosterone-level.html?_r=1

Slater, M. (2015 July 28) Sport & Gender: A History of Bad Science & 'Biological Racism'. BBC Sport,
http://www.bbc.com/sport/athletics/29446276

Steinmetz, K. (2014 Oct 28) Meet the First Openly Transgender NCAA Division I Athlete. Time.com,
http://time.com/3537849/meet-the-first-openly-transgender-ncaa-athlete/

The University of Michigan Spectrum Center (2016) LGBT Terms and Definitions,
https://internationalspectrum.umich.edu/life/definitions

資　　　料

1．第2章から第5章に掲載されたデータの第一次資料を公開している団体のウェブサイト

(1) 競技統括・調査機関

国際オリンピック委員会（IOC）　http://m.olympic.org

公益財団法人　健康・体力づくり事業財団　http://www.health-net.or.jp/

公益財団法人　笹川スポーツ財団　http://www.ssf.or.jp/

公益財団法人　全国高等学校体育連盟　http://www.zen-koutairen.com/

公益財団法人　全国スポーツ推進委員連合　http://www.zentaishi.com/index.html

公益財団法人　日本オリンピック委員会（JOC）　http://www.joc.or.jp/sp/

公益財団法人　日本障がい者スポーツ協会　http://www.jsad.or.jp/

公益財団法人　日本体育協会　http://www.japan-sports.or.jp/

公益財団法人　日本中学校体育連盟　http://njpa.sakura.ne.jp/

公益財団法人　日本プロスポーツ協会　http://www.jpsa.jp/

公益財団法人　日本レクリエーション協会　http://www.recreation.or.jp/

(2) 競技団体（競技名の50音順）

アーチェリー（公益社団法人　全日本アーチェリー連盟）　http://www.archery.or.jp/

アイスホッケー（公益財団法人　日本アイスホッケー連盟）　https://www.jihf.or.jp/index.php

アメリカンフットボール（公益社団法人　日本アメリカンフットボール協会）　http://americanfootball.jp/main/

ウェイトリフティング（公益社団法人　日本ウェイトリフティング協会）　http://www.j-w-a.or.jp/

エアロビック（公益社団法人　日本エアロビック連盟）　https://www.aerobic.or.jp/

オートレース（公益財団法人　JKA〔競輪、オートレース〕）　http://www.keirin-autorace.or.jp/

　　　　　　（株式会社　日本レースプロモーション）　http://www.f-nippon.co.jp/

オリエンテーリング（公益社団法人　日本オリエンテーリング協会）　http://www.orienteering.or.jp/

カーリング（公益社団法人　日本カーリング協会）　http://www.curling.or.jp/

カヌー（公益社団法人　日本カヌー連盟）　http://www.canoe.or.jp/

空手道（公益財団法人　全日本空手道連盟）　http://www.jkf.ne.jp/

キックボクシング（新日本キックボクシング協会）　http://www.shinnihonkickboxing.com/

弓道（公益財団法人　全日本弓道連盟）　http://www.kyudo.jp/

近代五種（公益社団法人　日本近代五種協会）　http://www.kingo.or.jp/

グランド・ゴルフ（公益社団法人　日本グランド・ゴルフ協会）　http://www.groundgolf.or.jp/

競馬（地方競馬全国協会）　http://www.keiba.go.jp/

　　（日本中央競馬会）　http://www.jra.go.jp/

ゲートボール（公益財団法人　日本ゲートボール連合）　http://gateball.or.jp/

剣道（公益財団法人　全日本剣道連盟）　http://www.kendo.or.jp/

ゴルフ（公益財団法人　日本ゴルフ協会）　http://www.jga.or.jp/jga/jsp/index.html

　　　（一般社団法人　日本ゴルフツアー機構）　http://www.jgto.org/

　　　（一般社団法人　日本女子プロゴルフ協会）　http://www.lpga.or.jp/

　　　（公益社団法人　日本プロゴルフ協会）　http://www.pga.or.jp/

サーフィン（一般社団法人　日本プロサーフィン連盟）　http://www.jpsa.com/

サッカー（公益財団法人　日本サッカー協会）　http://www.jfa.jp/

　　　　（一般社団法人　日本女子サッカーリーグ）　http://www.nadeshikoleague.jp/

　　　　（公益社団法人　日本プロサッカーリーグ）　http://www.jleague.or.jp/

自転車競技、競輪（公益財団法人　JKA〔競輪、オートレース〕）　http://www.keirin-autorace.or.jp/

　　　　　　　　（公益財団法人　日本自転車競技連盟）　http://jcf.or.jp/

射撃（一般社団法人　日本クレー射撃協会）　http://jctsa.or.jp/

銃剣道（公益社団法人　全日本銃剣道連盟）　http://www.jukendo.info/

柔道（公益財団法人　全日本柔道連盟）　http://www.judo.or.jp/

水泳（公益財団法人　日本水泳連盟）　http://www.swim.or.jp/

スキー（公益財団法人　全日本スキー連盟）　http://www.ski-japan.or.jp/

スケート（公益財団法人　日本スケート連盟）　http://skatingjapan.or.jp/

相撲（公益財団法人　日本相撲協会）　http://www.sumo.or.jp/

（公益財団法人　日本相撲連盟）　http://www.nihonsumo-renmei.jp/
スノーボード（プロスノーボーダーズ・アソシエイション・アジア）　http://www.psa-asia.com/
スポーツチャンバラ（公益社団法人　日本スポーツチャンバラ協会）　http://www.spochan.or.jp/
セーリング（公益財団法人　日本セーリング協会）　http://www.jsaf.or.jp/hp/
ソフトボール（公益財団法人　日本ソフトボール協会）　http://www.softball.or.jp/
体操（公益財団法人　日本体操協会）　http://www.jpn-gym.or.jp/
卓球（公益財団法人　日本卓球協会）　http://www.jtta.or.jp/
ダンス（公益社団法人　日本ダンス議会）　http://www.jdc-dance.org/
　　　　（公益社団法人　日本ダンススポーツ連盟）　http://www.jdsf.or.jp/
チアリーディング（公益社団法人　日本チアリーディング協会）　https://www.fjca.jp/
綱引き（公益社団法人　日本綱引連盟）　http://www.tsunahiki-jtwf.or.jp/index.shtml
テニス（公益財団法人　日本ソフトテニス連盟）　http://www.jsta.or.jp/
　　　　（公益財団法人　日本テニス協会）　http://www.jta-tennis.or.jp/
　　　　（公益社団法人　日本プロテニス協会）　https://www.jpta.or.jp/
登山（公益社団法人　日本山岳協会）　http://www.jma-sangaku.or.jp/cominfo/
ドッジボール（一般財団法人　日本ドッジボール協会）　http://www.dodgeball.or.jp/
トライアスロン（公益社団法人　日本トライアスロン連合）　http://www.jtu.or.jp/
なぎなた（公益財団法人　全日本なぎなた連盟）　http://naginata.jp/
バイアスロン（一般社団法人　日本バイアスロン連盟）　http://biathlon.or.jp/
バウンドテニス（一般財団法人　日本バウンドテニス協会）　http://boundtennis.or.jp/
馬術（公益社団法人　日本馬術連盟）　https://www.equitation-japan.com/index.php
バスケットボール（公益財団法人　日本バスケットボール協会）　http://www.japanbasketball.jp/
バドミントン（公益財団法人　日本バドミントン協会）　http://www.badminton.or.jp/
バレーボール（公益財団法人　日本バレーボール協会）　https://www.jva.or.jp/
パワーリフティング（公益社団法人　日本パワーリフティング協会）　http://www.jpa-powerlifting.or.jp/
ハンドボール（公益財団法人　日本ハンドボール協会）　http://www.handball.jp/
フェンシング（公益社団法人　日本フェンシング協会）　http://fencing-jpn.jp/
武術太極拳（公益社団法人　日本武術太極拳連盟）　http://www.jwtf.or.jp/home/index.html
ペタンク・ブール（公益社団法人　日本ペタンク・ブール連盟）　http://fjpb.web.fc2.com/
ボウリング（公益財団法人　全日本ボウリング協会）　http://www.jbc-bowling.or.jp/
　　　　（公益社団法人　日本プロボウリング協会）　http://www.jpba.or.jp/
ボート（公益社団法人　日本ボート協会）　http://www.jara.or.jp/
ボクシング（日本プロボクシング協会）　http://jpba.gr.jp/
　　　　（一般社団法人　日本ボクシング連盟）　http://jabf-kizuna.com/
　　　　（一般財団法人　日本ボクシングコミッション）　http://www.jbc.or.jp/
ホッケー（公益社団法人　日本ホッケー協会）　http://www.hockey.or.jp/
ボブスレー（公益社団法人　日本ボブスレー・リュージュ・スケルトン連盟）　http://www.jblsf.jp/
モーターボート（一般財団法人　日本モーターボート競走会）　http://mbkyosokai.jp/
野球（公益財団法人　全日本軟式野球連盟）　http://jsbb.or.jp/
　　　（公益財団法人　日本高等学校野球連盟）　http://www.jhbf.or.jp/
　　　（一般社団法人　日本女子プロ野球機構）　http://www.jwbl.or.jp/
　　　（一般社団法人　日本野球機構）　http://www.npb.or.jp/
　　　（公益財団法人　日本野球連盟）　http://www.jaba.or.jp/
ライフル（公益社団法人　日本ライフル射撃協会）　http://www.riflesports.jp/
ラグビー（公益財団法人　日本ラグビーフットボール協会）　https://www.rugby-japan.jp/
陸上競技（公益財団法人　日本陸上競技連盟）　http://www.jaaf.or
　　　　（International Association of Athletics Federations）　http://www.iaaf.org
レスリング（公益財団法人　日本レスリング協会）　http://www.japan-wrestling.jp/
ローラースポーツ（特定非営利活動法人　日本ローラースポーツ連盟）　http://www.jrsf.com/

2. 第8章（暴力とセクシュアル・ハラスメント）に関連する情報ウェブサイト（順不同）

スポーツ指導者のための倫理ガイドライン（公益財団法人　日本体育協会）　http://www.japan-sports.or.jp/portals/0/
　data/katsudousuishin/doc/gaidorain.pdf
Players First（スポーツにおける倫理調査グループ）　http://players-first.jp/

Consensus Statement "SEXUAL HARASSMENT AND ABUSE IN SPORT", 2007〔統一声明（2007）「スポーツにおける
　　セクシュアル・ハラスメントと性的虐待」〕（国際オリンピック委員会）　　http://www.players-first.jp/overseas/IOC_
　　Consensus_Statement.pdf
Position Statement "SEXUAL HARASSMENT AND ABUSE OF GIRLS AND WOMEN IN SPORT", 2004〔方針声明
　　（2004）「スポーツにおける少女や女性へのセクシュアル・ハラスメントと性的虐待」〕（Women Sport International）
　　http://www.sportsbiz.bz/womensportinternational/taskforces/wsi_position_statement.ht
SEXUAL HARASSMENT AND SEXUAL RELATIONSHIPS BETWEEN COACHES, OTHER ATHLETIC PERSONNEL
　　AND ATHLETES（Women's Sports Foundation：アメリカ）　　http://www.womenssportsfoundation.org/
Child Protection in Sport（Child Protection in Sport Unit：イギリス）　　http://www.nspcc.org.uk/Inform/cpsu/cpsu_
　　wda57648.html
Harassment Free Sport（Australian Sports Commission：オーストラリア）　　http://www.ausport.gov.au/supporting/
　　clubs/resource_library/managing_risks/harassment_free_sport
Play by the Rules（Play by the Rules：オーストラリア）　　http://www.playbytherules.net.au/
Sport Canada Strategy on Ethical Sport 2010（Sport Canada：カナダ）　　http://canada.pch.gc.ca/DAMAssetPub/DAM
　　-PCH2-sport-sport/STAGING/texte-text/canadian-strategy-ethical-conduct-sport_1417546965576_eng.pdf?WT.
　　contentAuthority=13.0
Respect in Sport（Respect Group）　　http://www.respectinsport.com/
Sport Free of Harassment and Bullying（Canadian Association for the Advancement of Women and Sport and Physical
　　Activity〔CAAWS〕：カナダ）　　http://www.caaws.ca/programs/sport-free-of-harassment-and-bullying/
Addressing Homophobia in Sport（Canadian Association for the Advancement of Women and Sport and Physical
　　Activity〔CAAWS〕：カナダ）　　http://www.caaws-homophobiainsport.ca/e/
スポーツにおける人権の普及促進と保護に関するガイドライン（国家人権委員会：韓国）　　http://www.humanrights.
　　go.kr/english/etc/search_view_detail.jsp
スポーツ界における暴力行為根絶に向けて
　　（公益財団法人　日本体育協会）　　http://www.japan-sports.or.jp/tabid/931/Default.aspx
　　（公益財団法人　日本オリンピック委員会）　　http://www.joc.or.jp/news/detail.html?id=2947
　　（公益財団法人　日本障害者スポーツ協会）　　http://www.jsad.or.jp/news/detail/20130213_000081.html
　　（公益財団法人　全国高等学校体育連盟）　　http://www.zen-koutairen.com/f_slogan.html
　　（公益財団法人　日本中学校体育連盟）　　http://njpa.sakura-ne.jp/sub/njpa.html
体罰の禁止及び児童生徒理解に基づく指導の徹底について（通知）（文部科学省）　　http://www.mext.go.jp/a_menu/
　　shotou/seitoshidou/1331907.htm
暴力行為根絶宣言（公益財団法人　全日本柔道連盟）　　http://www.judo.or.jp/p/15694
暴力根絶相談窓口（公益財団法人　日本サッカー協会）　　http://www.jfa.jp/violence_eradication/
一般社団法人日本体育学会理事会　緊急声明（一般社団法人　日本体育学会）　　http://biomechanics.jp/2013/announce_
　　130205.pdf
体育・スポーツにおける暴力の根絶に向けて（声明）（日本スポーツとジェンダー学会）　　http://jssgs.org/jssgshpblog/?p=660

3．第9章（スポーツとセクシュアリティ）に関する情報を公開しているウェブサイト

Athlete Ally　　http://www.athleteally.org
Clearinghouse for Sport　　http://www.clearinghouseforsport.gov.au
Federation of Gay Games　　http://gaygames.org/wp
Gay and Lesbian International Sports Association Asia Pacific　　http://asiapacificoutgames.org
International lesbian, gay, bisexual, trans and intersex association　　http://ilga.org
Let Dutee Chand Run　　http://www.letduteerun.org
The European Gay and Lesbian Sport Federation　　http://www.eglsf.info
The Gay and Lesbian International Sport Association　　http://www.glisa.org
Trans* Athlete　　http://www.transathlete.com
Pride Sports　　http://www.pridesports.org.uk

執筆者一覧（掲載順、○印は編集委員）

編集委員長

掛水通子（東京女子体育大学体育学部教授）

1 年表でみるスポーツ・女性・ジェンダー（1900〜2015年）

○鈴木楓太（早稲田大学スポーツ科学部助手）　年表

　小石原美保（国士舘大学非常勤講師）　年表

　來田享子（中京大学スポーツ科学部教授）　年表、コラム

2 競技スポーツとジェンダー

　関めぐみ（大阪府立大学大学院人間社会学研究科博士後期課程）　1）、コラム1

　稲葉佳奈子（成蹊大学文学部講師）　2）

○水野英莉（流通科学大学人間社会学部准教授）　3）、4）、コラム2

3 生涯スポーツとジェンダー

　工藤保子（笹川スポーツ財団経営企画グループ課長）　1）運動・スポーツ実施率、活動レベル別運動・スポーツ実施状況、年代別運動・スポーツ実施状況、就労状況別運動・スポーツ実施状況、4）スポーツボランティア、コラム1

　前田博子（鹿屋体育大学教授）　1）生涯スポーツ競技大会の動向

　寺田恭子（名古屋短期大学現代教養学科教授）　1）障がい者スポーツイベントに参加する女性

○大勝志津穂（愛知東邦大学経営学部准教授）　2）〜4）スポーツ推進委員、（公財）日本体育協会公認スポーツ指導者、健康運動指導士・健康運動実践指導者、（公財）日本レクリエーション協会公認指導者、コラム2、コラム3

4 リーダーシップとジェンダー

　赤澤祐美（中京大学大学院体育学研究科博士後期課程）　1）

　小田佳子（東海学園大学スポーツ健康科学部准教授）　2）

　和光理奈（中京大学スポーツ科学部講師）　2）

○木村華織（東海学園大学スポーツ健康科学部講師）　3）、コラム

5 教育とジェンダー

　宮本乙女（日本女子体育大学体育学部教授）　1）

　波多野圭吾（国士舘大学体育学部附属体育研究所特別研究員）　2）

○松宮智生（国士舘大学アジア・日本研究センター客員研究員）　3）〜6）、コラム

6 研究とジェンダー

　松宮智生（国士舘大学アジア・日本研究センター客員研究員）　1）

　波多野圭吾（国士舘大学体育学部附属体育研究所特別研究員）　2）

○新井喜代加（松本大学人間健康学部准教授）　3）、コラム

7 スポーツメディアとジェンダー

○藤山　新（首都大学東京ダイバーシティ推進室特任研究員）　1）、3）、4）、コラム

　登丸あすか（文京学院大学人間学部助教）　2）

8 暴力とセクシュアル・ハラスメント

○高峰　修（明治大学政治経済学部教授）　1）、3）、4）、コラム1

　熊安貴美江（大阪府立大学高等教育推進機構准教授）　2）、コラム2

9 スポーツとセクシュアリティ

○井谷聡子（関西大学文学部助教）　1）、2）、3）、コラム1、コラム2

　來田享子（中京大学スポーツ科学部教授）　1）、2）

資料　鈴木楓太（早稲田大学スポーツ科学部助手）

　　　　松宮智生（国士舘大学アジア・日本研究センター客員研究員）

データでみる　スポーツとジェンダー

2016 年 7 月 2 日　　第 1 版 1 刷発行

編　者─日本スポーツとジェンダー学会
発行者─森口恵美子
印刷所─美研プリンティング（株）
製本所─（株）グリーン
発行所─八千代出版株式会社

〒101
-0061　東京都千代田区三崎町 2-2-13

TEL　03-3262-0420
FAX　03-3237-0723
振替　00190-4-168060

＊定価はカバーに表示してあります。
＊落丁・乱丁本はお取替えいたします。

©2016 Japan Society for Sport and Gender Studies
ISBN978-4-8429-1685-9